Denk/Exner-Merkelt
•
Corporate Risk Management

Corporate Risk Management

Unternehmensweites Risikomanagement
als Führungsaufgabe

herausgegeben von

Robert Denk/Karin Exner-Merkelt

Bibliografische Information Der Deutschen Bibliothek

Die Deutsche Bibliothek verzeichnet diese Publikation in der Deutschen National-
bibliografie; detaillierte bibliografische Daten sind im Internet über http://dnb.ddb.de
abrufbar.

Das Werk ist urheberrechtlich geschützt. Alle Rechte, insbesondere die Rechte der Verbreitung, der Vervielfältigung, der Übersetzung, des Nachdrucks und die Wiedergabe auf fotomechanischem oder ähnlichem Wege, durch Fotokopie, Mikrofilm oder andere elektronische Verfahren sowie der Speicherung in Datenverarbeitungsanlagen, bleiben, auch bei nur auszugsweiser Verwertung, dem Verlag vorbehalten.

ISBN 3-7143-0023-6

Es wird darauf verwiesen, dass alle Angaben in diesem Fachbuch trotz sorgfältiger Bearbeitung ohne Gewähr erfolgen und eine Haftung der Autoren oder des Verlages ausgeschlossen ist.

© LINDE VERLAG WIEN Ges.m.b.H., Wien 2005
1210 Wien, Scheydgasse 24, Tel.: +43/1/246 30
www.lindeverlag.at

Druck: Hans Jentzsch & Co. GmbH., 1210 Wien, Scheydgasse 31

Autoren und Mitgestalter

Dr. Erwin **Ackerl**, Kaufm. Leiter von I&S ITS, Siemens AG Österreich

Dr. Hermann **Brunmayr**, Leiter Controlling und Finanzen, Energie AG

Dr. Robert **Denk**, Leiter Competence Center Controlling & Value Management, Contrast Management Consulting

Mag. Peter **Ertl**, Partner, KPMG Austria GmbH Wirtschaftsprüfungs- und -steuerberatungsgesellschaft

Dr. Karin **Exner-Merkelt**, Senior Beraterin, Contrast Management-Consulting

Mag. Thomas **Gabriel**, Partner, Contrast Management-Consulting

Mag. Hans **Götschhofer**, Leiter Konzernrevision und Konzernrisikomanagement, voestalpine AG

Dr. Richard **Guserl**, Hon. Prof., Institut für betriebliche Finanzwirtschaft, Johannes Kepler Universität, Linz; Unternehmensberater, vormals langjähriges Mitglied des Vorstands der VA Technologie AG und der Voest-Alpine Industrieanlagenbau GmbH & Co

Mag. Johann **Habring**, Leiter Controlling, IFN Bauelemente GmbH

Dr. Werner **Haidenthaler**, Finanzvorstand und Generaldirektor-Stellvertreter, voestalpine AG

Mag. Harald **Hauer**, FRM (Financial Risk Manager), Risikomanager, Österreichische Elektrizitätswirtschafts-AG

Mag. Andrea **Iro**, Wissenschaftliche Mitarbeiterin, Institut für Unternehmensführung, Wirtschaftsuniversität Wien

Karl **Jagsch**, Geschäftsführer, Kreditschutzverband von 1870

Mag. Barbara **Joshua**, Partnerin, Contrast Management-Consulting

Dr. Helmut **Kapl**, ehem. Bereichsleiter für Bilanzierung und Controlling, ÖIAG, ehem. Generaldirektor, APK

Mag. Thomas **Klikovics**, Leiter Finanz- und Rechnungswesen/ Controlling, LBG Wirtschaftstreuhand

Mag. Horst **Königslehner**, CFO, Böhler-Uddeholm AG

Mag. Thomas **Kriegner**, Unternehmensentwicklung und Controlling, Geschäftsbereich Wasser, Energie AG Oberösterreich

Mag. Dr. Michael **Längle**, Hauptabteilungsleiter Betriebswirtschaft, EVN AG

Mag. Helmut **Limbeck**, CFO, Wilfried Heinzel AG

KR Prof. Friedrich **Macher**, Generaldirektor, Kühne & Nagel Österreich GmbH

Mag. Georg **Mair am Tinkhof**, Bereich Organisation/Projekte, Südtiroler Volksbank

o. Univ.-Prof. MMag. Dr. Reinhard **Moser**, Institut für BWL des Außenhandels, Wirtschaftsuniversität Wien

Dr. Rita **Niedermayr-Kruse**, Geschäftsführerin, Österreichisches Controller-Institut

Mag. Franz **Paulus**, Bereichsleiter Risikomanagement, Österreichische Elektrizitätswirtschafts-AG

Univ.-Doz. Dr. Walter **Platzer**, Partner, Grant Thornton Wirtschaftsprüfungs- und Steuerberatungs-GmbH

Mag. Thomas **Polzer**, Risikocontroller, EVN AG

Mag. Wolfgang **Raschka**, L.L.M., Leiter Risk Management, Siemens AG Österreich, CEE

Mag. Franz **Reif**, Abteilungsleiter Group Risk Control, Erste Bank der österreichischen Sparkassen AG

Mag. Regina **Reiter**, CPA, ehem. Partner, KPMG Austria GmbH Wirtschaftsprüfungs- und -steuerberatungsgesellschaft

Prof. Dr. Johann **Risak**, Institut für Unternehmensführung, Wirtschaftsuniversität Wien

Mag. Werner **Schinhan**, Deputy Chairman of the Managing Committee, Deputy Chief Executive Officer, Executive Director, Petrom S.A.

Dipl.-Ing. (FH) Bernhard **Schlattl**, Konzernbilanzierung und -berichtswesen, voestalpine AG

Mag. Franz **Schöppl**, Leiter Treasury, Böhler-Uddeholm AG

Mag. Theodor **Schrei**, Leiter Risikomanagement, OMV AG

Dipl.-Bw. Jochen **Seydewitz**, Austria Wirtschaftsservice GmbH

Mag. Bernhard **Spalt**, Bereichsleiter Strategisches Risikomanagement, Erste Bank der österreichischen Sparkassen AG

Dipl.-Bw. Walter **Steidl**, CFO, Generali Holding AG

Dr. Peter **Takacs**, Geschäftsführer, Austria Wirtschaftsservice GmbH

Mag. Mirko **Waniczek**, Partner, Contrast Management-Consulting

Mag. Harald **Wechselberger**, Risikomanager, Österreichische Elektrizitätswirtschafts-AG

Mag. Karlheinz **Wex**, Mitglied des Vorstands, Plansee Holding AG

Die hier genannten Personen waren – als Autoren, Diskussionspartner und Mitgestalter – am Arbeitskreis „Corporate Risk Management" des Österreichischen Controller-Instituts und der Contrast-Management-Consulting beteiligt. Das vorliegende Buch wurde von Dr. Robert Denk und Dr. Karin Exner-Merkelt auf der Grundlage der Ergebnisse des Arbeitskreises fertig gestellt. Trotz der Vielfalt und Vielzahl von Mitautoren und Mitgestaltern ist es damit gelungen, ein in sich geschlossenes Werk vorzulegen.

Inhaltsübersicht

Autoren und Mitgestalter 5

Inhaltsübersicht 7

Inhaltsverzeichnis 9

Einleitung 15

Teil 1 – Grundlagen 19
1. Impuls – Tendenzen des Risikomanagements in der Unternehmenspraxis 21
2. Grundlegende Begriffe 28
3. Zusammenfassung und Implikationen für Teil 2 dieses Buchs 35

Teil 2 – Auslöser für den Bedarf nach einem strukturierten Risikomanagement 37
1. Diskontinuitäten und Turbulenzen im Unternehmensumfeld als primärer Treiber des Risikomanagements 39
2. Institutionelle Rahmenbedingungen als sekundärer Treiber des Risikomanagements 42
3. Lücken in bestehenden Risikomanagementsystemen als Treiber eines unternehmensweiten Risikomanagements 55
4. Zusammenfassung und Implikationen für Teil 3 dieses Buchs 60

Teil 3 – Risikomanagement im Unternehmen 61
1. Risikomanagement im Führungssystem des Unternehmens 63
2. Aufbau und Gestaltung des Risikomanagements 73
3. Strategie und Risikomanagement 143
4. Risikomanagement und Controlling 206
5. Aufbauorganisatorische Verankerung des Risikomanagements 214
6. Ausbaustufen des Risikomanagements 227
7. Risikomanagement und Unternehmenskultur 233
8. Zusammenfassung und Ausblick 239

Anhang – Überblick über Risikomanagement-Softwarelösungen 243

Literaturverzeichnis 277

Stichwortverzeichnis 281

Inhaltsverzeichnis

Autoren und Mitgestalter	5
Inhaltsübersicht	7
Inhaltsverzeichnis	9
Einleitung	15

Teil 1 – Grundlagen 19

1 Impuls – Tendenzen des Risikomanagements in der Unternehmenspraxis 21
   1.1 Ausgangssituation 21
   1.2 Dimensionen des Risikomanagements 22
   1.3 Ergebnisse der Befragung 25
2 Grundlegende Begriffe 28
   2.1 Risikobegriff 28
   2.2 Risikomanagement 30
   2.3 Management von Einzelrisiken 32
   2.4 Unternehmensweites Risikomanagement 34
3 Zusammenfassung und Implikationen für Teil 2 dieses Buchs 35

Teil 2 – Auslöser für den Bedarf nach einem strukturierten Risikomanagement 37

1 Diskontinuitäten und Turbulenzen im Unternehmensumfeld als primärer Treiber des Risikomanagements 39
2 Institutionelle Rahmenbedingungen als sekundärer Treiber des Risikomanagements 42
   2.1 Systematisierung der Rahmenbedingungen 42
   2.2 Gültige Rechtsnormen 42
      2.21 Rechtsnormen in Deutschland – das KonTraG 43
      2.22 Rechtsnormen in Österreich 45
         2.221 Österreichisches Aktiengesetz und GmbH-Gesetz 45
         2.222 Insolvenzrechtsänderungsgesetz und Unternehmensreorganisationsgesetz 46
         2.223 Rechnungslegungsänderungsgesetz 2004 47
      2.23 Branchenbezogene Rechtsnormen 48
   2.3 Normen zur Orientierung für freiwillige Selbstverpflichtung 49
      2.31 Corporate Governance Kodex 49
      2.32 Basel II 51
      2.33 Sarbanes-Oxley-Act und COSO Framework 52
   2.4 Auswirkungen der Normen und Verpflichtungen auf das Risikomanagement 53
3 Lücken in bestehenden Risikomanagementsystemen als Treiber eines unternehmensweiten Risikomanagements 55

3.1 Der historische Entwicklungspfad und die jüngere Entwicklung des Risikomanagements 55
3.2 Aktuelle Umsetzungsschwierigkeiten für einen ganzheitlichen Risikomanagement-Absatz 57
4 Zusammenfassung und Implikationen für Teil 3 dieses Buchs 60

Teil 3 – Risikomanagement im Unternehmen 61

1 Risikomanagement im Führungssystem des Unternehmens 63
   1.1 Risikomanagement im Zielsystem des Unternehmens 63
      1.11 Unternehmensführung im Wandel 63
      1.12 Nachhaltiger Erfolg als Ziel der Unternehmensführung 63
      1.13 Ziele des Risikomanagements im Rahmen einer nachhaltig erfolgreichen Unternehmensführung 65
   1.2 Das Führungssystem des Unternehmens und seine Bezugspunkte zum Risikomanagement 65
      1.21 Bausteine des Führungssystems 65
          1.211 Außeneinflüsse auf das Führungssystem 66
          1.212 Ziele 66
          1.213 Inhaltliche Elemente des Führungssystems 67
          1.214 Methodik der Steuerung 69
          1.215 Zusammenfassende Veranschaulichung des Führungssystems des Unternehmens 70
      1.22 Bezugspunkte zum Risikomanagement 70
2 Aufbau und Gestaltung des Risikomanagements 73
   2.1 Risikomanagement-Prozess im Überblick 73
   2.2 Risikoidentifikation 73
      2.21 Grundlagen der Risikoidentifikation 73
          2.211 Ziele und Grundsätze der Risikoidentifikation 73
          2.212 Periodizität und Betrachtungszeitraum 75
          2.213 Vorgehensweise im Identifikationsprozess 76
          2.214 Risikoklassifikation als Ausgangspunkt und Hilfsmittel der Risikoidentifikation 78
          2.215 Elemente der Risikoidentifikation 80
      2.22 Identifikationsmethoden 81
          2.221 Brainstorming 81
          2.222 Standardisierte Befragungen 82
          2.223 Risikoworkshops 82
          2.224 Betriebsbesichtigungen/Vor-Ort-Begehungen 82
          2.225 Frühwarnsysteme („Radar") 82
          2.226 Einzelschadenanalysen 83
          2.227 Ausfalleffektanalysen 83
          2.228 Fehlerbaumanalysen 83
      2.23 Instrumente der Risikoidentifikation 84
          2.231 Checklisten 84
          2.232 Risk Assessment Sheets 86

		2.233	In Unternehmen bereits verwendete Controlling- und Berichtstools	88
	2.24		Behandlung von Risiken mit spezifischen Anforderungen an den Risikoidentifikationsprozess	88
		2.241	Ansatzpunkte der Identifikation strategischer Risiken	88
		2.242	Desasterfälle	89
		2.243	Bereichsübergreifende Risiken	89
	2.25		Dokumentation der Ergebnisse der Risikoidentifikation	90
2.3	Risikobewertung			91
	2.31		Grundlagen der Risikobewertung	91
	2.32		Quantitative Risikobewertung	92
		2.321	Quantitative Risikobewertung mittels Schadenserwartungswerten	92
		2.322	Schätzung von Wahrscheinlichkeitsverteilungen im Rahmen der Risikobewertung	93
	2.33		Qualitative Risikobewertung	94
	2.34		Methoden der Risikobewertung	95
		2.341	Expertenschätzung	95
		2.342	Sensitivitätsanalysen	95
		2.343	Value at Risk (VaR)	96
		2.344	Scoring-Modelle	102
		2.345	Korrekturverfahren mittels Risikozuschlägen	103
		2.346	ABC-Analysen	103
		2.347	Graphentheoretisch-analytische Methoden	103
		2.348	Regressions- und Korrelationsanalyse	105
		2.349	Szenarioanalysen (Einzelrisiken)	107
	2.35		Risikoaggregation	108
		2.351	Grundlagen der Risikoaggregation	108
		2.352	Risikoinventar und Risk Map als Vorstufe der Risikoaggregation	109
			2.352.1 Risikoinventar	110
			2.352.2 Risk Map	110
		2.353	Methoden der Risikoaggregation	112
			2.353.1 Risikoportfolio	112
			2.353.2 Monte-Carlo-Simulation	113
			2.353.3 Szenarioanalysen (Corporate Strategy)	115
	2.36		Behandlung von Desasterfällen	116
2.4	Risikosteuerung und -überwachung			117
	2.41		Ziele und Vorgehensweise	117
	2.42		Risikostrategie	117
	2.43		Risikosteuerungsmaßnahmen	118
	2.44		Risikolimitierung	121
	2.45		Risikoüberwachung	124
		2.451	Frühwarnindikatoren (Key Risk Indicators)	124
		2.452	Rückkopplung zum Risikomanagementprozess	124
	2.46		Dokumentation der Risikosteuerungsaktivitäten	125

2.5	Risikoreporting		125
	2.51	Ziele und Vorgehensweise	125
	2.52	Adressaten der Risikoberichterstattung	125
		2.521 Interne Adressaten	125
		2.522 Externe Adressaten	126
	2.53	Interne Berichterstattung	126
		2.531 Auswahl der Berichtsobjekte und Berichtssubjekte	127
		2.532 Inhalt und Detaillierungsgrad der Berichte	129
		2.533 Periodizität	130
		2.534 Ad-hoc-Berichterstattung	130
		2.535 Beispiele für internes Risikoberichtswesen	131
	2.54	Externe Berichterstattung	136
		2.541 Medien der externen Risikoberichterstattung	136
		2.542 Formale Gestaltung der Risikoberichterstattung	137
2.6	EDV-Unterstützung im Risikomanagementprozess		139

3 Strategie und Risikomanagement ... 143

3.1	Zielsetzung und Stoßrichtungen des Managements strategischer Risiken und Chancen	143
3.2	Typologie und ausgewählte Besonderheiten strategischer und struktureller Risiken	148
3.3	Risikomanagement in strategischen Analyse-, Planungs- und Umsetzungsprozessen	153
	3.31 Überblick	153
	3.32 Risikomanagement und strategische Zielbildung	155
	3.33 Risikomanagement in der Strategiefindung	159
	3.34 Risikomanagement in der Strategie-Umsetzung	164
	3.35 Investitionsrisiken und Realoptionen	170
	3.36 Instrumente des strategischen Risikomanagements und -Controllings	176
	3.361 Kombination von SWOT-Analyse und GAP-Analysis	176
	3.362 Kombination von Erfahrungskurven und Industriekostenkurven	179
	3.363 Sensitivitätsanalysen als Grundlage der Szenario-Arbeit und der Monte-Carlo-basierten Risikobewertung	181
	3.37 Strategische Risikobewertung und -aggregation	183
3.4	Die Verbindung von Risikomanagement und wertorientiertem Führungsansatz	185
	3.41 Zur Klärung des Zusammenhangs zwischen Risikomanagement und Value-Based-Management	185
	3.42 Die potenziellen Wertsteigerungs- und Wertsicherungsbeiträge des Risikomanagements	188
	3.43 Ausgewählte Grundfragen der risikoadjustierten, wertorientierten Performance-Messung und -Steuerung	190
	3.44 Die „Fallstricke" des EVA-Ansatzes	193
3.5	Balanced Scorecards als Instrument der Umsetzungssteuerung des strategischen Risikomanagements	198

4	Risikomanagement und Controlling	206
4.1	Berücksichtigung von Risiken im Controlling – traditionelle Methoden	207
4.2	Chancen- und risikoorientiertes Controlling	208
	4.21 Ziele und Vorgehensweise	208
	4.22 Beispiel „stochastische" Planung	209
4.3	Anwendungsmöglichkeiten eines chancen- und risikoorientierten Controllings	212
5	Aufbauorganisatorische Verankerung des Risikomanagements	214
5.1	Einflussfaktoren auf die Wahl der Organisationsform	214
5.2	Mögliche Organisationsformen des Risikomanagements	215
	5.21 Abgrenzung zu anderen verwandten Funktionen	215
	5.22 Vor- und Nachteile alternativer Organisationsformen	215
	5.221 Risikomanagement als eigene Stabsstelle	216
	5.222 Integration des Risikomanagements in Rechnungswesen, Finanzierung oder andere Linienfunktionen	217
	5.223 Integration in das Controlling	217
	5.224 Integration in Qualitätsmanagement, Revision oder andere Stabsstellen	218
	5.225 Zusammenfassende Bewertung der allgemeinen aufbauorganisatorischen Optionen	218
	5.23 Anbindung dezentraler Funktionen im Risikomanagement	219
	5.231 Verstärkung der zentralen Risikomanagement-Organisation	219
	5.232 Aufbau einer dezentralen Risikomanagement-Organisation über das Dotted-Line-Prinzip	220
	5.233 Zusammenfassende Bewertung der Unterstützung dezentraler Aspekte im Risikomanagement	221
5.3	Aufgaben und Kompetenzen des Risikomanagers	222
6	Ausbaustufen des Risikomanagements	227
7	Risikomanagement und Unternehmenskultur	233
7.1	Risikokultur als Teil der Unternehmenskultur	233
7.2	Ganzheitliches Verständnis des Risikomanagements	233
7.3	Verantwortung des Managements für die Risikokultur	234
7.4	Mitarbeiter als Risikomanager	235
7.5	Risikopolitische Grundsätze als Teil der Führungsgrundsätze des Unternehmens	236
8	Zusammenfassung und Ausblick	239

Anhang – Überblick über Risikomanagement-Softwarelösungen ... 243

Literaturverzeichnis ... 277

Stichwortverzeichnis ... 281

Einleitung

Risikomanagement ist weder eine neue Aufgabe für die Unternehmensführung und das Controlling noch eine neue betriebswirtschaftliche Disziplin. Besondere Beachtung und auch eine innovative Facette erlangt das Thema derzeit aufgrund mehrerer Ursachen:

- ▲ Für die Unternehmensführung wird das Risikomanagement als ganzheitlicher Ansatz wichtiger, da die gesamtwirtschaftliche Stabilität abgenommen hat und damit Unternehmensstrategien nicht mehr linear fortgeschrieben werden können. Der „strategy decay", d. h. die Überalterung von Strategien, wurde als gravierende Bestimmungsgröße der Risikoposition von Unternehmen erkannt.
- ▲ Von außerhalb der Unternehmen (z.B. durch Gesetzgeber, Kapitalmarkt und Banken) kamen in den letzten Jahren starke Impulse zur Verbesserung der Führungs- und Überwachungssysteme von Unternehmen, insbesondere als Folge von Krisen und Zusammenbrüchen großer Unternehmen. Impulsbeispiele sind das KonTraG, Basel II und die Entwicklung des Corporate-Governance-Kodex.
- ▲ Volatilitäten am Kapitalmarkt und in einer Anzahl wichtiger Commodity-Märkte haben zur Herausbildung einer immer komplexer werdenden Instrumentenlandschaft für die Risikobeherrschung geführt. Deren Nutzung ist für viele Unternehmen zur Absicherung der finanziellen Performance notwendig, weil die finanziellen Folgen vieler Risiken nicht bzw. nicht mehr auf die Kunden überwälzbar sind. Die Beherrschung dieses Instrumentariums setzt in den betroffenen Branchen den Einsatz von Risikomanagement-Spezialisten voraus.
- ▲ Fortschrittliche Unternehmen haben erkannt, dass aus strategischer Sicht die bisherigen Entwicklungsschritte in Form von vermeidungs- und streuungsorientiertem Management von Einzelrisiken sowie Risikoprofil-Steuerung und Management des Risikostatus von Gesellschaften und Geschäften nicht ausreichen, um bei Innovation und Wachstum gleichzeitig die Performance-Qualität abzusichern.
- ▲ Schließlich resultieren aus den neueren Entwicklungen im Value-based-Management klare Anforderungen an das Risikomanagement in Richtung Nachhaltigkeit, Wertsicherung und Wertsteigerung.

Dies macht es zusammenfassend erforderlich, dass eine moderne Risikomanagement-Konzeption weder auf die operative Ebene noch auf die „downside-risks" (d. h. Risiken mit negativen Auswirkungen auf die Ergebnissituation) beschränkt sein kann, sondern vielmehr

- ▲ die strategische und strukturelle Positionsgestaltung,
- ▲ die „upside-risks" (d. h. Chancen bzw. Risiken mit potenziell positiven Auswirkungen auf die Ergebnissituation) und
- ▲ die Gestaltung eines im Wachstumsweg des Unternehmens gesicherten dynamischen Risiko-Chancen-Gleichgewichtes

einschließen, ja geradezu auf diesen Elementen aufbauen muss. Dies führt zu neuen Gestaltungsaufgaben in Prozessen und Instrumenten, aber auch zu Herausforderungen im Aufbau einer geeigneten Risiko-Chancen-Kultur, hinsichtlich der Erfüllung hoher Risiko-

und Chancen-Transparenzanforderungen und bezüglich der aktiven Einflussnahme auf die Risiko-Chancen-Kommunikation.

Die Entwicklungsrichtung für ein modernes Risikomanagement-Konzept richtet sich somit klar in Richtung eines ganzheitlichen Managements von Risiken, das das Management aller betrieblichen Risiken (auch unter Berücksichtigung von Risikointerdependenzen) beinhaltet und versucht, das Risikomanagement in das Führungssystem des Unternehmens zu integrieren.

Dies erfordert insbesondere

▲ eine Integration von Risikozielen in das Zielsystem des Unternehmens und

▲ die Integration des Risikomanagement in die wesentlichen Führungsprozesse und Entscheidungen, vor allem in strategische Planungs- und Umsetzungsprozesse sowie strukturbestimmende Entscheidungen.

Insofern hat der hier verfolgte Ansatz auch innovativen Charakter.

Die Schwerpunkte der Gestaltung richten sich auf Risikomanagement-Prozesse und -Instrumente sowie die Risiko-Chancen-Kultur und nicht auf die Implementierung einer von Linien-Management und Linienverantwortung entkoppelten Risikomanagement-Bürokratie. Inwieweit ein Risikomanagement im obigen Verständnis ergänzender Support-Funktionen bedarf, ist u. a. unternehmensgrößen- und -strukturabhängig sowie von der unternehmens- bzw. branchenspezifischen Risiko-Charakteristik bestimmt. Controller, zu deren Schlüsselverantwortlichkeiten die Entwicklung und Nutzung von Systemen und Prozessen zur Sicherung der Überraschungsfreiheit gehören, erscheinen für die Übernahme von Risikomanagement-Support-Funktionen jedenfalls besonders gut geeignet.

Die Risikomanagement-Initiative von ÖCI und Contrast

Im Frühjahr 2003 haben das **Österreichische Controller-Institut (ÖCI)** und die **Contrast Management-Consulting GmbH** im Rahmen des Arbeitskreises „Controlling State-of-the-art" die Initiative für einen österreichischen Risikomanagement-Arbeitskreis ergriffen. Die vorliegende Publikation ist das Ergebnis dieses sehr hochrangig besetzten und breit gestreuten Arbeitskreises, der von Dr. Robert Denk koordiniert und moderiert wurde. Eine dauerhafte Etablierung des Arbeitskreises in Form des Risikomanagement-Forums des Österreichischen Controller-Instituts wird angestrebt.

Die Initiative für diesen Arbeitskreis kam auf Grundlage folgender Beobachtungen und Einschätzungen zustande:

▲ Viele österreichische Unternehmen starten mit der Entwicklung und/oder der Systematisierung von Risikomanagement-Prozessen und -Instrumenten mit beschränkten internen Know-how-Grundlagen.

▲ Insbesondere größere Unternehmen mit entwickelten Risikomanagement-Ansätzen erkennen den Bedarf nach einer Risikomanagement-Klammerfunktion auf Corporate Level und die Notwendigkeit der Verankerung des Risikomanagements in Strategieentwicklungs- und -umsetzungsprozessen.

▲ Im Bereich dieses „strategischen Risikomanagements" zeigt sich ein konzeptionelles Entwicklungsdefizit, das weder durch die betriebswirtschaftliche Forschung noch durch den Beratungsmarkt abgedeckt erscheint.

Ein projektmäßiger Zutritt schien daher geeignet zur Schaffung eines konzeptionellen Lösungsansatzes für ein praktisch bestehendes Gestaltungsproblem. Die Arbeitskreisstruktur sicherte dabei sowohl die Berücksichtigung nötiger theoretischer Grundlagen wie auch die erforderliche pragmatische Orientierung.

Struktur des vorliegenden Buchs

Das vorliegende Buch besteht aus drei Teilen.

Teil 1 befasst sich mit den Grundlagen des Risikomanagements. Im Impuls-Kapitel „Tendenzen des Risikomanagements in der Unternehmenspraxis" wird der Entwicklungsstand des Risikomanagements in österreichischen Unternehmen anhand einer explorativen Befragung beschrieben. Das folgende Kapitel definiert die grundlegenden Begriffe des Buchs und befasst sich mit aktuellen – theoretischen und praktischen – Entwicklungen im Risikomanagement.

In **Teil 2** des Buchs wird untersucht, welche Kräfte die Entwicklung von einem isolierten Management von Einzelrisiken hin zu einem unternehmensweiten Risikomanagement verursachen. Aus Sicht der Herausgeber sind dies einerseits Diskontinuitäten und Turbulenzen im Unternehmensumfeld (Kapitel 1), institutionelle Rahmenbedingungen (Kapitel 2) sowie Lücken in bestehenden Risikomanagementsystemen (Kapitel 3).

In **Teil 3** des Buchs wird ein Risikomanagementansatz entwickelt, der Unternehmen in die Lage versetzen soll, vermehrt Risiken zu nehmen und gleichzeitig vermehrt Chancen aufzugreifen, und der sich folglich nicht primär mit der Steuerung von Einzelrisiken, sondern mit dem Management von Risikoprofilen und -strukturen beschäftigt. Da Risikomanagement aus Sicht der Herausgeber kein isolierter Seitenast des Führungssystems eines Unternehmens sein kann, sondern in das Führungssystem des Unternehmens integriert werden muss, werden in diesem Teil auch die Schnittstellen zwischen Risikomanagement und den wesentlichen Führungssystemen behandelt.

In Kapitel 1 wird zunächst das Risikomanagement in das Führungssystem des Unternehmens eingeordnet. Kapitel 2 befasst sich im Detail mit dem Risikomanagementprozess, d. h. mit der Risikoidentifikation, der Risikobewertung und -aggregation, der Risikosteuerung und -überwachung sowie dem Risikoberichtswesen. Kapitel 3 beschäftigt sich intensiv mit den Anknüpfungspunkten zwischen Risikomanagement und Strategie. Hier werden die wesentlichen Risikomanagement-Gestaltungsfelder in den einzelnen Phasen des Strategieprozesses dargestellt und die wesentlichen Instrumente des strategischen Risikomanagements beschrieben. Darüber hinaus werden die Schnittstellen zwischen Risikomanagement und wertorientierter Unternehmensführung sowie Möglichkeiten der Integration von Risikomanagement in die Balanced Scorecard dargestellt. Kapitel 4 analysiert die Schnittstellen zwischen Risikomanagement und Controlling und zeigt Wege auf, wie Controlling mithilfe von Risikoüberlegungen in ein chancen- und risikoorientiertes Controlling weiterentwickelt werden kann. Kapitel 5 beschäftigt sich mit der aufbauorganisatorischen Gestaltung des Risikomanagements und analysiert Einflussfaktoren auf die Organisationsform sowie alternative Varianten der organisatorischen Umsetzung des Risikomanagements. In Kapitel 6 wird das in den vorhergehenden Kapiteln entwickelte Risikomanagement-System an unterschiedliche organisatorische Entwicklungsstufen angepasst. Dabei wird – abhängig von der Komplexität des jeweiligen Unternehmens – eine adäquate Ausbaustufe des Risikomanagements empfohlen. Kapitel 7 beschäftigt sich mit dem Thema Risikomanagement und Unternehmenskultur und zeigt Wege, wie Risikomanagement im Unternehmen verankert werden kann. Das abschließende Kapitel fasst die Grundgedanken des Buches zusammen und skizziert Zukunftstrends in der Weiterentwicklung des Risikomanagements.

Teil 1

Grundlagen

1 Impuls – Tendenzen des Risikomanagements in der Unternehmenspraxis

1.1 Ausgangssituation

Die Risikolage vieler Unternehmen hat sich in den letzten zehn Jahren deutlich verschärft. Die Globalisierung, der hohe internationale Wettbewerbsdruck, der Trend zur Vernetzung von Unternehmen und moderne Informationstechnologien sind Parameter, die das Umfeld der Unternehmen kennzeichnen. Die Veränderungen erfolgen in der heutigen Zeit rasch und häufig, Zeit für Vorbereitung und Reaktion bleibt wenig. Es wird daher immer schwieriger, ein Unternehmen unter Kontrolle zu halten.

Zunehmender Kosten- und Leistungsdruck, fortschreitende Automatisierung und Komplexität von Produktionsanlagen sowie starke Turbulenzen auf den Finanzmärkten erschweren den Umgang mit potenziellen Chancen und Risiken. Vermehrt treten auch neuartige Risiken insbesondere finanzieller und rechtlicher Natur auf. Ausgelöst durch spektakuläre Unternehmenskrisen Ende des 20. und Anfang des 21. Jahrhunderts, in vielen Fällen verursacht durch die mangelnde Bereitschaft oder Fähigkeit zum effektiven Management von finanziellen Risiken, hat sich die in den angelsächsischen Ländern bereits seit längerem geführte Corporate-Governance-Debatte auch im deutschsprachigen Raum intensiviert. Die wachsende Bedeutung der internationalen Kapitalmärkte für die Unternehmen sowie deren Forderung nach transparenter Unternehmensberichterstattung unterstützen diese Diskussion. In Deutschland mündete die Diskussion um Corporate Governance schon Ende der Neunziger Jahre in das Gesetz zur Kontrolle und Transparenz im Unternehmensbereich[1] (KonTraG), das unter anderem die Verpflichtung der Geschäftsführung zur Implementierung eines Risikofrüherkennungs- und überwachungssystems festlegt. Ziel ist es, bestandsgefährdende Entwicklungen möglichst frühzeitig zu erkennen, um rechtzeitig geeignete Maßnahmen zur Steuerung und Bewältigung ergreifen zu können. Als bestandsgefährdende Entwicklungen im Sinne des KonTraG gelten insbesondere risikobehaftete Geschäfte, Unrichtigkeiten der Rechnungslegung und sonstige Verstöße gegen gesetzliche und vertragliche Vorschriften, die sich bedeutend auf die Vermögens-, Finanz- und Ertragslage auswirken.

Vom Österreichischen Arbeitskreis für Corporate Governance liegt ein nach internationalen Vorbildern gestalteter *Austrian Code of Corporate Governance*[2] vor, der als „Code of Best Practice" verstanden werden soll. An mehreren Stellen wird in diesem Entwurf auf die Bedeutung des Risikomanagements hingewiesen. So hat etwa im Rahmen seiner Berichtspflichten der Vorstand den Aufsichtsrat „regelmäßig, zeitnah und umfassend über alle relevanten Fragen der Geschäftsentwicklung, der Risikolage und des Risikomanagements"[3] zu informieren. Der Aufsichtsrat hat mit dem Vorstand neben der Strategie und der Geschäftsentwicklung auch das Risikomanagement des Unternehmens zu diskutieren.[4] Darüber hi-

---
1 Deutsches Bundesgesetz für Transparenz und Kontrolle, BGBl Nr. 24/1998.
2 Vgl. Österreichischer Arbeitskreis für Corporate Governance (2002).
3 Österreichischer Arbeitskreis für Corporate Governance (2002), Art. 9.
4 Vgl. Österreichischer Arbeitskreis für Corporate Governance (2002), Art. 37.

naus wird auch die Pflicht zur externen Risikoberichterstattung und Prüfung erweitert. Im Anhang des Konzernabschlusses sind detaillierte Aussagen über mögliche Risiken und die eingesetzten Risikomanagement-Instrumente zu machen.[5] Weiters hat der Abschlussprüfer die Funktionsfähigkeit des Risikomanagements zu beurteilen.[6] Abgesehen von dieser freiwilligen Verpflichtung zum Risikomanagement besteht auch in Österreich eine gesetzliche Verpflichtung, die sich aus der allgemeinen Leitungsaufgabe des Vorstandes nach § 70 AktG bzw. aus der *Sorgfaltspflicht der Vorstandsmitglieder* nach § 84 AktG ableiten lässt.

Das deutsche KonTraG sowie der österreichische Code of Corporate Governance, aber vor allem auch die Erkenntnis, dass der verschärften Risikolage mit entsprechenden Maßnahmen in der Unternehmensführung zu begegnen ist, haben eine Vielzahl von Unternehmen dazu bewegt, die aufbau- und ablauforganisatorischen Strukturen ihrer Risikomanagementsysteme kritisch zu überprüfen und neu auszurichten. Weder freiwillige noch gesetzliche Verpflichtungen stellen allerdings für den Aufbau eines Risikomanagements eine wesentliche Hilfestellung dar, weil

▲ kaum konkrete Verpflichtungen formuliert sind und Normverletzungen meist nicht sanktioniert werden,

▲ eine operative bzw. ex-post-Sicht dominiert und

▲ Risiken sehr eng, d.h. als bestandsgefährdend gesehen werden. Positive Aspekte, die mit einem aktiven Risiko-Chancen-Management einhergehen, fehlen hingegen.

1.2 Dimensionen des Risikomanagements

Da die genannten Regelungen, Vorschriften und Bestimmungen einen größtmöglichen Freiraum bei der Umsetzung gewähren und daher eine Art Normvakuum besteht, soll zu Beginn – auf der Grundlage der Ergebnisse einer explorativen Erhebung bei zehn großen österreichischen Industrieunternehmen – zu klären versucht werden, wie sich die Praxis bisher mit den oben genannten Anforderungen auseinander gesetzt und darauf reagiert hat.

Zur Strukturierung der Befragung wurde – aufbauend auf ähnlichen Untersuchungen von *Diederichs* und *Reichmann*[7] sowie *Grof* und *Pichler*[8] – ein grober Bezugsrahmen entwickelt (vgl. Abbildung 1):

---

5 Vgl. Österreichischer Arbeitskreis für Corporate Governance (2002), Art. 66.
6 Vgl. Österreichischer Arbeitskreis für Corporate Governance (2002), Art. 78.
7 Vgl. Diederichs/Reichmann (2003).
8 Vgl. Grof/Pichler (2002).

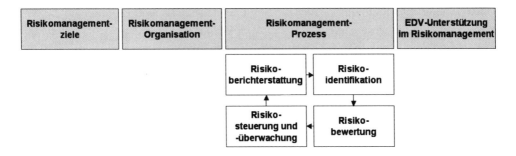

Abbildung 1: Dimensionen des Risikomanagements

Risikomanagement-Ziele

Mit dem Risikomanagement können einerseits interne Ziele, wie beispielsweise das bessere Erkennen bestandsgefährdender Risiken, verfolgt, andererseits externe Erfordernisse, wie z. B. die Übereinstimmung mit KonTraG-Zielen, erfüllt werden. Darüber hinaus wurden in der Befragung strategische und operative Ziele des Risikomanagements differenziert.

Risikomanagement-Organisation

Im Bereich Risikomanagement-Organisation und -Kommunikation wurden Fragen zur aufbauorganisatorischen Gestaltung des Risikomanagements (zentral vs. dezentral, Einbindung in andere Abteilungen, beispielsweise Controlling) sowie zu Vorgangsweisen und Instrumenten zur Schaffung eines Risikobewusstseins im Unternehmen gestellt.

Risikoidentifikation

Im Rahmen der Risikoidentifikation wurden folgende Kategorien unterschieden: Umfang bzw. Systematik der identifizierten Risiken (alle Risiken, nur bestimmte Risiken), Vorgangsweise bei der Risikoidentifikation (top down, bottom up) und Instrumente der Risikoidentifikation.

Risikobewertung

Im Bereich Risikobewertung wurden die Unternehmen gefragt, wie (d. h. anhand welcher Kategorien und mit welchen Instrumenten) die Risikobewertung erfolgt. Darüber hinaus wurde gefragt, in welchen Intervallen und mit welchem Horizont eine Risikobewertung durchgeführt wird. Abgesehen von einer Einzelbewertung der Risiken ist auch eine Risikobewertung auf einer aggregierten Ebene denkbar. Daher wurden Fragen zur Systematik der Aggregation und zur Berücksichtigung von Abhängigkeiten zwischen Einzelrisiken im Rahmen der Risikobewertung gestellt.

Risikosteuerung und -überwachung

Im Rahmen der Risikosteuerung geht es um das Setzen von Risikomanagement-Maßnahmen. Es wurde gefragt, inwiefern Risikoidentifikation und -bewertung in konkrete Risikomanagement-Maßnahmen münden und ob eine Verantwortungszuteilung erfolgt. Außerdem wurden Fragen zum laufenden Monitoring der Risikomanagement-Maßnahmen gestellt.

Risikoberichterstattung

Die Risikoberichterstattung umfasst internes und externes Risikoreporting sowie die Verbindung zum Controlling-Berichtswesen. Gegenstand der Befragung waren Existenz und Inhalte von internen und externen Risikoberichten, Berichtsadressaten, Berichtsintervalle, Differenzierung zwischen Standard- und ad-hoc-Berichten, Auslöser von ad-hoc-Berichten, Konsequenzen der Berichte sowie Schnittstellen zum Controlling und Finanzbereich.

EDV-Unterstützung im Risikomanagement

Abschließend wurden die Unternehmen gefragt, inwiefern bzw. in welchen Bereichen eine Software-Unterstützung im Risikomanagement-Prozess erfolgt.

Abbildung 2 fasst die Dimensionen des Bezugsrahmens grafisch zusammen:

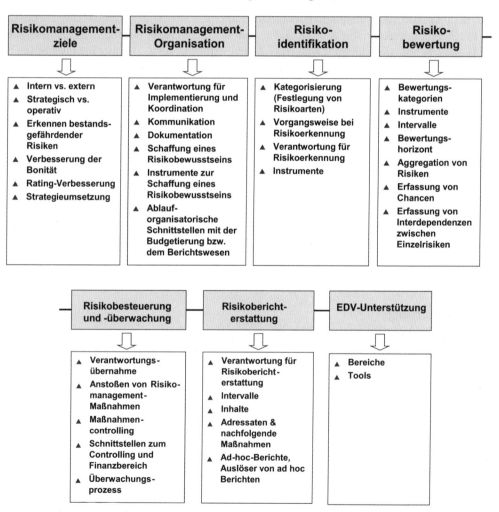

Abbildung 2: Dimensionen des Bezugsrahmens

1.3 Ergebnisse der Befragung

In Anlehnung an die oben dargestellten Dimensionen eines Risikomanagement-Systems wurde der Entwicklungsstand des Risikomanagements von zehn in Österreich ansässigen Unternehmen in einer explorativen Befragung erhoben. Da dabei Großunternehmen befragt wurden, von denen angenommen werden konnte, dass sie bereits Risikomanagementsysteme aufgebaut haben, handelt es sich keinesfalls um einen repräsentativen Querschnitt der österreichischen Unternehmen. Vielmehr werden die Risikomanagementsysteme von solchen Unternehmen verglichen, deren Risikomanagementaktivitäten im Vergleich zum Durchschnitt der Unternehmen sehr weit fortgeschritten sind, um Trends und Tendenzen im Aufbau der Risikomanagementsysteme zu erkennen.

Risikomanagement-Ziele

Auslöser für die Implementierung eines konzernweiten Risikomanagements waren das deutsche KonTraG, der österreichische Code of Corporate Governance, Basel II sowie Wettbewerbs- und Wachstumsgründe. Als Ziele – die mit Hilfe der Implementierung eines Risikomanagements erreicht werden sollen – wurden von den Unternehmen vor allem die Verbesserung des Unternehmensratings, die Erfüllung der Art. 66 und 78 des österreichischen Code of Corporate Governance, § 91 Abs. 2 dt. AktG, die Erfüllung des KonTraG sowie die Unterstützung der Geschäftssteuerung und der Wertsteigerung des Unternehmens angeführt.

Es zeigt sich somit, dass die Unternehmen das Risikomanagement sowohl aus gesetzlichen als auch betriebswirtschaftlichen Gründen implementieren, mit dem Ziel, das Tagesgeschäft besser zu steuern und langfristige Unternehmenswertsteigerungen zu erzielen.

Die meisten Unternehmen sehen es als wichtig an, dazu ein unternehmensweites Risikomanagement, das als Risiko- und Chancenmanagement verstanden wird und sowohl strategisch als auch operativ orientiert ist, zu verfolgen. In den meisten Fällen wurde dazu allerdings angemerkt bzw. ergab sich in den Gesprächen der Eindruck, dass der Fokus gegenwärtig auf dem operativen Risikomanagement liegt.

Risikomanagement-Organisation und -Kommunikation

In allen befragten Unternehmen gibt es eine zentrale Stelle für das Risikomanagement, die zumindest koordinierend tätig ist, zumeist jedoch auch die Verantwortung für die Implementierung und die Weiterentwicklung des Risikomanagements trägt. Die Wahrnehmung der Risikomanagementaufgaben, d. h. vor allem die Risikoerkennung sowie die Ableitung und Umsetzung der Risikomanagement-Maßnahmen, erfolgt an unterschiedlichsten Stellen im Unternehmen, die dabei in mehr oder weniger starkem Austausch mit der zentralen Risikomanagementeinheit stehen. Hier ist die Tendenz erkennbar, dass sich die zentrale Risikomanagementstelle bei der Entwicklung von Risikomanagement-Maßnahmen verstärkt einbringt.

Die zentrale Risikomanagementeinheit ist in der Regel dem CFO oder dem Gesamtvorstand zugeordnet und im Großteil der Unternehmen als eigenständige Einheit neben den klassischen Rechnungswesen- und Controllingeinheiten implementiert. Die Stellung des Risikomanagements zum Rechnungswesen und Controlling sowie die Zusammenarbeit mit diesen Organisationseinheiten sind in den einzelnen Unternehmen sehr unterschiedlich geregelt.

Die Kommunikation von Risikomanagement-Themen zur Schaffung von Risikobewusstsein und -wissen im Unternehmen ist nach Angabe der Unternehmen sehr weit fortgeschritten, wobei sämtliche Medien der modernen Kommunikation (z.B. Intranet) sowie umfassende Schulungsmaßnahmen genutzt werden.

Risikoidentifikation

In den meisten Unternehmen wird, sofern dies noch nicht gängige Praxis ist, ein Identifikationsprozess angestrebt, der sämtliche Unternehmensrisiken umfasst, wobei der Schwerpunkt auf existenzgefährdenden Risiken liegt. Über die Vorgehensweise sowie die Zuordnung von Verantwortung bei der Risikoidentifikation können keine allgemein gültigen Aussagen getroffen werden, da die organisatorische Umsetzung der Risikoidentifikation sehr stark von den jeweiligen organisatorischen Besonderheiten der Unternehmen abhängt. Es kann aber festgestellt werden, dass Unternehmen, die eine sehr umfassende Identifikation von Risiken anstreben, in der Regel in sämtlichen Organisationseinheiten Ansprechpersonen vorgesehen haben, die den Prozess der Risikoerkennung unterstützen.

Das dominante Instrument zur Risikoidentifikation sind Risiko-Checklisten. Häufig werden auch Workshops durchgeführt, und bei der Erfassung von operativen Risiken werden Schadensfall-Datenbanken eingesetzt.

Risikobewertung

In allen Unternehmen umfassen die Kategorien der Risikobewertung zumindest zwei Faktoren, die in irgendeiner Art und Weise die Eintrittswahrscheinlichkeit sowie die Auswirkung des Risikos auf eine finanzielle Zielgröße (meist EBIT) abbilden. Daneben werden in den Unternehmen teilweise qualitative Risikoklassifizierungen angewendet. Die Palette der eingesetzten Instrumente zur Risikobewertung ist sehr vielfältig und reicht von einfachsten Schätzverfahren hin zu komplexen EDV-technisch unterstützten Analyseverfahren.

Verständlicherweise zeigte sich bei der Befragung, dass die Intervalle der Risikobewertung sehr stark in Abhängigkeit vom Betätigungsfeld der Unternehmen variieren. So werden in einigen Unternehmen einige Risiken täglich neu bewertet, in vielen Fällen begnügen sich die Unternehmen mit einer jährlichen Bewertung. Ähnliches gilt für den Horizont der Risikobewertung, wobei in den Interviews der Eindruck entstand, dass dieser vielfach dem Horizont der operativen Unternehmensplanung bzw. Budgetierung entspricht.

Eine Berücksichtigung von Interdependenzen von Risiken bei der Bewertung wird überwiegend – unter Hinweis auf die hohe Komplexität und die methodischen Schwierigkeiten – nicht durchgeführt. Eine „Aggregation" von Risiken erfolgt hingegen in den meisten Unternehmen. Allerdings ist anzumerken, dass unter dem Begriff „Aggregation" von vielen Unternehmen auch die gefilterte Betrachtung der wichtigsten Risiken des Unternehmens oder der wichtigsten Risiken pro Bereich, Gesellschaft etc. verstanden wird. Eine Risiko-Aggregation im Sinne der Bewertung eines finanziellen Gesamtrisikos eines Geschäftes oder eines Unternehmens erfolgt daher im Regelfall nicht.

Risikosteuerung und -überwachung

In allen Unternehmen ziehen identifizierte Risiken Risikomanagement-Maßnahmen nach sich, die zumeist unter starker Mithilfe der zentralen Risikomanagementstelle abgeleitet werden. Die Vorgaben der zentralen Risikomanagementeinheit haben in der Regel Empfehlungscharakter, teilweise gibt es auch Organisationseinheiten, die völlig selbständig Maßnahmen erarbeiten. Die Umsetzungsverantwortung ist üblicherweise dezentral angesiedelt, und der Erfolg der Umsetzungsmaßnahmen wird entweder laufend durch die Umsetzungsverantwortlichen oder – meist einmal pro Quartal – durch das zentrale Risikomanagement überprüft. Als oberstes verantwortliches Organ für die Risikosteuerung wird in den meisten Unternehmen der CFO genannt.

Risikoberichterstattung

Bei den börsennotierten Unternehmen existiert sowohl eine interne als auch externe Risikoberichterstattung. Bei den nicht börsennotierten Unternehmen gibt es neben der internen Berichterstattung zumeist auch Berichte an externe Anspruchsgruppen. Die Verantwortung für die Berichterstattung liegt üblicherweise bei der zentralen Risikomanagementeinheit. Adressaten der – überwiegend quartalsweise durchgeführten – internen Risikoberichterstattung sind Management, Vorstand, Aufsichtsrat und Wirtschaftsprüfer. Die Berichtsinhalte auf oberster Ebene beschränken sich üblicherweise auf die Hauptrisiken, in einigen Unternehmen werden auch die zentralen Chancen berichtet.

In allen Fällen existiert neben den regelmäßigen Berichten auch die Möglichkeit zur Ad-hoc-Berichterstattung, die bei Unregelmäßigkeiten oder Überschreitung von Schwellenwerten zur Anwendung kommt. In einigen Unternehmen gibt es Abweichungsanalysen und eine Verknüpfung der Risikoberichte mit der Finanz- und Controllingberichterstattung, andere Unternehmen streben dies derzeit an.

EDV-Unterstützung im Risikomanagement

Der Risikomanagementprozess wird in allen Unternehmen durch EDV-Einsatz unterstützt, wobei überwiegend unternehmensspezifische Speziallösungen zum Einsatz kommen. Die Unternehmen gehen davon aus, dass der EDV-Einsatz in Zukunft verstärkt wird, und sehen dabei die Konsolidierung von Einzelinstrumenten zu Unternehmensgesamtlösungen als eine der größten Herausforderungen an.

Gesamteindruck der Befragung

Es zeigte sich bei allen befragten Unternehmen, dass Risikomanagement ein wichtiges Thema ist, dem in Zukunft mehr Beachtung geschenkt werden soll. Darüber hinaus konnten kaum einheitliche Trends oder umfassendere Strukturen mit Normcharakter erkannt werden. Zusammenfassend kann auch festgehalten werden, dass die Risikomanagementsysteme in den meisten Unternehmen noch im Aufbau sind.

2 Grundlegende Begriffe

2.1 Risikobegriff

Das Wort „Risiko" leitet sich ursprünglich vom frühitalienischen Wort „risco" ab, das „Klippe" bedeutet und mit dem der „unkalkulierbare Widerstand im Kampf" bezeichnet wurde. In der Folge wurde der Begriff verallgemeinert und entwickelte sich im 14. Jahrhundert in den norditalienischen Stadtstaaten im Bereich des Seeversicherungswesens weiter. Im deutschen Sprachraum etablierte sich der Begriff „Risiko" als kaufmännischer Begriff und bezeichnete die Gefahr im Handelsgeschäft oder etwas allgemeiner das Wagnis, d. h. die Ungewissheit, wie ein erwarteter Handel ausgeht.[9]

In Theorie und Praxis der Unternehmensführung wird der Begriff Risiko nicht einheitlich verwendet, es existiert ein breites Spektrum an Definitionen. Hier soll folgende Risikodefinition verwendet werden:

> Risiko ist die Gefahr (bzw. die Chance) einer negativen (bzw. positiven) Abweichung von den Unternehmenszielen.

Der hier verwendete Risikobegriff umfasst also neben dem Risiko im engeren Sinn (Verlustgefahr) auch Chancen (Gewinnmöglichkeiten). Darüber hinaus zeichnet er sich durch einen Bezug zu den Unternehmenszielen aus.

Zur Präzisierung der obigen Definition ist es sinnvoll, zwischen Risiken in einem finalen Sinne (Risikowirkungen, insb. in Bezug auf die Finanz-, Ertrags- und Vermögenslage) und Risiken in einem kausalen Sinne (Risikoursachen bzw. -auslöser, v. a. auch durch unzureichende Nutzung von Erfolgspotenzialen) zu unterscheiden. Ursache-Wirkungsbeziehungen können sich dabei über mehrere Stufen erstrecken (z.B. Wechselkursänderung → Umsatzrückgang → Performanceänderung).[10]

Risiken im finalen Sinn bzw. Risikowirkungen betreffen letztendlich immer entweder den Erfolg (Performancerisiko) oder die Liquidität (Liquiditätsrisiko) des Unternehmens. Da die Performancemessung entweder auf Buchwerten oder auf Marktwerten basieren kann, kann sich auch das Performancerisiko entweder auf Buchwerte (Verlust = Rückgang des Eigenkapital-Buchwerts) oder auf Marktwerte (Verlust = Rückgang des Eigenkapital-Marktwerts) beziehen.

Risiken im kausalen Sinn bzw. Risikoursachen lassen sich auf vielfältige Arten klassifizieren. Eine gebräuchliche Kategorisierung (Empfehlung des Deutschen Standardisierungsrats im Deutschen Rechnungslegungs-Standard zur Risikoberichterstattung) unterscheidet beispielsweise:

▲ Umfeldrisiken und Branchenrisiken,

▲ unternehmensstrategische Risiken,

---

[9] Zur Sprach- und Kulturgeschichte der Begriffe Risiko, Abenteuer und Angst vgl. Keller (2004), S. 61ff.
[10] Vgl. Albrecht (1998), S. 2f.

▲ leistungswirtschaftliche Risiken,

▲ Personalrisiken,

▲ informationstechnische Risiken,

▲ finanzwirtschaftliche Risiken und

▲ sonstige Risiken.

Zu den Umfeld- und Branchenrisiken gehören beispielsweise politische und rechtliche Entwicklungen, volkswirtschaftliche Risiken und das Verhalten der Wettbewerber. Umfeldrisiken und unternehmensstrategische Risiken, zu denen z.B. Standortrisiken, Investitionsrisiken oder Risiken des Produktportfolios gehören, können Unternehmen durch strategische Maßnahmen zu bewältigen versuchen.

Zu den leistungswirtschaftlichen Risiken gehören beispielsweise Risiken des Betriebsablaufs (z.B. Betriebsunterbrechung) bzw. Risiken der Schadenzufügung gegenüber Dritten. Diese Risiken werden meist als „reine" Risiken betrachtet, d. h. Risiken, die ein Performancerisiko nach sich ziehen, aber keine Performancechance beinhalten, und werden traditionell mit versicherungswirtschaftlichen Instrumenten angegangen. Bei genauerer Betrachtung leistungswirtschaftlicher Risiken erkennt man, dass sie durchaus auch Performancechancen nach sich ziehen können. So wird in nach „Kaizen"-Prinzipien organisierten Fertigungsabläufen jeder entdeckte bzw. zu einer Betriebsunterbrechung führende Fehler als ein weiterer Schritt zur „Zero-Defect"-Situation gesehen, also als Fehlerbeseitigung mit nachhaltigem Verbesserungspotenzial. Gut vorstellbar ist auch eine Situation, in der ein technischer Fehler, der zur Betriebsunterbrechung führt, als „zeitlicher Vorlauffehler" und Indikator für einen viel größeren, potenziellen Schaden in Zukunft erkannt wird und die Betriebsunterbrechung zur vorbeugenden Instandhaltung und damit zum Verhindern eines Großschadens genutzt wird.

Personalrisiken beinhalten beispielsweise Risiken der Personalbeschaffung, das Risiko des Ausfalls von Schlüsselpersonen sowie Personalstruktur-Risiken. Diese entstehen häufig aufgrund von sich ändernden Qualifizierungsanforderungen (Mobilitätsbereitschaft, Fremdsprachen, Wissensveralterung infolge technischen Fortschritts) oder aufgrund großer Personalressourcen des Unternehmens in Bereichen, in denen sich kostengünstige externe Märkte entwickeln (Personalrisiko im Zusammenhang mit dem Make-or-buy-Strukturrisiko). Unternehmen können diesen Risiken durch entsprechende Personalentwicklungs- und anpassungsmaßnahmen entgegenwirken.

Im Zusammenhang mit informationstechnischen Risiken geht es beispielsweise um Fragen der Datensicherheit oder der Datenverfügbarkeit. Diese Risiken können durch entsprechende Vorkehrungen im Bereich der IT angegangen werden.

Finanzwirtschaftliche Risiken umfassen etwa Zinsänderungsrisiken, Wechselkursrisiken etc. und sind überwiegend „spekulative" Risiken, d. h. Risiken, die sowohl ein Performancerisiko als auch eine Performancechance nach sich ziehen. Sie werden traditionell mit finanzwirtschaftlichen Instrumenten angegangen.

Unter den sonstigen Risiken werden rechtliche Risiken, Organisations- und Führungsrisiken, Risiken der Personengefährdung etc. zusammengefasst.

Aus dem weiten Feld des Instrumentariums lässt sich erkennen, dass auch Risikomanagement-Maßnahmen entweder an den Risikoursachen (z.B. im Bereich der strategischen Risiken oder der Personalrisiken) oder an den Risikowirkungen (z.B. durch Versicherungen oder finanzwirtschaftliche Instrumente) ansetzen können.

2.2 Risikomanagement

> Risikomanagement ist die systematische, aktive, zukunfts- und zielorientierte Steuerung der Risikogesamtposition des Unternehmens.[11]

Das Risikomanagement beschäftigt sich nicht nur mit Einzelrisiken, sondern auch mit der Risikogesamtposition des Unternehmens bzw. mit dem Risiko-Mix des Unternehmens. Der Risiko-Mix ist dabei definiert als die Zusammensetzung aller quantitativ und/oder qualitativ evaluierten risk exposures zu einem bestimmten Zeitpunkt. Unter risk exposure wird die aktuelle, quantitative und/oder qualitative Evaluierung einer konkreten Risikoart (bzw. Risikokategorie) im Unternehmen verstanden.

Risikomanagement ist Aufgabe der Unternehmensführung und ist die Gesamtheit aller Maßnahmen eines Unternehmens, die zur Steuerung und Kontrolle ihrer Risiken dienen. In Abhängigkeit vom Zeithorizont geht es dabei um strategische und um operative Steuerungsgrößen.

Gälweiler hat eine Hierarchie der Steuerungsgrößen für die strategische und operative Führung entwickelt, die als Grundlage für die Gestaltung des Risiko-Management-Prozesses dienen kann (vgl. Abbildung 3).[12]

Es ist Aufgabe der strategischen Führung, geeignete Maßnahmen im Sinne einer Vorsteuerung zu setzen, um künftige Erfolgspotenziale zu entwickeln. Dieses Vorsteuern[13] gilt als Anforderungsprofil in vollem Umfang auch als Anforderungsprofil für den Risiko-Management-Prozess.

---

[11] In Anlehnung an Guserl (1998), S. 165.
[12] Vgl. Guserl (1998), in Anlehnung an Gälweiler (1990).
[13] Vgl. Gälweiler (1990), S. 29.

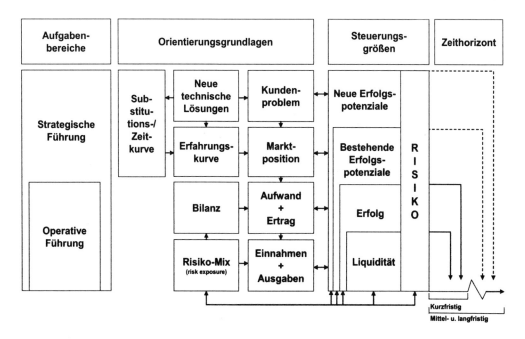

Abbildung 3: Ordnungsrahmen für den Risiko-Management-Prozess[14]

Die Instrumentalisierung des Faktors Risiko in der Unternehmensführung (Risikoidentifikation, Risikoanalyse und -bewertung, Risikosteuerung und Kontrolle, Risikoberichtswesen) ist für die Systematisierung und Institutionalisierung des Risiko-Management-Prozesses im Unternehmen erforderlich. Voraussetzung für effektives Risikomanagement ist darüber hinaus die Förderung und Steuerung einer problemadäquaten Risikokultur, verbunden mit einer geeigneten Konflikt- und Entscheidungskultur sowie einem effektiven Maßnahmen-Controlling (vgl. Abbildung 4).

---

[14] Vgl. Guserl (1998), S. 172.

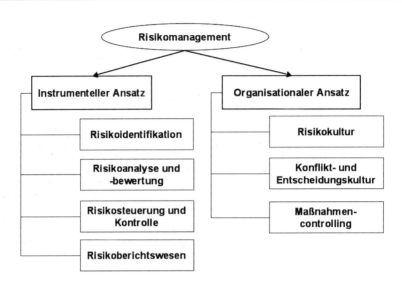

Abbildung 4: Aspekte des Risikomanagements

2.3 Management von Einzelrisiken

Ab den sechziger Jahren begannen amerikanische Großunternehmen, den Einkauf und die Verwaltung von Versicherungspolizzen zu optimieren. Daraus entwickelte sich einerseits die „Risk Management"-Funktion in Unternehmen, andererseits entstand eine Vielzahl von Instrumenten des betrieblichen Versicherungswesens. Auch heute noch beschäftigen viele Unternehmen einen Risk Manager, dessen Hauptaufgabengebiet die versicherungsspezifische Aufgabe der Risikofinanzierung bzw. der Versicherungseinkauf ist.

Partner der Risikomanager in den Unternehmen sind Versicherungsunternehmen, die Risikomanagement-Dienstleistungen anbieten. Darunter werden Tätigkeiten subsumiert, die der Risikobeurteilung und der Risikoverbesserung dienen, insbesondere der Brandschutz, der Einbruchschutz, die Produktsicherheit und der Umweltschutz.[15]

Parallel dazu entwickelte sich der Einsatz von finanzwirtschaftlichen Instrumenten zur Absicherung finanzieller Risiken. In diesem Verständnis des Risikomanagements wird mittels „Hedging" versucht, mit einem besonderen Warentermingeschäft, das mit einem anderen, auf den gleichen Zeitpunkt terminierten Geschäft gekoppelt wird, eine Absicherung gegen Preis-, Zins- und Währungsschwankungen zu erreichen.

Instrumente, die zur Steuerung der finanziellen Risiken eingesetzt werden können, sind Termingeschäfte. Im Groben kann hierbei zwischen den unbedingten Kontrakten Forwards und Futures sowie den bedingten Kontrakten wie beispielsweise Optionen unterschieden werden. In Abbildung 5 wird eine Auswahl an Instrumenten zur Bewältigung von finanziellen Risiken dargestellt.

---

[15] Vgl. Brühwiler (2003a), S. 20.

Instrumente* \ Risiko**	unbedingte TG*** Forward Contracts	Futures	Kassageschäft Swap	bedingte TG*** Options	Bonds	Floating Rate Loans	Hybride Formen
Wechselkursrisiko	x	x	x	x			x
Zinsrisiko	x	x	x	x		x	x
Volatilität von Rohstoff- und Produktpreisen bzw. -Margen	x	x	x	x	x		x

Exemplarische Darstellung

* ‚Plain-Vanilla' (Call- und Put-) Optionen; ‚Exotische Optionen' unterliegen zusätzlichen Bedingungen und Vereinbarungen (z.B.: Kurs des Basiswerts ist nicht nur zum Zeitpunkt des Verfalls oder der Ausübung von Bedeutung; Kursschwankungen während der Anlagezeit müssen in die Anlageüberlegungen miteinbezogen werden)
** Auswahl der geläufigsten finanziellen Risiken
*** TG=Termingeschäfte

Abbildung 5: Instrumente zu Bewältigung finanzieller Risiken[16]

Zur bestmöglichen Entscheidung, für welche Risiken Derivative zum Einsatz kommen sollen, müssen diese quantifizierbar sein. In *Forward Contracts* wird festgelegt, dass Lieferung und Zahlung bei Fälligkeit zu Bedingungen stattfinden, die im Vorhinein festgelegt wurden.[17] Gleiches gilt auch für *Futures*, wobei diese vier Besonderheiten im Gegensatz zu Forward Contracts aufweisen. Erstens sind Futures standardisierte Verträge, die an organisierten Börsen gehandelt werden, zweitens werden Verluste und Gewinne täglich bei Anfall beglichen, nicht nur zu Ende der Vertragslaufzeit, drittens wird ein Pfand zur Sicherstellung der Leistungserbringung, die im Rahmen des Vertrages vereinbart wurde, eingesetzt und viertens wird als Partner eine sogenanntes *clearinghouse* eingesetzt, das sicherstellen soll, dass genügend Kapital vorhanden ist, um die Vereinbarungen im Vertrag einhalten zu können.[18]

Optionen verleihen dem Käufer das Recht, innerhalb eines bestimmten Zeitraumes eine bestimmte Menge eines Gutes zu einem bestimmten Preis zu kaufen (Call) oder zu verkaufen (Put).[19] Optionen verschaffen dadurch dem Management die Flexibilität, Ressourcen zu erwerben, abzustoßen und auszutauschen, sofern dies als vorteilhaft angesehen wird. Optionen tragen in manchen Fällen auch den Charakter einer „Versicherungsprämie", beispielsweise wenn sie bei günstigem Verlauf der „forward curve" eingesetzt werden, um das Preisniveau budgetzielorientiert abzusichern (i.d.R. gegen Preisgabe eines bestimmten Upside-Potenzials und einen bestimmten Options-Kaufpreis, der damit den Charakter einer Versicherungsprämie trägt).

---

[16] Smithson (1998), S. 29ff.
[17] Vgl. Stulz (2003), S. 14 ff und S. 115.
[18] Vgl. Stulz (2003), S. 132 ff.
[19] Vgl. Stulz (2003), S. 8.

Abgesehen von Versicherungsmanagement und finanziellem Risikomanagement gibt es noch weitere Bereiche in Unternehmen, in denen sich Risikomanagementinstrumente und -methoden entwickelt haben. Dazu gehören beispielsweise das technische Risikomanagement (Maschinen und Produktsicherheit), das Projektmanagement (Analyse von Projektrisiken), das IT-Risikomanagement (Aspekte der Datensicherheit und deren Management), aber auch das strategische Management, man denke beispielsweise an das Portfoliomanagement oder an Konzepte der wertorientierten Unternehmensführung, in denen Risiko mittels des Beta-Faktors berücksichtigt wird.

2.4 Unternehmensweites Risikomanagement

Die Entwicklung von Risiko-Managementsystemen in jüngerer Zeit zeigt, dass die isolierte Betrachtung und Absicherung von Einzelrisiken immer weniger das wesensbestimmende Merkmal solcher Systeme ist. Sowohl im anglo-amerikanischen Sprachraum als auch in Deutschland lässt sich eine Entwicklung in Richtung eines unternehmensweiten (oder auch integrierten, holistischen, ganzheitlichen, enterprise-wide) Risikomanagements erkennen.

Zentrale Elemente dieses unternehmensweiten Risikomanagements sind

▲ das ganzheitliche Management von Risiken, d. h.
  ▲ das Management aller betrieblichen Risiken
  ▲ unter Berücksichtigung von Risikointerdependenzen und
▲ die Integration des Risikomanagements in die Unternehmenssteuerung.[20]

Erstens beschränkt sich das Risikomanagement also nicht auf das Erfassen von Einzelrisikopositionen, sondern strebt vor allem die Identifikation und Bewertung von Interdependenzen und darauf ausgerichtete Maßnahmen zur Verbesserung der Risikosituation an.

Zweitens wird versucht, das Risikomanagement des Unternehmens in die Gesamtsteuerung des Unternehmens zu integrieren. Dies erfordert insbesondere auch eine Integration von Risikozielen in die Unternehmensziele. Aufgaben eines so verstandenen Risikomanagements sind dann das Management der Risikoposition des Unternehmens, d. h. das Schaffen einer Balance zwischen Risikoniveau und Risikotragfähigkeit des Unternehmens, und darüber hinaus die Optimierung von eingegangenem Risiko und realisierbarer Rendite, d. h. das Management der risikoadjustierten Profitabilität. Das Risikomanagement muss dementsprechend nicht nur die Steuerung der Risikolage des Unternehmens, sondern auch den Ausgleich zwischen Risiko- und Chancenpotenzial des Unternehmens zum Ziel haben.[21]

Pioniere bei der Anwendung eines unternehmensweiten Risikomanagements sind sowohl Industrieunternehmen als auch Finanzintermediäre, wie Banken und Versicherungen.

---

[20] Vgl. Albrecht (1998), S. 1.
[21] Vgl. Albrecht (1998), S. 6.

3 Zusammenfassung und Implikationen für Teil 2 dieses Buchs

Aus den oben dargestellten – theoretischen und praktischen – Entwicklungen im Risikomanagement ist ersichtlich, dass eindeutige Tendenzen in Richtung eines strukturierten, unternehmensweiten Risikomanagements vorliegen.

▲ Die Befragung zeigte, dass die Bedeutung des Risikomanagements in den Unternehmen in Zukunft steigen wird, dass aber noch kaum einheitliche Trends oder umfassendere Strukturen erkannt werden können. Die meisten Unternehmen beginnen gerade – mit mehr oder weniger Nachdruck – mit der Entwicklung eines unternehmensweiten Risikomanagements.

▲ Auch in der Literatur wird diese Entwicklung der Unternehmenspraxis widergespiegelt. Allerdings lässt sich feststellen, dass auch hier keine fertigen Konzepte bereitstehen, und dass insbesondere hinsichtlich der Integration des Risikomanagements in die Unternehmenssteuerung noch erheblicher Entwicklungsbedarf besteht.

In Teil 2 dieses Buches soll untersucht werden, welche Kräfte diese Entwicklung von einem isolierten Management von Einzelrisiken hin zu einem unternehmensweiten Risikomanagement verursacht haben.

Teil 2
Auslöser für den Bedarf nach einem strukturierten Risikomanagement

1 Diskontinuitäten und Turbulenzen im Unternehmensumfeld als primärer Treiber des Risikomanagements

Spektakuläre Unternehmensinsolvenzen wie die von Barings Bank, Swiss Air, Enron, kriminelle Handlungen bis auf höchste Unternehmensebenen, Computerviren, die Systemabstürze in Großunternehmen hervorrufen – die Medien berichten fast täglich über Ereignisse unterschiedlichster Art, die Unternehmen erheblich schädigen oder sogar vernichten können. Es gibt aber auch Medienberichte und empirische Studien über Misserfolge im Risiko-Management von Unternehmen, insbesondere im Zusammenhang mit den Kosten und Opportunitätskosten von Sicherungsgeschäften.

Während man beim Risikomanagement oft das Gefühl hat, es sei nur die gesetzliche Verpflichtung in Form des KonTraG, die zur ungebrochenen Aktualität des Themas führt, sind es doch vor allem geschäfts- und unternehmensspezifische Bedingungen, die eine stärkere Berücksichtigung von Risiken in der Unternehmensführung notwendig machen. Unternehmen werden immer häufiger mit neuen oder sich verändernden Parametern konfrontiert, auf die sie schnell, gezielt und sicher reagieren müssen. Die Risikolage der meisten Unternehmen hat sich dadurch in der jüngsten Vergangenheit signifikant verschärft. Faktoren, die zu dieser Entwicklung geführt haben, sind die zunehmende Deregulierung der Märkte, sich ändernde regulatorische Bestimmungen, steigender Preis- und Qualitätsdruck auf globalisierten Märkten, zunehmende Transparenz und Vergleichbarkeit der Produkte und Leistungen, der verstärkte Einsatz moderner Informations- und Kommunikationstechnologien, kürzere Produkt- und Prozesslebenszyklen, zunehmende Individualisierungstendenzen der Nachfrager, steigende Serviceansprüche der Kunden u.v.m. All diese Entwicklungen eröffnen den Unternehmen immense Chancen, bergen aber auch eine Vielzahl von Risiken in sich (vgl. Abbildung 6).

Globalisierung und verschärfter Wettbewerb	Bei grenzüberschreitenden Aktivitäten entstehen Länderrisiken.
	Durch die enge internationale Vernetzung können Krisen auf Produkt- und Finanzmärkten weltweite Kettenreaktionen auslösen.
	Durch die weltweite Präsenz vieler Unternehmen nimmt die Wettbewerbsintensität insgesamt zu.
	Zum Aufbau einer weltweiten Präsenz sind hohe Investitionen erforderlich, was bei Misserfolgen entsprechend hohe Schadenssummen zur Folge hat.
	Die Verkürzung der Produkt- und Prozesslebenszyklen erfordern steigende Investitionen in Forschung und Entwicklung.
	Hohe Marktdynamik verursacht, dass längerfristige Planungen mit erhöhter Unsicherheit behaftet sind.
	Durch Übernahmen und Fusionen steigen Größe und Marktmacht von Wettbewerbern, Kunden und Lieferanten.

	Durch die Deregulierung und Liberalisierung wird Wettbewerbern der Markteintritt erleichtert bzw. überhaupt erst ermöglicht.
	Der verschärfte Wettbewerb zwingt zur Annahme von Aufträgen mit ungünstiger Risikostruktur.
Moderne Produktions- und Warenwirtschaftssysteme	Bei teuren Anlagen fallen auch eventuelle Schäden entsprechend höher aus.
	Hohe Fixkostenanteile verringern die Anpassungsfähigkeit und -geschwindigkeit an veränderte Umweltbedingungen.
	Die Stillstandskosten sind insbesondere bei verketteten Produktionssystemen sehr hoch.
	Mit zunehmender Komplexität der Produktionssysteme steigt tendenziell deren Störanfälligkeit.
Moderne Informations- und Kommunikationstechnologie	Moderne Informationstechnologien, insbesondere das Internet, haben gravierende Auswirkungen auf bestehende Wertschöpfungsstrukturen. Traditionelle Wertschöpfungsketten erodieren, es entstehen neue Wettbewerber, die sich auf ihre Kernkompetenzen in bestimmten Wertschöpfungsstufen konzentrieren.
	Traditionelle Markteintrittsbarrieren, wie beispielsweise der Aufbau von Vertriebskanälen, entfallen bei Direktvertrieb durch das Internet, wodurch der Wettbewerbsdruck insgesamt steigt.
Interorganisationale Kooperation	Es entsteht ein hohes Maß an gegenseitiger Abhängigkeit zwischen den Kooperationspartnern.
	Unternehmen sind dadurch auch in ihrer Strategieformulierung nicht mehr autonom, sondern abhängig vom Markterfolg kooperierender Unternehmen.
	Eine „gerechte" Aufteilung der Risiken zwischen einzelnen Partnern ist kaum möglich.
	Risiken, die (bewusst oder unbewusst) von anderen Partnern eingegangen werden, müssen u. U. unfreiwillig mitgetragen werden.
	Es besteht die Gefahr des opportunistischen Verhaltens der Kooperationspartner.

Abbildung 6: Risikoerhöhende Entwicklungen im Unternehmensumfeld[22]

---

[22] In Anlehnung an Erben/Romeike (2003), S. 44.

Aus dieser Entwicklung ergibt sich, dass das „implizite" Risikomanagement, d.h. das intuitive, risikobewusste Handeln der Unternehmensführung, zur Bewältigung der Vielzahl an Risiken in vielen Fällen nicht mehr ausreicht. Vielmehr ist es notwendig, das „implizite" Risikomanagement durch ein „strukturiertes" Risikomanagementsystem zu unterstützen. Dies bedeutet,

- ▲ durch einen im Unternehmen systematisch verankerten Prozess nicht nur bei den Führungskräften, sondern auch bei den Mitarbeitern Risikobewusstsein zu schaffen,
- ▲ frühzeitig neue Chancen und Risiken zu erkennen, zu bewerten und nötigenfalls zu managen,
- ▲ Chancen und Risiken auch in das Steuerungssystem des Unternehmens, d.h. in die Planung, die Kontrolle und in das Berichtswesen zu integrieren sowie
- ▲ mit den im Unternehmen eingesetzten Zielsystemen, wie beispielsweise Balanced Scorecard oder wertorientierten Managementsystemen zu verbinden.

Ein derart strukturiertes Risikomanagementsystem wird von den institutionellen Rahmenbedingungen, d.h. gesetzlichen, aber auch freiwilligen Verpflichtungen, nur teilweise gefordert. Im folgenden Kapitel wird ein Überblick über die derzeit bestehenden Rahmenbedingungen und deren Auswirkungen auf Organisation und Instrumente des Risikomanagements gegeben.

2 Institutionelle Rahmenbedingungen als sekundärer Treiber des Risikomanagements

2.1 Systematisierung der Rahmenbedingungen

Eine Vielzahl an Richtlinien und Rechtsnormen fordern Risikomanagement in den Unternehmen ein. Das Ausmaß der Verbindlichkeit dieser Rahmenbedingungen und die Operationalisierung der Forderungen weisen deutliche Unterschiede auf. Im Wesentlichen können die Rahmenbedingungen wie folgt systematisiert werden (vgl. Abbildung 7):

▲ Verbindliche Rechtsnormen
▲ Internationale Normen (häufig lokal über Selbstverpflichtungen relevant)
▲ Unverbindliche Richtlinien sowie
▲ Anforderungen aus Bonitätsprüfungen und Rating-Verfahren.

Verbindliche Normen:
- HGB
- Aktiengesetz
- GmbH-Gesetz
- Börsegesetz
- KonTraG (D)
- IRÄG/URG (A)
- RLÄG 2004 (A)

Können rechtsverbindlich oder über Selbstverpflichtung relevant sein

Internationale Normen:
- Sarbanes-Oxley-Act
- IAS
- US-GAAP
- SEC-Bestimmungen
- Banken: Basel II
- Banken: Mindestanforderungen des Kreditgeschäfts (MAK)
- Versicherungen: Solvency II

Unverbindliche Richtlinien:
- Corporate Governance Codex
- Wirtschaftsprüfer-Anforderungen
- Richtlinien von Mutterunternehmen in Konzernstrukturen

Anforderungen aus Bonitätsprüfungen und Rating-Verfahren:
- Basel II (aus Sicht der Nicht-Banken)
- Diverse Richtlinien von Rating-Agenturen

Abbildung 7: Übersicht über institutionelle Rahmenbedingungen

In weiterer Folge wird auf die im Zusammenhang mit Risikomanagement wichtigsten institutionellen Rahmenbedingungen eingegangen.

2.2 Gültige Rechtsnormen

Die jeweils gültigen Rechtsnormen bleiben betreffend ihre risikomanagementrelevanten Aussagen meist abstrakt. Die Ursache dafür ist primär in ihrer Allgemeingültigkeit zu suchen. Die Ableitung konkreter Handlungsanweisungen zur Einrichtung und Ausgestaltung des Risikomanagements ist damit überwiegend Interpretationsaufgabe.

2.21 Rechtsnormen in Deutschland – das KonTraG

Überblick

In Deutschland existiert seit dem Inkrafttreten des KonTraG am 1.5.1998 eine gesetzliche Norm, die Vorstände von Aktiengesetzen ausdrücklich dazu verpflichtet, geeignete Maßnahmen zu setzen, insbesondere ein Überwachungssystem einzurichten, um den Fortbestand der Gesellschaft gefährdende Entwicklungen frühzeitig erkennen zu können. Das KonTraG beinhaltet eine Reihe von Änderungen im Aktiengesetz (dAktG), im GmbH-Gesetz und in anderen Gesetzen. Es ist an Aktiengesellschaften adressiert, die Ausstrahlungswirkung auf andere Rechtsformen ist aber anerkannt.

Mit Einführung des KonTraG wurden folgende Ziele verfolgt:

▲ Schwächen und Verhaltensfehlsteuerungen des (deutschen) Unternehmenskontrollsystems und des Mitbestimmungsrechts sollten korrigiert werden.

▲ Der zunehmenden Ausrichtung (deutscher) Publikumsgesellschaften an den Informationsbedürfnissen internationaler Investoren sollte Rechnung getragen werden.

Um dem Fokus der Risikofrüherkennung gerecht werden zu können, wurden Neuregelungen in folgenden Bereichen vorgenommen:

▲ Verpflichtung zur Einrichtung eines Risikomanagementsystems,

▲ Berichterstattung über Risiken der künftigen Entwicklung im Lagebericht sowie

▲ Ausweitung der Jahresabschlussprüfung.

Abbildung 8 gibt einen Überblick über die für das Risikomanagement relevanten Paragraphen des KonTraG.

§ 91 dAktG	Abs. 2: „… der Vorstand [hat] geeignete Maßnahmen zu treffen, insbesondere ein Überwachungssystem einzurichten […], damit den Fortbestand der Gesellschaft gefährdende Entwicklungen früh erkannt werden"
§ 93 dAktG	Abs. 2: Vorstand muss im Krisenfall nachweisen, Maßnahmen zur Risikofrüherkennung und Risikoabwehr getroffen zu haben
§§ 289 und 315 dHGB	Inhalte des (Konzern-)Lageberichts
§ 317 dHGB	Gegenstand und Umfang der Prüfung
§ 321 dHGB	Prüfungsbericht
§ 322 dHGB	Bestätigungsvermerk

Abbildung 8: Relevante Paragraphen des KonTraG

Vor dem Hintergrund der Einrichtung eines Risikomanagementsystems wird meist auf den § 91 Abs. 2 dAktG hingewiesen, der die Pflicht, ein „angemessenes" Risikomanagement und eine „angemessene" interne Revision zu installieren und zu betreiben, verdeutlichen soll.

Einrichtung eines Risikomanagementsystems im Sinne des KonTraG

Ein „angemessenes" Risikomanagementsystem wird im Sinne des KonTraG dadurch charakterisiert, dass es alle Unternehmensbereiche abdeckt und aus folgenden Instrumenten besteht:

▲ Internes Überwachungssystem,

▲ Controlling und

▲ Frühwarnsystem.

Eine klare Definition bzw. Abgrenzung der Instrumente wird nicht vorgenommen.

Im KonTraG wird das Augenmerk auf bestandsgefährdende Risiken, das sind Risiken, die im Falle des Eintritts Illiquidität oder Überschuldung auslösen können, gelegt. Bestandsgefährdende Risiken werden primär in

▲ risikobehafteten Geschäften,

▲ Unrichtigkeiten der Rechnungslegung und

▲ (sonstigen) Verstößen gegen gesetzliche Vorschriften

vermutet.

Nach § 91 Abs. 2 dAktG sind folgende Maßnahmen zu treffen:

▲ Festlegung der Risikofelder, die zu bestandsgefährdenden Entwicklungen führen können,

▲ Risikoerkennung und Risikoanalyse,

▲ Risikokommunikation,

▲ Zuordnung von Verantwortlichkeiten und Aufgaben,

▲ Einrichtung eines Überwachungssystems und

▲ Dokumentation der getroffenen Maßnahmen (Dokumentationsnotwendigkeit wird hervorgehoben, z.B. Risk Management Policy, Risikohandbuch).

Berichterstattung im Lagebericht

Nach §§ 289 und 315 dHGB muss der (Konzern-)Lagebericht auf folgende Punkte eingehen:

▲ Risiken der künftigen Entwicklung,

▲ Vorfälle nach Geschäftsjahresschluss,

▲ voraussichtliche Entwicklung der Gesellschaft,

▲ F&E und

▲ Zweigniederlassungen.

Ein eigener Risikobericht ist nicht zwingend, d.h. die Darstellung der Risiken kann in den allgemeinen Lagebericht integriert werden. Die Risiken werden auf zum Zeitpunkt der Berichtserstellung erkennbare Risiken beschränkt.

Falls keine Risiken existieren, so ist explizit darauf hinzuweisen („Fehlbericht"). Neben der Nennung von Risiken ist deren Auswirkung auf Vermögens-, Finanz- und Ertragslage zu kommentieren und zu quantifizieren. Die Wichtigkeit der Intensivierung der Kommunikation zwischen Vorstand und Aufsichtsrat wird betont.

Ausweitung der Jahresabschlussprüfung

Die vorgeschlagenen Prüfungsstandards orientieren sich an den nach § 91 Abs. 2 dAktG zu treffenden Maßnahmen.

Die Prüfungspflicht (eingeschränkt auf Aktiengesellschaften mit amtlicher Notierung an einer Wertpapierbörse) umfasst die

▲ Prüfung, ob der Vorstand erforderliche Maßnahmen getroffen hat, sowie die
▲ Prüfung, ob das Überwachungssystem funktionsfähig ist.

Im § 317 dHGB werden Gegenstand und Umfang der Prüfung geregelt. Die Prüfung umfasst die Einhaltung des § 91 Abs. 2 AktG einschließlich der Funktionsfähigkeit des eingerichteten Systems im Sinne einer Plausibilitäts- und Systemprüfung. Die Prüfung ist problemorientiert durchzuführen. Es ist zu prüfen, ob die Risiken der künftigen Entwicklung zutreffend dargestellt werden (Vollständigkeit, Klarheit, Richtigkeit). Aus Sicht der Prüfung wird betont, den Fokus auf Risikofrüherkennung, nicht auf Bewältigungsmaßnahmen, zu legen. Neben der Feststellung des beabsichtigten oder installierten Risikomanagementsystems, der Beurteilung der Eignung und der Prüfung der Einhaltung wird die Dokumentationsnotwendigkeit betont.

In § 321 dHGB werden Aussagen zum Prüfungsbericht getroffen. Wesentlich ist dabei, dass auf Risikomanagement in einem eigenen Teil des Prüfungsberichts einzugehen ist, festgestellte Mängel aber keine Auswirkung auf den Bestätigungsvermerk haben (außer es handelt sich um Prüfungshemmnisse oder Mängel der Buchführung). Eventuell notwendige Verbesserungsmaßnahmen des internen Überwachungssystems sind aufzuzeigen.

Bei der Erteilung des Bestätigungsvermerks (§ 322 dHGB) ist auf Risiken, die den Fortbestand des Unternehmens gefährden, und Risiken in der künftigen Entwicklung gesondert einzugehen.

2.22 Rechtsnormen in Österreich

2.221 Österreichisches Aktiengesetz und GmbH-Gesetz

In den Paragraphen 81 und 82 des Aktiengesetzes wird eine Vielzahl an Verpflichtungen des Vorstands und des Aufsichtsrats eines Unternehmens festgelegt, darunter beispielsweise die umfassende Darstellung der Geschäftspolitik, die seriöse Einschätzung der künftigen Entwicklung der Vermögens-, Finanz- und Ertragslage sowie rechtzeitiges Erkennen rentabilitäts- oder liquiditätsgefährdender Ereignisse (vgl. Abbildung 9).

§ 81 Bericht an den Aufsichtsrat	Der Vorstand hat dem Aufsichtsrat mindestens einmal jährlich über grundsätzliche Fragen der künftigen Geschäftspolitik des Unternehmens zu berichten sowie die künftige Entwicklung der Vermögens-, Finanz- und Ertragslage anhand einer Vorschaurechnung darzustellen (Jahresbericht). Der Vorstand hat

	weiters dem Aufsichtsrat regelmäßig, mindestens vierteljährlich, über den Gang der Geschäfte und die Lage des Unternehmens im Vergleich zur Vorschaurechnung unter Berücksichtigung der künftigen Entwicklung zu berichten (Quartalsbericht). Bei wichtigem Anlass ist dem Vorsitzenden des Aufsichtsrats unverzüglich zu berichten; ferner ist über Umstände, die für die Rentabilität oder Liquidität der Gesellschaft von erheblicher Bedeutung sind, dem Aufsichtsrat unverzüglich zu berichten (Sonderbericht). Der Jahresbericht und die Quartalsberichte sind schriftlich zu erstatten und auf Verlangen des Aufsichtsrats mündlich zu erläutern; sie sind jedem Aufsichtsratsmitglied auszuhändigen. Die Sonderberichte sind schriftlich oder mündlich zu erstatten.
§ 82 Buchführung	Der Vorstand hat dafür zu sorgen, dass ein Rechnungswesen und ein internes Kontrollsystem geführt werden, die den Anforderungen des Unternehmens entsprechen.

Abbildung 9: Relevante Paragraphen des österreichischen Aktiengesetzes

Anhand der Darstellung der relevanten Paragraphen des Aktiengesetzes wird klar, dass zwar allgemein die Entwicklung eines Risikomanagementsystems im Unternehmen die Forderungen des Aktiengesetzes unterstützt, aus der Rechtsnorm selbst allerdings keine konkreten Handlungsanweisungen ableitbar sind. An die Nichteinhaltung sind darüber hinaus nicht in jedem Fall Sanktionen geknüpft, beispielsweise im Falle eines fehlenden internen Kontrollsystems.

Das GmbH-Gesetz enthält die gleichen Aussagen (§ 22 Abs. 1 entspricht § 82 AktG; § 28 lit. a. entspricht § 81 AktG). Aktiengesetz und GmbH-Gesetz definieren damit einen allgemeinen, abstrakten Mindeststandard.

2.222 Insolvenzrechtsänderungsgesetz und Unternehmensreorganisationsgesetz

Im Zuge des Insolvenzrechtsänderungsgesetzes (IRÄG) wurden die §§ 81 (Bericht an den Aufsichtrat) und 82 (Rechnungswesen) AktG und entsprechend die §§ 22 (Rechnungswesen) und 28 (Bericht an den Aufsichtsrat) GmbHG geändert, indem das Unternehmensreorganisationsgesetz (URG) geschaffen wurde.

§ 1 Anwendungsbereich	Abs. 2: Reorganisation ist eine nach betriebswirtschaftlichen Grundsätzen durchgeführte Maßnahme zur Verbesserung der Vermögens-, Finanz- und Ertragslage eines im Bestand gefährdeten Unternehmens, die dessen nachhaltige Weiterführung ermöglicht.
	Abs. 3: Reorganisationsbedarf ist insbesondere bei einer vorausschauend feststellbaren wesentlichen und nachhaltigen Verschlechterung der Eigenmittelquote anzunehmen.

§ 6 **Inhalt des Reorganisationsplans**	Im Reorganisationsplan sind die Ursachen des Reorganisationsbedarfs sowie jene Maßnahmen, die zur Verbesserung der Vermögens-, Finanz- und Ertragslage geplant sind, und deren Erfolgsaussichten darzustellen. ...
§ 10 **Aufgaben des Reorganisationsprüfers**	Der Reorganisationsprüfer hat sich unverzüglich über die Vermögens-, Finanz- und Ertragslage des Unternehmens sowie über alle sonstigen für die geplante Reorganisation maßgebenden Umstände zu informieren. ...
§ 11 **Auskunftspflicht des Unternehmers**	Der Unternehmer ist verpflichtet, dem Reorganisationsprüfer alle zur Wahrnehmung seiner Aufgaben erforderlichen Auskünfte zu erteilen und ihm Einsicht in sämtliche hiefür erforderlichen Unterlagen zu gewähren.
§ 22 **Haftungsbestimmungen**	Abs. 1 Wird der Konkurs oder der Anschlusskonkurs eröffnet, so haften die Mitglieder des vertretungsbefugten Organs, wenn sie innerhalb der letzten zwei Jahre vor dem Konkurs- oder Ausgleichsantrag [1.] ... einen Bericht des Abschlussprüfers erhalten haben, wonach die Eigenmittelquote weniger als 8% und die fiktive Schuldentilgungsdauer mehr als 15 Jahre beträgt (Vermutung des Reorganisationsbedarfs), und nicht unverzüglich ein Reorganisationsverfahren beantragt oder nicht gehörig fortgesetzt haben [...]

Abbildung 10: Relevante Paragraphen des URG

Aus Sicht des Risikomanagements greift das URG zu spät, nämlich ab einem Zeitpunkt, ab dem eine nachhaltige Verschlechterung der Eigenmittelquote erwartet wird (§1). Aus den anderen aufgeführten Paragraphen lassen sich in Analogie zu AktG und GmbHG unterstützende Argumente für den Aufbau eines Risikomanagements ableiten. Konkrete Forderungen bzw. Handlungsanweisungen fehlen aber auch hier.

2.223 Rechnungslegungsänderungsgesetz 2004

Durch das Rechnungslegungsänderungsgesetz 2004 (RLÄG 2004) besteht für österreichische Unternehmen seit 2005 die explizite Pflicht zur Risikoberichterstattung im Lagebericht.

„Im Konzernlagebericht sind der Geschäftsverlauf, einschließlich des Geschäftsergebnisses, und die Lage des Konzerns so darzustellen, dass ein möglichst getreues Bild der Vermögens-, Finanz- und Ertragslage vermittelt wird, und die wesentlichen Risiken und Ungewissheiten, denen der Konzern ausgesetzt ist, zu beschreiben."[23]

---

[23] Vgl. § 267 Abs. 1 HGB, analog § 243 HGB.

Darüber hinaus ist lt. § 267 bzw. § 243 Abs. 3 Z 4 im Lagebericht einzugehen auf:

„die Verwendung von Finanzinstrumenten, sofern dies für die Beurteilung der Vermögens-, Finanz- und Ertragslage von Bedeutung ist; diesfalls sind anzugeben

a) die Risikomanagementziele und -methoden, einschließlich der Methoden zur Absicherung aller wichtigen Arten geplanter Transaktionen, die im Rahmen der Bilanzierung von Sicherungsgeschäften angewandt werden, und

b) bestehende Preisänderungs-, Ausfall-, Liquiditäts- und Cashflow-Risiken."

Die §§ 243 und 267 HGB regeln damit vor allem die Berichterstattung über finanzielle Risiken, bieten aber keinen Anhaltspunkt für die konkrete Ausgestaltung des Risikomanagements.

2.23 Branchenbezogene Rechtsnormen

Mindestanforderungen an das Kreditgeschäft

Die Bundesanstalt für Finanzdienstleistungsaufsicht (BAFin) hat mit dem Entwurf der „Mindestanforderungen an das Kreditgeschäft der Kreditinstitute" (MaK) Anforderungen definiert, die zur Begrenzung von Kreditrisiken dienen und als Vorstufe der zweiten Säule von Basel II Bestandteil des bankaufsichtsrechtlichen Überprüfungsprozesses werden.

Diese Mindestanforderungen beinhalten bankübliche Standards für die Prozesse der Kreditbearbeitung, der Kreditbearbeitungskontrolle, der Intensivbetreuung, der Problemkreditbearbeitung sowie der Risikovorsorge. Zudem geben sie einen Rahmen für die Ausgestaltung der Verfahren zur Identifizierung, Steuerung und Überwachung der Risiken aus dem Kreditgeschäft vor.

Basel II

Für Banken und andere Finanzdienstleister wird voraussichtlich per 1.1.2006 „Basel II", die in Ausarbeitung befindliche neue Eigenkapitalvereinbarung des Baseler Ausschusses für Bankenaufsicht, verbindlich.[24] Die Grundzüge von Basel II stehen fest und viele Banken haben bereits begonnen, ihre Kreditpolitik danach auszurichten.

Die derzeit herrschende Rechtslage („Basel I") schreibt Banken ein Eigenkapital in Höhe von mindestens 8% der risikogewichteten Aktiva vor. Risikogewichtet bedeutet, dass die Aktiva (Kredite, Wertpapierpositionen und Eventualverbindlichkeiten) in Risikogruppen eingeteilt und je Risikogruppe mit einem definierten Koeffizienten bewertet werden. Die Definition der Risikogruppen für Kredite stellt derzeit auf sehr allgemeine Kriterien ab, bei Unternehmenskrediten etwa auf die Art der Besicherung. Damit sind die für Banken mit der Kreditvergabe verbundenen Eigenkapitalkosten relativ unabhängig vom spezifischen Risiko eines konkreten Kredits. Genau hier liegt die Schwäche der geltenden Bestimmungen, die über Basel II behoben werden soll. Basel II umfasst 3 Säulen:

▲ Mindestkapitalanforderungen (betreffend Kredite, Wertpapierpositionen und operatives Risiko),

---

[24] Vgl. Basel Committee on Banking Supervision, Internet.

▲ aufsichtliches Überprüfungsverfahren sowie
▲ Marktdisziplin.

Für Risikomanagement hat primär die erste Säule Relevanz, sie betrifft über eine geänderte Geschäftspolitik der Banken de facto alle Unternehmen. Die grundsätzliche Höhe des notwendigen Eigenkapitals bleibt auch in Zukunft bei 8% der risikogewichteten Kredite, allerdings wird die Risikogewichtung (und damit die Kalkulation des Kreditzinses im Einzelgeschäftsfall) auf eine völlig neue Grundlage gestellt (vgl. Kapitel 2.32).

Solvency II

In Analogie zu Basel II wird für Versicherungsgesellschaften derzeit an Änderungen der Eigenkapitalrichtlinien gearbeitet. Solvency II basiert ebenfalls auf 3 Säulen:
▲ Regeln betreffend Vorsorgen/Rückstellungen, Asset Management und Eigenkapital,
▲ Regeln betreffend Verbesserungen in Steuerung und Kontrolle sowie
▲ veröffentlichte Finanzinformationen.

Unter Risikomanagementblickwinkel sind die ersten beiden Säulen relevant.

2.3 Normen zur Orientierung für freiwillige Selbstverpflichtung

Internationale Rechtsnormen entfalten häufig einen Einfluss, der über die direkt betroffenen Länder oder Branchen hinausgeht. Die Motivation zur freiwilligen Selbstverpflichtung geht dann entweder von Marktnotwendigkeiten (z.B. freiwillige Orientierung österreichischer Unternehmen am KonTraG) oder einer indirekten Auswirkung der Rechtsnorm (z.B. Auswirkung von Basel II auf Nicht-Banken) aus. Darüber hinaus existieren auch reine Instrumente der freiwilligen Selbstverpflichtung (z.B. Corporate Governance Kodex).

2.31 Corporate Governance Kodex

Deutscher Corporate Governance Kodex

Die Vorschriften des KonTraG zum Risikomanagement werden durch den Deutschen Corporate Governance Kodex nochmals hervorgehoben. Im Kodex sind Empfehlungen durch die Verwendung des Wortes „soll" gekennzeichnet. Unternehmen können von diesen Bestimmungen abweichen, sind dann aber verpflichtet, dies jährlich offen zu legen. Empfehlungen, von denen ohne Offenlegung abgewichen werden kann, sind mit den Begriffen „sollte" oder „kann" formuliert. Sprachlich nicht so gekennzeichnete Teile des Kodex betreffen Bestimmungen, die als geltendes Recht zu beachten sind.

Für das Risikomanagement sind insbesondere folgende Abschnitte relevant:

Kapitel 3: Zusammenwirken von Vorstand und Aufsichtsrat	
Regelung 3.4	Der Vorstand informiert den Aufsichtsrat regelmäßig, zeitnah und umfassend über alle für das Unternehmen relevanten Fragen der Planung, der Geschäftsentwicklung, der Risikolage und des Risikomanagements.

Kapitel 4.1: Vorstand – Aufgaben und Zuständigkeiten	
Regelung 4.1.4	Der Vorstand sorgt für ein angemessenes Risikomanagement und Risikocontrolling im Unternehmen.

Kapitel 5.2: Aufsichtsrat – Aufgaben und Befugnisse des Aufsichtsratsvorsitzenden	
Regelung 5.2	Der Aufsichtsratsvorsitzende soll mit dem Vorstand, insbesondere mit dem Vorsitzenden bzw. Sprecher des Vorstands, regelmäßig Kontakt halten und mit ihm die Strategie, die Geschäftsentwicklung und das Risikomanagement des Unternehmens beraten.

Kapitel 5.3: Aufsichtsrat – Bildung von Ausschüssen	
Regelung 5.3	Der Aufsichtsrat soll einen Prüfungsausschuss (Audit Committee) einrichten, der sich insbesondere mit Fragen der Rechnungslegung und des Risikomanagements [...] befasst.

Abbildung 11: Relevante Regeln des Deutschen Corporate Governance Kodex

Der Deutsche Corporate Governance Kodex ist für das Risikomanagement insofern nur wenig relevant, als es sich bei den das Risikomanagement betreffenden Regelungen überwiegend um geltendes Recht (KonTraG) handelt, das im Kodex lediglich präzisiert wird.

Österreichischer Corporate Governance Kodex

Der Österreichische Corporate Governance Kodex wurde durch den Österreichischen Arbeitskreis für Corporate Governance unter Einbindung des Instituts Österreichischer Wirtschaftsprüfer (IWP), der Österreichischen Vereinigung für Finanzanalyse und Asset Management (ÖVFA), der Vertreter der Emittenten, Investoren, der Wiener Börse, der Wissenschaft sowie der über Public Postings eingebrachten Vorschläge erarbeitet. Er versteht sich als work in progress, d.h. Weiterentwicklungen sind vorgesehen.

Der Grad der Verpflichtung der Forderungen des Kodex folgt folgender Systematisierung:

▲ Legal Requirements (L), zwingendes Recht
▲ Comply or Explain (C), nicht kodexkonformes Verhalten muss erklärt werden
▲ Recommendation (R), Nichtbefolgung weder offen zu legen noch zu begründen

Abbildung 12 bietet einen Überblick über die für das Risikomanagement relevanten Regeln des Corporate Governance Kodex.

Kapitel III: Zusammenwirken von Aufsichtsrat und Vorstand	
9.	Der Vorstand informiert den Aufsichtsrat regelmäßig, zeitnah und umfassend ..... einschließlich der Risikolage und des Risikomanagements in der Gesellschaft und in den wesentlichen Konzernunternehmen.... (L)

Kapitel IV: Vorstand – Kompetenzen und Verantwortung	
18.	In Abhängigkeit von der Größe des Unternehmens ist eine interne Revision als eigene Stabsstelle des Vorstands einzurichten oder an eine geeignete Institution auszulagern.... (C)
Kapitel V: Aufsichtsrat– Kompetenzen und Verantwortung	
37.	... Er hält insbesondere mit dem Vorstandsvorsitzenden regelmäßig Kontakt und diskutiert mit ihm die Strategie, die Geschäftsentwicklung und das Risikomanagement des Unternehmens. (C)
Kapitel VI: Transparenz und Prüfung	
66.	Die Gesellschaft macht im Anhang des Konzernabschlusses detaillierte Aussagen über mögliche Risiken, Zinsen, Währungen, Derivativgeschäfte und off-balance-sheet Transaktionen und beschreibt die eingesetzten Risikomanagement-Instrumente im Unternehmen. (C)
78.	Darüber hinaus hat der Abschlussprüfer auf Grundlage der vorgelegten Dokumente und der zur Verfügung gestellten Unterlagen die Funktionsfähigkeit des Risikomanagements zu beurteilen und dem Vorstand zu berichten. Dieser Bericht ist ebenfalls dem Vorsitzenden des Aufsichtsrats zur Kenntnis zu bringen. Dieser hat Sorge zu tragen, dass der Bericht im Aufsichtsrat behandelt wird. (C)

Abbildung 12: Relevante Regeln des Österreichischen Corporate Governance Kodex

Die für das Risikomanagement bedeutendsten Regeln des Kodex sind neben Regel 9, die den Vorstand letztlich zur Einrichtung eines Risikomanagementsystems verpflichtet, die Regeln 66 und 78. Die Regel 66 besagt, dass die Gesellschaft im Anhang des Konzernabschlusses detaillierte Aussagen über mögliche Risiken macht, und die im Unternehmen eingesetzten Risikomanagement-Instrumente beschreibt. Die Darstellung dieser Risiken im Anhang hat zur Folge, dass sie auch vom Abschlussprüfer im Rahmen seiner Prüfungspflicht geprüft werden müssen. Darüber hinaus hat der Abschlussprüfer zu untersuchen, ob die im Anhang beschriebenen Risikomanagement-Instrumente vorhanden und funktionsfähig sind. Die Prüfung ist demzufolge eine Systemprüfung (Prüfung der Funktionsfähigkeit des Risikomanagementsystems), keine (inhaltliche) Prüfung der Geschäftsführung.

2.32 Basel II

Für breite Wirtschaftskreise wird Basel II über eine geänderte Geschäftspolitik der Banken indirekt wirksam (vgl. Kapitel 2.23). Künftig ist für die Bestimmung des Kreditrisikos das individuelle Rating des einzelnen Kreditnehmers maßgeblich. Banken müssen anhand von zuvor festgelegten Ratingklassen (Risikoklassen) vorgehen. Für jede Ratingklasse wird auf der Grundlage von historischen Zeitreihen der vorangegangenen Jahre das Kreditrisiko (Wahrscheinlichkeit und Höhe eines Kreditausfalls) bestimmt und daraus das Risikogewicht für die Ratingklasse abgeleitet. Der einzelne Kredit wird von der Bank bei Kreditvergabe einer Ratingklasse zugeordnet, woraus sich Risikogewicht, damit Eigenkapitalerfordernis für diesen Kredit und letztendlich die Zinskosten für den Kreditwerber bestimmen.

Basel II sieht im Rahmen des Ratings folgende Themenbereiche vor:[25]

▲ Vergangene und prognostizierte Fähigkeit, Erträge zu erwirtschaften, um Kredite zurückzuzahlen und anderen Finanzbedarf zu decken,

▲ Kapitalstruktur und Wahrscheinlichkeit, dass unvorhergesehene Umstände die Kapitaldecke aufzehren könnten und dies zur Zahlungsunfähigkeit führt,

▲ Qualität der Einkünfte, d.h. der Grad, zu dem die Einkünfte aus dem Kerngeschäft und nicht aus einmaligen Quellen stammen,

▲ Verfügbarkeit und Qualität von Informationen über den Kreditnehmer,

▲ Grad der Fremdfinanzierung und Auswirkungen von Nachfrageschwankungen auf Rentabilität und Cashflow,

▲ Zugang zu Fremd- und Eigenkapitalmärkten, um zusätzliche Mittel erlangen zu können,

▲ Stärke und Fähigkeit des Managements, auf veränderte Bedingungen effektiv zu reagieren, sowie Grad der Risikobereitschaft des Managements,

▲ Position und zukünftige Aussichten innerhalb der Branche,

▲ Risikocharakteristik des Landes, in dem der Kreditnehmer seine Geschäfte betreibt.

Die Ratingmodelle diverser Ratingagenturen reflektieren im Wesentlichen die oben angeführten Themenbereiche.

2.33 Sarbanes-Oxley-Act und COSO Framework

Der Sarbanes-Oxley-Act (SOA) von 2002 ist ein US-Gesetz zur Verschärfung der Rechnungslegungsvorschriften in Folge der Bilanzskandale von Unternehmen wie beispielsweise Enron oder Worldcom. Das Gesetz gilt für inländische und ausländische Unternehmen, die an US-Börsen gelistet sind. Der Sarbanes-Oxley-Act ist am 30.7.2002 in Kraft getreten. Seine wichtigsten Inhalte sind:

▲ Schaffung einer Aufsichtsbehörde: Public Accounting Oversight Board,

▲ Regelungen zur Unabhängigkeit von Wirtschaftsprüfern (Rotation der Audit Partner, Interessenkonflikte etc.)

▲ Stärkung der Wirksamkeit interner Kontrollen für die Finanzberichterstattung durch Maßnahmen wie

　▲ zwingende Beeidung der Bilanz durch den Vorstand,

　▲ drakonische Strafen für unrichtige Aussagen in Bilanzen und

　▲ Überprüfung und Bewertung der Überwachungssysteme durch das Management und Erstellung eines eigenen Berichtes über die Ergebnisse der Prüfung.

Der SOA fordert nicht direkt die Einrichtung eines Risikomanagementsystems, implizit verpflichten die Sections 302 und 404 die Unternehmen jedoch dazu, erhöhte Anstrengun-

---

[25] Basel Committee on Banking Supervision, Internet.

gen bezüglich des internen Kontrollsystems und damit auch des Risikomanagements zu unternehmen.

Section 302 verlangt zur Sicherstellung der Ordnungsmäßigkeit der Finanzberichterstattung von der Unternehmensleitung, alle veröffentlichungspflichtigen wesentlichen Informationen zu berichten, wozu auch Informationen über relevante Risiken gehören. Über den genauen Umfang dieser Anforderung herrscht bislang jedoch noch Unsicherheit.

Wichtiger in diesem Zusammenhang scheint die Section 404 zu sein, wonach die Funktionsfähigkeit des internen Kontrollsystems (Internal Control over Financial Reporting) von der Unternehmensleitung geprüft und an die SEC gemeinsam mit dem Jahresbericht eingereicht werden muss. Dieser Bericht ist auch vom Wirtschaftsprüfer zu testieren.

In diesem Zusammenhang erwähnenswert sind die Arbeiten des Committee of Sponsoring Organisations of the Treadway Commission (COSO), die mit einem Entwurf eines „Enterprise Risk Management Framework" einen Standard für Risikomanagementsysteme schaffen und die Terminologie in diesem Bereich vereinheitlichen wollen. COSO ist ein Verein von amerikanischen Berufsverbänden des Rechnungswesens, die es sich zum Ziel gemacht haben, Ursachen von und Maßnahmen gegen betrügerische Finanzberichterstattung zu erarbeiten.[26] Dabei wird Enterprise Risk Management definiert als „a process, effected by an entity's board of directors, management and other personnel, applied in strategy setting and across the enterprise, designed to identify potential events that may effect the entity and manage risks to be within its risk appetite, to provide reasonable assurance regarding the achievement of entity objectives"[27].

2.4 Auswirkungen der Normen und Verpflichtungen auf das Risikomanagement

Die vorgestellten institutionellen Rahmenbedingungen sind meist als Mindestanforderungen beim Aufbau eines Risikomanagementsystems zu sehen. Unternehmen, die sich dieser Aufgabe stellen, werden sowohl in der Organisation als auch in der instrumentellen Ausgestaltung des Risikomanagements über diese Mindestanforderungen hinausgehen müssen. Da je nach Rahmenbedingung aber unterschiedliche risikomanagementrelevante Aspekte betont werden, soll eine Zusammenfassung nochmals die (explizit erwähnten oder seriös interpretierbaren) Forderungen im Zusammenhang mit der Organisation bzw. den Instrumenten des Risikomanagements darstellen (vgl. Abbildung 13):

Rahmenbedingung	Auswirkung auf Organisation	Auswirkung auf Instrumente
HGB	–	Ergänzung und intensivere Nutzung des Lageberichts
AktG, GmbHG	Intensivierung Kommunikation Vorstand – Aufsichtsrat	Aufbau eines internen Kontrollsystems

---

[26] Vgl. Kajüter (2004), S. 17f.
[27] Vgl. COSO (2003), S. 33.

Rahmenbedingung	Auswirkung auf Organisation	Auswirkung auf Instrumente
IRÄG, URG	–	Aufbau von Instrumenten zur frühzeitigen Erkennung von Problemsituationen (Verschlechterung Eigenmittelquote, Steuerung der fiktiven Entschuldungsdauer)
BörseG	Intensivierung Kommunikation Vorstand – Aufsichtsrat – Aktionäre	Darstellung wesentlicher Risiken
KonTraG	Risikomanagementsystem soll alle Unternehmensbereiche abdecken; Maßnahmen zur Risikofrüherkennung und -abwehr müssen im Krisenfall nachgewiesen werden; Intensivierung der Kommunikation Vorstand – Aufsichtsrat	Einrichtung eines „angemessenen" Risikomanagementsystems zur Risikofrüherkennung „bestandsgefährdender" Risiken (internes Überwachungssystem, Controlling, Frühwarnsystem); erweiterte Berichterstattung im Lagebericht; Ausweitung der Abschlussprüfung u. erweiterter Prüfbericht; Dokumentationspflicht
CG-Kodex	Intensivierung der Kommunikation Vorstand – Aufsichtsrat; Einrichtung interne Revision	Erweiterungen in den Bereichen Rechnungslegung/Publizität und Abschlussprüfung
MAK	Strikte Trennung Markt (Vertrieb) – Marktfolge (Kreditprüfung) – Kreditrisikoüberwachung (Portfoliosteuerung)	s. Basel II
Basel II	Banken: s. MAK	Banken: Aufbau Ratingsystem-Nicht–Banken: Ausbau strategisches u. operatives Controlling, Aufbau Risikomanagement
Solvency II	Verbesserung der Steuerungs– und Kontrollprozesse	Intensivierung Risikomanagement
Sarbanes-Oxley-Act	Intensivierung Kommunikation Vorstand – Aufsichtsrat – Aktionäre; Rolle des Wirtschaftsprüfers	Internal Control Report – Beurteilung der Funktionsfähigkeit des Internen Kontrollsystems

Abbildung 13: Auswirkungen der institutionellen Rahmenbedingungen auf das Risikomanagement

3 Lücken in bestehenden Risikomanagementsystemen als Treiber eines unternehmensweiten Risikomanagements

3.1 Der historische Entwicklungspfad und die jüngere Entwicklung des Risikomanagements

Krisen und Zusammenbrüche großer Unternehmen haben in der Vergangenheit immer wieder maßgebliche Impulse zur Verbesserung der Führungs- und Überwachungssysteme von Unternehmen gesetzt. Auch die bisherige Entwicklung im Risikomanagement trägt eine deutlich anlassgetriebene Handschrift. Das Schaffen von Risikotransparenz durch umfassende und systematische Risikoidentifikation und Risikobewertung sowie das Management des sich daraus ableitenden Risikostatus waren wesentliche Schwerpunkte des Risikomanagements in der Vergangenheit.

Die folgende Abbildung zeigt hingegen eine Entwicklungslinie, die deutlich weiter führt als zum Management des Risikostatus.

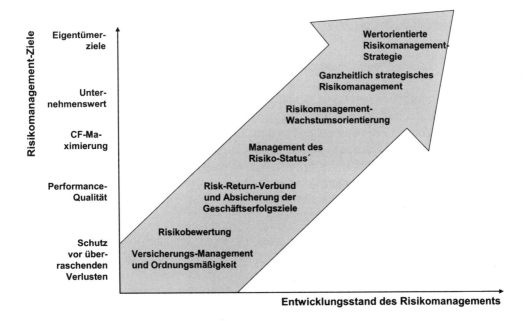

Abbildung 14: Entwicklungspfad des Risikomanagements

Fortschrittliche Unternehmen haben schon seit geraumer Zeit erkannt, dass ein auf das Management von Einzelrisiken beschränktes Risikomanagement keine umfassende Verbesserung der Beherrschung der Risikoposition eines Unternehmens erreichen kann. Außerdem ziehen neuere Entwicklungen in den Führungssystemen und in den strategischen Managementkonzeptionen nahezu zwingend neue Sichtweisen zum Risikomanagement nach sich.

Beispielhaft seien erwähnt:

▲ **Balanced Scorecards**, die die Strategieumsetzung in Unternehmen unterstützen, verstärken auch im Risikomanagement die strategische Orientierung.
▲ Im Zusammenhang mit Balanced Scorecards wird zunehmend bewusst, dass in der Ausrichtung der **Zielsysteme von Unternehmen** das Thema Risikomanagement unterbelichtet ist, bzw. in vielen Fällen explizit nicht angesprochen ist.
▲ Dies hat weitgehend die Konsequenz, dass Risikomanagement in **MbO-Vereinbarungen** bisher kaum Berücksichtigung findet.
▲ **Wertorientiertes Management** hat ebenfalls einen sehr deutlichen Konnex zum Risikomanagement. Richtig verstandenes Wertmanagement, das immaterielle und materiellen Investitionen in neue strategische Potenziale mit einbezieht, fordert im Management eine wertorientierte Quantifizierung ganzer Strategien von Geschäften und Unternehmen. Während die Praxis der strategischen Planung in der Vergangenheit nahezu ausschließlich durch einzelprojektorientiertes Vorgehen, Steuerungsverhalten und Entscheidungsregeln geprägt war, verbessert das wertorientierte Management das Führungsverhalten deutlich durch Ausrichtung der strategischen Planung und zumindest der wesentlichen strategischen Umsetzungsschritte auf strategische Ganzheiten, Geschäfte und Unternehmen.

Die Folge für das Risikomanagement ist die Neuausrichtung auf eine ganzheitliche, strategische Sicht, die die Risikoposition strategischer Ganzheiten, also von Geschäften und Unternehmen, zum Inhalt hat. Diese Neuausrichtung erfordert einen Überbau über das Management der Einzelrisiken, der die konstitutiven Bestimmungsgründe der Risikoposition der Geschäfte identifiziert, bewertet und steuert. Darüber hinaus muss berücksichtigt werden, dass viele Risikopositionen in komplexen Organisationen netzwerkartig (z.B. über die Wertschöpfungskette in vielfältigen Formen der wechselseitigen Einflusswirkungen) verbunden sind. Das isolierte und nicht koordinierte Management von Einzelrisiken kann in einer Netzwerkstruktur durchaus dazu führen, dass die Gesamtrisikoposition eines Unternehmens eher noch verschärft als entschärft wird.

Zusammenfassend lässt sich damit sagen, dass die vorwiegend auf Einzelrisiken konzentrierte bisherige Bottom-up-Entwicklung des Risikomanagements eines strategie- und strukturorientierten Überbaus bedarf, der wohl als Top-down-Ansatz zu gestalten sein wird und auf der Entscheidungsebene der „strategischen Ganzheiten" angesiedelt werden muss (vgl. Abbildung 15).

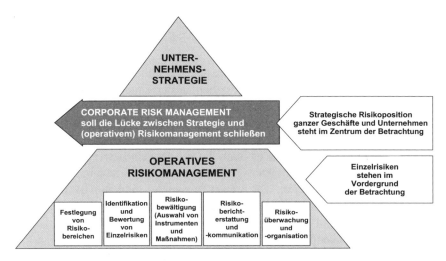

Abbildung 15: „Strategische Lücke" im Risikomanagement

Auf Unternehmens- bzw. Konzernebene hat diese Risikomanagement-Funktion die Aufgaben,

▲ die Anwendungssicherung von einheitlichen Risikomanagement-Richtlinien zu gewährleisten,
▲ die sich aus den Risikointerdependenzen ergebenden Analyse- und Entscheidungsfragen abzudecken,
▲ die Geschäftsführung und Bereichsleitungen in der expliziten Formulierung risikopolitischer Zielsetzungen zu unterstützen sowie gemeinsam mit dem Controlling die logische Konsistenz der Risikoziele mit den anderen Elementen des Zielsystems zu gewährleisten,
▲ die wesentlichen Führungsprozesse (z.B. strategische und operative Planung, große Strategie-Umsetzungsprojekte) zu begleiten und die systematische Bearbeitung risikopolitischer Aspekte in diesen Prozessen zu sichern sowie
▲ für das strategische Chancen-Management einen der Downside-risk-Orientierung analogen Gestaltungsprozess zum Tragen zu bringen.

3.2 Aktuelle Umsetzungsschwierigkeiten für einen ganzheitlichen Risikomanagement-Absatz

Die oben dargestellten Grundüberlegungen sind in fortschrittlichen Unternehmen durchaus angedacht und als notwendige Gestaltungsaufgabe angenommen. In der Umsetzung zeigen sich jedoch erhebliche Barrieren für einen zügigen Fortschritt. Die Gründe dafür dürften u.a. in folgenden Punkten zu suchen sein:

▲ Betriebswirtschaftliche Forschung, Consulting-Angebot sowie auch die Unternehmenspraxis (soweit transparent) bieten vorerst noch wenig Ansatzpunkte zum „Anlehnen" bzw. noch viel Stückwerk, das einer systematischen und innovativen Zusammenführung zu einem strategieorientierten Risikomanagement-Ansatz bedarf. Das strategische

Chancen-Management, einer der wichtigsten Ansatzpunkte zur Steuerung des Risikoprofils, ist hinsichtlich seiner Ausprägung als Management-Ansatz und seiner Instrumentalisierung praktisch eine leere Hülle.

▲ Obwohl im Risikomanagement eine überraschende Fülle an Bewertungs- und Steuerungsmethoden zur Verfügung steht, bestehen in der Unternehmenspraxis erhebliche Operationalisierungsbarrieren. Diese haben teilweise durchaus inhaltliche Hintergründe, zum Teil sind sie aber wohl auch aus der weit verbreiteten Management-Aversion gegen die Quantifizierung und Kommittierung für sehr langfristige und strategische Aktivitäten und Ziele herzuleiten. Schließlich ist auch die seit langem bestehende, immer wiederkehrende Forderung nach verstärkter Quantifizierung von Strategien in der Praxis wenig angenommen. Ein weiterer, sehr schwer wiegender Indikator ist die wenig zu begrüßende Praxis, wertorientiertes Management mit einer operativen Performance-Steuerung gleichzusetzen und der Bewertung der Wertsteigerungs-Aktivitäten keine zumindest gleichrangige Bedeutung im Führungsprozess beizumessen.

▲ Diese Operationalisierungsbarrieren werden durch die Veränderung der Informationsstrukturen hinsichtlich strategisch relevanter Informationen noch verstärkt (vgl. Abbildung 16). Bekanntes und gefestigte Erwartungen prägen immer weniger den „strategischen Datenraum"; dieser wird immer stärker durch strategische Optionen charakterisiert. Dadurch ist es immer weniger möglich, Unternehmensstrategien linear fortzuschreiben. Vielmehr ist die Fähigkeit gefragt, Strategien kompetent an sich rasch verändernde Umfeldbedingungen anpassen zu können. Das Risiko- aber auch Chancenpotenzial längerfristiger strategischer Grundlinien und Entscheidungen nimmt daher zu; das Entscheiden selbst wird riskanter. Umso mehr bedarf es eines Risikomanagement-Ansatzes, der unter diesen veränderten Bedingungen tatsächliche Führungshilfe leistet und das Selbstvertrauen der Entscheidungsträger stärkt.

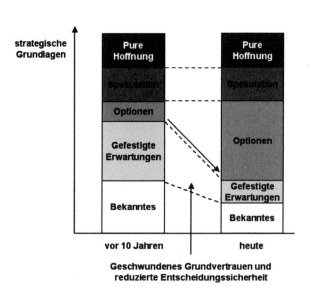

Abbildung 16: Veränderung des strategischen Datenraums

▲ Ein weiterer Schritt, den viele Unternehmen im Risikomanagement noch gehen müssen, führt vom Dokumentieren und Analysieren zum Handeln und Gestalten. In vielen Unternehmen verharrt Risikomanagement im Status des Identifizierens, Analysierens und Bewertens. Unverzichtbar ist für ein Risikomanagement-System, das den Namen verdient, eine maßnahmenbezogene Gestaltung der Risikoposition durch Zielsetzung, Maßnahmenplanung und -bewertung sowie Realisationskontrolle.

▲ Schließlich sei nochmals auf das bereits angeklungene generelle Defizit in einer Vielzahl von Unternehmen bezüglich der Formulierung von Zielsetzungen hingewiesen. Eine besondere Lücke betrifft die explizite Formulierung risikopolitischer Ziele. Neben dem Hinterfragen der oft impliziten risikopolitischen Inhalte in bestehenden Zielsystemen geht es also auch um explizite risikopolitische Ziele. Diese können einerseits auf konkrete risikopolitische Gestaltungsinhalte abstellen (z.B. definierte Risikoprofile von Geschäften, Schrankenwerte der Finanzierungsstruktur u.a.m.). Zum anderen können sie sich auf risikoadjustierte Finanzziele beziehen, wie etwa das folgende Muster einer Grundstruktur risikoadjustierter Finanzziele zeigt (vgl. Abbildung 17):

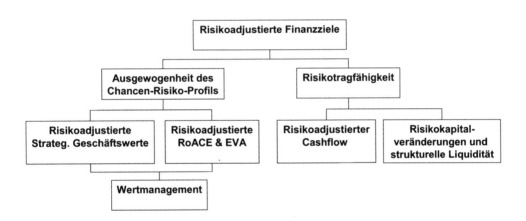

Abbildung 17: Risikoadjustierte Finanzziele

4 Zusammenfassung und Implikationen für Teil 3 dieses Buchs

Die oben dargestellten Treiber des Risikomanagements machen deutlich, dass die Implementierung von Risikomanagementsystemen keineswegs nur eine Reaktion auf veränderte gesetzliche Rahmenbedingungen – vor allem das KonTraG – sein sollte. Aus Gesetzen und Kodizes lassen sich darüber hinaus nur wenig Anhaltspunkte für die materielle Gestaltung eines Risikomanagementsystems ableiten. Gesetzliche Vorschriften sind vielmehr als Mindestvoraussetzungen zu interpretieren, die den Unternehmen relativ großen Gestaltungsspielraum für Organisation und Instrumente des Risikomanagements lassen.

Aus betriebswirtschaftlicher Sicht lassen sich für die Implementierung von Risikomanagementsystemen in Unternehmen folgende Forderungen aufstellen:

Risikomanagement soll Unternehmen in die Lage versetzen, vermehrt Risiken nehmen und gleichzeitig vermehrt Chancen aufgreifen zu können. Dafür ist eine Entwicklung von der Gestaltung der Einzelrisikoposition hin zum Management von Risikoprofilen und -strukturen erforderlich.

Risikomanagement soll kein isolierter Seitenast des Führungssystems eines Unternehmens sein, sondern muss in das Führungssystem des Unternehmens integriert werden. Dies führt auch für das Controlling zur neuen Herausforderung in Planungs- und Berichtssystemen und -prozessen.

In Teil 3 dieses Buchs soll ein Risikomanagementansatz entwickelt werden, der die hier beschriebenen Forderungen erfüllen kann. Neben dem Risikomanagement-Prozess im engeren Sinn werden die Einbettung des Risikomanagements in das Führungssystem des Unternehmens und die Schnittstellen zu Strategie und Controlling diskutiert sowie Gestaltungsansätze entwickelt. Schließlich werden auch Vorschläge zur organisatorischen Umsetzung eines unternehmensweiten Risikomanagements im Unternehmen vorgestellt.

Teil 3

Risikomanagement im Unternehmen

1 Risikomanagement im Führungssystem des Unternehmens

1.1 Risikomanagement im Zielsystem des Unternehmens

1.11 Unternehmensführung im Wandel

Konzept und Ziel der Unternehmensführung bilden für jede Entwicklungsarbeit in betriebswirtschaftlichen Teildisziplinen – so auch im Bereich Risikomanagement – den notwendigen und verbindlichen Bezugsrahmen. Im Folgenden wird unter Unternehmensführung das gestaltende und zielorientierte Steuern des Gesamtunternehmens verstanden, das Koordinierungs- und Harmonisierungshandeln im Hinblick auf sämtliche Elemente der Wertschöpfungskette beinhaltet und nachgelagerte Handlungsbereiche des Finanzmanagements, des Marketingmanagements sowie des Produktionsmanagements beeinflusst.[28]

Der Anspruch an die Unternehmensführung ist im Wandel begriffen. In den vergangenen Jahren haben sich interne und externe Rahmenbedingungen unternehmerischer Aktivitäten grundlegend verändert. Entwicklungen wie die Globalisierung des Wettbewerbs und der Unternehmenstätigkeit, die Internationalisierung der Kapitalmärkte, die Ausrichtung auf den Shareholder Value, das Aufbrechen alter Industriestrukturen, veränderte Kundenbedürfnisse, die technische, kommerzielle und prozessuale Vernetzung mit Lieferanten und Kunden, die revolutionären Entwicklungen in Geschäftsmodellen und in der Informationswirtschaft sowie Tendenzen zu schlanken Unternehmensstrukturen stellen an Unternehmen, was das Verhältnis zu den verschiedenen Stakeholdern und was die Einschätzung der Risikosituation betrifft, laufend neue Herausforderungen.

Sowohl institutionelle als auch private Kapitalanleger erwarten von Unternehmen zunehmend eine Strategie, die in einer kontinuierlichen Wertsteigerung resultiert, sowie eine darauf ausgerichtete Berichterstattung. Hervorzuheben ist in diesem Zusammenhang das stark gewachsene Interesse an risikoadjustierter Information im Rahmen der Rechnungslegung und an einer risikoorientierten Ausrichtung des Managements und Controllings. Dies ist nicht zuletzt in den spektakulären Unternehmenskrisen bzw. Insolvenzen der jüngeren Vergangenheit begründet. Von Parmalat über die deutsche Holzmann AG bis zu Libro: Fehlendes Risikobewusstsein und mangelnde Informations- und Kontrollmechanismen führen Unternehmen nicht selten in stärkste Turbulenzen – bis hin zum Verschwinden vom Markt.

1.12 Nachhaltiger Erfolg als Ziel der Unternehmensführung

Wenn Unternehmensführung als bewusstes Gestalten des Wertschöpfungsprozesses eines Unternehmens umschrieben wird, lässt sich die Frage stellen, was dadurch erreicht werden soll.

In jüngster Zeit kristallisiert sich in Literatur und Praxis das Konzept des „nachhaltigen Erfolgs" als Ziel der Unternehmensführung heraus.

---

[28] Vgl. Macharzina (2003), S. 40.

Aus betriebswirtschaftlicher Sicht versteht man unter Nachhaltigkeit:[29]

▲ Kontinuierliche Entwicklung im Sinne langfristigen wertschaffenden Wachstums bei gleichzeitig guter operativer Performance auch unter sich wandelnden Marktbedingungen;

▲ Vermeidung von zyklischen Diskontinuitäten und existenzgefährdenden Krisen sowie

▲ Verhinderung von Phasen starker Ertragseinbrüche bzw. Verluste.

Diese Form der Nachhaltigkeit begründet sich sowohl auf der effektiven Steuerung des Gesamtportfolios eines Unternehmens als auch auf der Nachhaltigkeit einzelner Geschäftsfelder. Die Profitabilität der Geschäftsfelder wird wiederum vom Verlauf des Lebenszyklus der Produkte und Dienstleistungen geprägt.

Betriebswirtschaftliche Nachhaltigkeit zielt darauf ab, den Bestand des Unternehmens gegen drohende Risiken abzusichern, die Zukunft zu antizipieren und bei sich kurzfristig verändernden Situationen handlungsfähig zu bleiben. Unternehmen, die unter sich wandelnden Bedingungen nachhaltig profitabel wachsen, erhalten sich einen Handlungsspielraum, schaffen kontinuierlich und frühzeitig Anpassungsmaßnahmen, um Strategie und Strukturen neu auszurichten, und nutzen Chancen zur Ausweitung des Geschäftsumfangs. Der langfristig geschaffene Unternehmenswert wird zur ausschlaggebenden strategischen Zielgröße des Unternehmens.

Schon in diesen sehr grundsätzlichen Anmerkungen kommt zum Ausdruck, dass zwischen dem Konzept der Risikobewältigungsfähigkeit einerseits und den Fähigkeiten des Unternehmens zur Identifikation und zur Nutzung von Chancen andererseits einer der wichtigsten Zusammenhänge für die Nachhaltigkeit – also für die Überlebenssicherung und für die Wertsicherung und -steigerung des Unternehmens – gegeben ist. Es ist daher auch nicht überraschend, dass zumindest in modernen Ansätzen des Risikomanagements in der Literatur und in der Unternehmenspraxis die Vernetzung von wertorientierter Unternehmensführung und Risikomanagement betont wird. Die Folge ist, dass Risikomanagement in jüngeren Konzepten eine starke strategie- und financial-performance-orientierte Ausrichtung erfährt. Geht man davon aus, dass bei konsequent an ökonomischer Nachhaltigkeit ausgerichteten Unternehmen

▲ starkes und qualitativ hochwertiges Wachstum,

▲ professionelles Synergie-Management,

▲ kontinuierliches Lernen, Wissenssteigerung und Anhebung von Management-Qualifikationen sowie

▲ unternehmenskulturelle Entwicklung und Förderung von Veränderungswillen und kreativen und innovativen Veränderungsfähigkeiten

im Zentrum ihrer Strategien stehen, so kann Risikomanagement in diesem Umfeld die Rolle des Entwicklungs-Sicherers und Promotors der Unternehmensentwicklung einnehmen. Damit erhält Risikomanagement eine ausgesprochen offensive, marktorientierte Ausrichtung und unterscheidet sich damit substanziell von historischen Formen des Risikomanagements, in denen der Fokus primär auf Risikovermeidung, -überwälzung und -streuung lag.

---

[29] Vgl. Wildemann (2003), S. 2ff.

In den beiden folgenden Abschnitten werden zunächst die Ziele des Risikomanagements in den Kontext einer nachhaltig erfolgreichen Unternehmensführung eingeordnet und danach die Bausteine einer modernen Führungssystemkonzeption und deren Verbindungsstellen zum Risikomanagement klar herausgearbeitet.

1.13 Ziele des Risikomanagements im Rahmen einer nachhaltig erfolgreichen Unternehmensführung

Ziel des Risikomanagements ist es, zukünftige risikobehaftete und Chancen bietende Entwicklungen frühzeitig zu erkennen, zu beurteilen, zu steuern und fortlaufend zu überwachen. Dies soll die Anpassung des Unternehmens an sich verändernde Umfeldbedingungen sowie die Sicherung der Existenz gewährleisten. Dadurch werden der Unternehmensführung Handlungsspielräume eröffnet, die die Sicherung bestehender und den Aufbau neuer Erfolgspotentiale ermöglichen. Diese Zielsetzung ist mit den definierten Zielen der nachhaltig erfolgreichen Unternehmensführung kompatibel: Während die Unternehmensführung einzelne Unternehmensziele optimiert, richtet das Risikomanagement seine Anstrengungen gegen existenzbedrohende Abweichungen von den angestrebten Zielen und erzeugt „management attention" für entwicklungszielsichernde Chancen.

Ziel des Risikomanagements kann aber nicht sein, die Unternehmensrisiken vollständig zu beseitigen oder absolute Sicherheit durch eine restriktive Risikopolitik zu schaffen. Diese Vorgehensweise würde die Wahrung von Chancen nicht mehr zulassen und in letzter Konsequenz zur Einstellung der Unternehmenstätigkeit führen.

Im Sinne einer wertorientierten Unternehmensführung besteht die Zielsetzung des Risikomanagements darin, Chancen und Risiken der betrieblichen Tätigkeit zu identifizieren, die Konsequenzen der Übernahme von Risiken sowie den dazugehörigen Ertrag zu bewerten und zu optimieren sowie die potenziell erfolgsgefährdenden Risiken zu limitieren.

Die Ziele eines so verstandenen Risikomanagements lassen sich wie folgt zusammenfassen:[30]

▲ Existenzsicherung
▲ Sicherung des zukünftigen Erfolgs
▲ Vermeidung bzw. Senkung von Risikokosten
▲ Wertsteigerung des Unternehmens.

1.2 Das Führungssystem des Unternehmens und seine Bezugspunkte zum Risikomanagement

1.21 Bausteine des Führungssystems

Das im Anschluss dargelegte Führungssystems lässt sich in folgenden Ebenen darstellen, die sich jeweils einer bestimmten Fragestellung widmen:

---

[30] Vgl. Diederichs (2003), S. 14ff.

Ebene des Führungssystems	Fragestellung
Außeneinflüsse	Welche Stakeholder-Einflüsse müssen zur Sicherung des nachhaltigen Erfolgs und der logischen Geschlossenheit eines Führungssystems beachtet werden?
Ziele	Worauf ist die Führungsaufgabe in Unternehmen im Endeffekt ausgerichtet?
Inhaltliche Elemente	Welche Objekte und Subjekte sind die Kernstücke der Führungsaufgabe?
„Methodik" der Steuerung	Welche abstrakte Methodik prägt in allen Systemebenen das Steuerungsverhalten?

Abbildung 18: Ebenen des Führungssystems

1.211 Außeneinflüsse auf das Führungssystem

Erfolg oder Misserfolg eines Unternehmens hängen stark von den Beziehungen zu seinen Stakeholdern ab. Stakeholder sind Personen oder Organisationen, die erheblichen Einfluss auf den wirtschaftlichen Erfolg des Unternehmens nehmen bzw. selbst durch das Unternehmen in erheblichem Ausmaß beeinflusst werden. Zu den bedeutendsten Stakeholdern zählen Kunden, Investoren, Mitarbeiter, Lieferanten etc.

Abgesehen von Eigentümereinflüssen (insbesondere auf der Ebene der Ziele und der strategischen Ausrichtung) haben in den letzten Jahren insbesondere Lieferanten und Kunden (z.B. Integrationsstrukturen) sowie externe Überwachungsorgane (strategie- und risikoorientierte Prüfungsansätze der Wirtschaftsprüfer; Transparenzanforderungen und Zukunftseinschätzungen der Investmentbanken) starke Auswirkungen auf das Führungsmodell der Unternehmen gezeigt.

Die Interessen der Stakeholder beeinflussen in einem wesentlichen Ausmaß die Ziele der Unternehmensführung.

1.212 Ziele

Sieht man von Unternehmen ab, die nur auf bestimmte Zeit errichtet wurden (z.B. Projektgesellschaften), so ist als Kern der Führungsaufgabe das Ausrichten des Unternehmens auf nachhaltigen Erfolg zu sehen.

Diese Zielsetzung fordert bei tiefer gehender Betrachtung eine außerordentlich offensive Ausrichtung des Management-Ansatzes. Schwarze Bilanzzahlen und Bestandssicherung erweisen sich empirisch betrachtet als wenig nachhaltige Erfolgsgaranten. Der Fortsetzung von historischen Erfolgen im Wettbewerb sind durch Diskontinuitäten innerhalb und außerhalb des Unternehmens enge Grenzen gesetzt. Es ist somit zu hinterfragen, welche Unternehmens-Charakteristika bzw. -Fähigkeiten nachhaltigen Erfolg beeinflussen.

Nachhaltig erfolgreiche Unternehmen

▲ sind in der Lage, kurzfristige Ertragsoptimierung und Aufbau neuer strategischer Potentiale – verbunden mit hohen Investitionen mit oft langen Vorlaufzeiten zur Gewinnzone – in Einklang zu bringen;

▲ weisen ein Performance-Profil mit großer Ertrags- und Cashflow-Stabilität auf hohem Niveau auf, das sie zu antizyklischem Handeln befähigt und damit auch zu einer hoher Stabilität in der Strategie-Umsetzung führt;

▲ stimmen Wachstumsgeschwindigkeit und Wachstumsqualität so aufeinander ab, dass Wachstumsfelder in hoher Geschwindigkeit zu Cashflow-generierenden Wachstumsmotoren entwickelt werden;

▲ arbeiten kontinuierlich an der Aufrechterhaltung eines breiten Handlungsspielraums hinsichtlich finanzieller Position, Qualität und Struktur der Ressourcen und Kompetenzen sowie strategischer Optionen; sie beherrschen das Zusammenspiel zwischen Vorsorgemanagement, Change-Management und strategischem Risiko- und Chancenmanagement[31] und sie gehen in die Offensive aus einer gesicherten „platform for growth"[32];

▲ verfügen über Sensorenmodelle zur Früherkennung strategischer Wendepunkte; sie steuern schon sehr früh latente Krisen aus, bereiten frühzeitig den Zugang zu neuen strategischen Chancenpotenzialen auf und reduzieren durch ihren innovativen und offensiven Wachstumsweg das Risiko der strategischen Veralterung.

Das Ziel der nachhaltigen Erfolgssicherung ist somit gleichzusetzen mit erfolgreichem Management latenter Krisen und der Fähigkeit, Chancen frühzeitig zu erkennen und zu nutzen. Begriffe wie wettbewerbskonforme Ertragskraft, Wachstumsorientierung und ertragsorientierte Wachstumsqualität, kontinuierlich positiver Liquiditätsstatus und den Kapitalzugang sichernde strukturelle Liquidität u.v.a.m. ordnen sich dieser Führungsaufgabe als notwendige Bedingungen bzw. Subziele unter.

1.213 Inhaltliche Elemente des Führungssystems

Unternehmertum ist auf nachhaltigen, möglichst stabilen wirtschaftlichen Erfolg in ausgewählten Geschäften unter Einsatz von Ressourcen in einer geeigneten Struktur und Organisation ausgerichtet. Auf der inhaltlich-konkreten Ebene des Führungssystems sind somit drei große Steuerungselemente von Relevanz, nämlich

▲ Geschäfte,

▲ Ressourcen sowie

▲ Struktur und Organisation.

Geschäftsebene

Das Kernstück der Steuerung ist die Geschäftsebene. In enger Anlehnung an den modernen Ansatz von Robert Simons' „levers of control"[33] weist die Geschäftssteuerungsmethodik folgende innere Struktur auf (vgl. Abbildung 19):

---

[31] Vgl. Wildemann (2004), S. 2–4.
[32] Vgl. Denk (2002), S. 32ff.
[33] Vgl. Simons (1995), S. 159.

Abbildung 19: Steuerung auf der Geschäftsebene

Die Führung der Mitarbeiter und die Kommunikation mit der Außenwelt erfolgen auf der Grundlage eines Systems ethischer und ökonomischer Grundwerte sowie langfristiger Visionen. Grundlage des langfristigen Erfolges ist das Schaffen von Verständnis, Überzeugung und Vertrauen in diese Werte und Visionen auf breiter Basis, sowohl bei den Mitarbeitern wie auch gegenüber der Außenwelt.

Die Grundlage des Zukunftserfolges sind die strategische Positionierung und die konkreten strategischen Assets. Das Management strategischer Unsicherheiten und die dazu erforderliche Wissens- und Fähigkeitsbasis sind Schlüsselfaktoren zur Erreichung des nachhaltigen Unternehmenserfolgs. Auf dieser Ebene finden die bedeutendsten Entscheidungen zur Schaffung von Unternehmenswert statt.

Vernetzt mit der strategischen Positionierung erfolgt die operative Nutzung der strategischen Assets. Der strategische Unternehmenswert wird durch die mit der operativen Asset-Nutzung verwirklichte Performance und deren Steuerung erst realisiert.

Zur Wahrung von Ordnungsmäßigkeit und Wirtschaftlichkeit sowie von Entscheidungs- und Prozess-Sicherheit erstellen verantwortungsbewusste Führungskräfte ein System von „internal controls" (IKS). Besonders herauszustreichen ist ihre Aufgabe in der Klarstellung der Grenzen des erlaubten bzw. gewollten Handelns der Führungskräfte, also der „off limits".

Ressourceneinsatz

Das Führen von Geschäften erfolgt durch zielorientierten Einsatz von Ressourcen, zu denen nicht nur die bilanzierte Hardware auf der Aktiv-Seite der Bilanz gehört, sondern auch die Finanzierung (Passiv-Seite) und insbesondere die nicht bilanzierten „intangible assets".

Die „intangibles" bestehen weitgehend aus „intellectual capital" und strukturieren sich in internes „Wissenskapital" (z.B. „human capital" in Form von personellen Fähigkeiten, auf Wertschaffungsbeiträge ausgelegten Personalstrukturen, Optimierungs-Know-how und „structural capital", wie z.B. Organisations-Know-how) und externes „Beziehungskapital" (z.B. Markenwert, das Kunden-„Kapital", das Beziehungs- und Lobbying-Netzwerk). Diese Faktoren besitzen eine entscheidende Wertgestaltungskraft, was unter anderem das Konzept der Balanced Scorecard mitgeprägt und starke „management attention" auf diesem Gebiet bewirkt hat.

Struktur und Organisation

Fundament und tragende Mauern der Unternehmensführung bildet die Entwicklung
- strategiekonformer Strukturen,
- einer geeigneten Aufbauorganisation mit etablierten, klaren Verantwortlichkeiten sowie
- effizienter Prozesse.

1.214 Methodik der Steuerung

Die konkrete Welt des Unternehmens (Geschäft, Assets, Strukturen und Organisation) wird überlagert von einem abstrakten Verhaltensmodell, dem methodischen „Anker" des Führungssystems. Wie immer man das Führungssystem des Unternehmens in seinen Detailstrukturen und Vernetzungen aufbereitet, haben doch moderne Konzeptionen immer den gleichen methodischen Anker: Ein controlling-gerechtes Regelkreis-Konzept.

Der Controlling-Regelkreis folgt im Wesentlichen den nachstehenden Leitgedanken:
- Führen über Ziele,
- Nutzung von Plänen, Forecasts und Szenarios zur Aufbereitung des Weges zum Ziel,
- Messung des Umsetzungserfolges und managementadäquate Interpretation (Analyse) und Kommunikation (Reporting),
- Organisation eines Management-Prozesses, der relevante Zielabweichungen oder Zielabweichungsgefahren in Anpassungsaktivitäten oder vorlaufende Gegensteuerungsmaßnahmen umsetzt und der Potentiale identifiziert und nutzt bzw. potentialverstärkende Maßnahmen setzt.

Die Regelkreis-Konzeption zwingt zur gestaltungsorientierten Auseinandersetzung mit systematisch generierten Informationen und zur Integration des Risikomanagements in das Controlling-System des Unternehmens.[34]

---

[34] Vgl. Denk (2004b), S. 5–8.

1.215 Zusammenfassende Veranschaulichung des Führungssystems des Unternehmens

Zusammenfassend lässt sich somit das Führungsmodell des Unternehmens wie folgt darstellen:

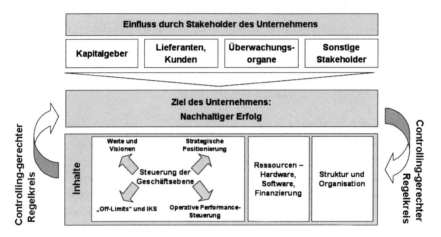

Abbildung 20: Führungsmodell des Unternehmens

1.22 Bezugspunkte zum Risikomanagement

Das dargestellte Grundschema des Führungssystems verästelt sich im konkreten Anwendungsfall sehr feingliedrig zu einem realen Abbild der Ziele und der relevanten Performance-Messgrößen des Unternehmens.

In allen Elementen des Führungsmodells finden sich Anknüpfungspunkte für Ziele, Steuerungs- und Messgrößen im Risiko- und Chancen-Management. Somit lässt sich aus dem Führungsmodell eine generelle Struktur der Risiko-Chancen-Landkarte des Unternehmens ableiten, die im Wesentlichen folgende Risiken bzw. Chancen umfasst:

▲ Risiken/Chancen aus dem Umfeld und aus den Stakeholder-Beziehungen,

▲ Risiken/Chancen aus der Zielausrichtung des Unternehmens („Meta-Risiken"),

▲ Risiken/Chancen aus der strategischen und operativen Führung der Geschäfte und des Unternehmens als Ganzes,

▲ Asset-Risiken/-Chancen (in dem oben angeführten breiten Asset-Verständnis),

▲ Risiken/Chancen aus der Struktur und Organisation sowie

▲ Risiken/Chancen aus dem methodischen Führungsansatz.

Die Aufgabe eines – wie auch immer organisatorisch verankerten – „Risikomanagers" ist es nun,

▲ Risiken und Chancen führungssystemkonform zu strukturieren,

▲ das verantwortliche Linien-Management in der Identifikation, Bewertung und Steuerung von Chancen und Risiken und deren Aggregation zu unterstützen,

▲ die Verfügbarkeit der dazu notwendigen und geeigneten Instrumente sicherzustellen,
▲ die Integration der dabei gewonnenen Steuerungsinformationen in das Führungsinformationssystem des Unternehmens zu veranlassen sowie geeignete Kommunikationsprozesse aufzubauen und
▲ das „organizational learning" im Bereich des Chancen- und Risiko-Management aktiv zu unterstützen.

Für die Erstellung eines Bezugsrahmens für ein modernes, strategie- und strukturorientiertes Risiko-Chancen-Management-System mit wertsteigerungsorientierter Ausrichtung sind Themen aufzuarbeiten, die in herkömmlichen Risiko-Management-Systemen kaum angesprochen wurden. Für die oben angeführten Segmente der Risiko-Chancen-Landkarte werden zur Veranschaulichung nachstehend einige Beispiel angeführt, um den Bedarf für innovative Neuausrichtung des Risiko-Chancen-Managements zu signalisieren:

Segment der Risiko-Chancen-Landkarte	Beispiele
Risiken/Chancen aus dem Umfeld und den Stakeholder-Beziehungen	Risiken aus Umfeldveränderungen und Einbeziehung von Lösungsansätzen in strategische Entscheidungen
Risiken/Chancen aus der Zielausrichtung	Kompatibilität von strategischen Zielen, strategischen Umsetzungsprogrammen und nachhaltigen Rentabilitätszielen
	Kompatibilität von Wachstumszielen, Wachstumsprogrammen und Kapitalstrukturzielen
	Kompatibilität von strategischen Zielen und strategischen Umsetzungsprogrammen (z.B. Risiko der Strategie-Veraltung; Chancen in Geschäftsmodell-Innovationen)
Risiken/Chancen aus der Führung	Methodik/Kommunikation zur Steuerung der Risiko-/Chancen-Erkennungsfähigkeit
	Dynamisches Veränderungsprofil d. Risiko-/Chancen-Status (Risiko-Chancen-„Trend")
	Strukturelle Komplexitätsfallen/Methodik d. Komplexitätsbeherrschung bzw. -reduktion
Asset-Risiken/Chancen	Beherrschung/Nutzung d. „asset interaction"-Potentiale (Synergien, Netzwerkeffekte)
	Strategiekonformität der (Entwicklung der) Asset-Strukturen, Innovation und Wertsteuerung der „intangible assets"

Segment der Risiko-Chancen-Landkarte	Beispiele
Risiken/Chancen aus der Struktur und Organisation	Wachstumsfördernde/-behindernde Organisationsstruktur
	Hierarchische Strukturen mit Förderung/Beschränkung der Entscheidungsgeschwindigkeit
	Wettbewerbsfähigkeit steigernde/beschränkende Make-or-buy-Strukturen
Risiken/Chancen aus dem methodischen Führungsansatz	Ganzheitliche Steuerungsfähigkeiten (in Ergänzung zu den traditionell inkrementell-analytischen Controlling-Instrumenten)
	Konsequenz in der Zielquantifizierung, Ziel-Verbindlichkeit und Außenorientierung in der Zielsystem-Entwicklung)

Abbildung 21: Chancen und Risiken im Führungssystem des Unternehmens

2 Aufbau und Gestaltung des Risikomanagements

2.1 Risikomanagement-Prozess im Überblick

Im Rahmen des Risikomanagement-Prozesses ist sicherzustellen, dass Risiken des Unternehmens identifiziert und bewertet sowie risikorelevante Informationen systematisch und geordnet an Entscheidungsträger weitergeleitet werden, sodass Risikosteuerungsmaßnahmen rechtzeitig ergriffen werden können.

Der Risikomanagement-Prozess besteht aus den Phasen:
▲ Risikoidentifikation
▲ Risikobewertung
▲ Risikosteuerung und
▲ Risikoberichtswesen.

In Abbildung 22 sind der Risikoprozess sowie die wesentlichen Inhalte der einzelnen Prozessschritte im Überblick grafisch dargestellt:

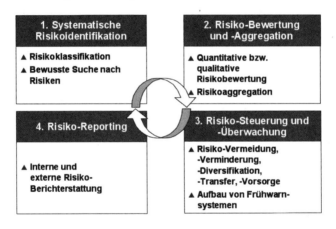

Abbildung 22: Risikomanagement-Prozess

2.2 Risikoidentifikation

2.21 Grundlagen der Risikoidentifikation

2.211 Ziele und Grundsätze der Risikoidentifikation

Ziel der Risikoidentifikation ist das rechtzeitige, regelmäßige, schnelle, vollständige und wirtschaftliche Erfassen aller Einzelrisiken im Unternehmen, die Einfluss auf die wesentlichen Unternehmensziele beziehungsweise auf das Zielsystem des Unternehmens haben.[35] In der Phase der Risikoidentifikation werden alle relevanten Chancen und Risiken im Zu-

---

[35] Vgl. Burger/Buchhart (2002), S. 31ff.

sammenhang mit der Unternehmenstätigkeit systematisch und strukturiert erhoben. Diese Vorgehensweise stellt einerseits sicher, dass Risiken zur leichteren Verfolgung und Definition von Maßnahmen kategorisiert und gruppiert werden, andererseits hilft sie, über das Erfassen bereits auf das Zielsystem des Unternehmens einwirkender Risiken hinaus auch diejenigen Risiken frühzeitig zu erkennen, die noch keine unmittelbare wirtschaftliche Auswirkung entfalten (potentielle Risiken).

Die Risikoidentifikation befasst sich nicht nur mit dem frühzeitigen Erkennen von Risiken an sich, sondern auch mit der möglichst vollständigen Erfassung aller Risikoquellen, Schadensursachen, Störpotentiale und Schadenseintrittszeitpunkte. Damit soll zweierlei erreicht werden: Zum einen ist eine möglichst detaillierte Information über Ursachen von Risikoeintritten und Risikopotentialen notwendig für das gezielte Setzen von Gegenmaßnahmen, zum anderen können entsprechende Detailinformationen leichter und effizienter etwaige Mängel und Versäumnisse in der Organisation oder in den Prozessen eines Unternehmens zeigen und somit zu rascheren Verbesserungen führen.

Ergebnis der Risikoidentifikation (entsprechend der Risikodefinition im weiteren Sinn, die auch Chancen umfasst) ist eine Chancen-/Risikoübersicht des Unternehmens. Chancen und Risiken sind dabei keinesfalls zu saldieren, sondern die potenzielle Abweichung wird mit dem ganzen Ausmaß erfasst.

Abbildung 23 fasst die Ziele und Aufgaben der Risikoidentifikation grafisch zusammen:

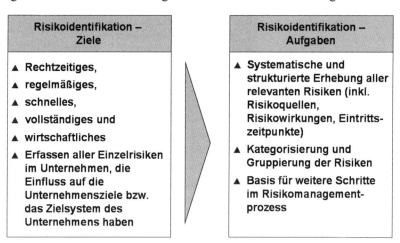

Abbildung 23: Ziele und Aufgaben der Risikoidentifikation

Hinsichtlich zeitlicher und personenbezogener Intensität der Risikoidentifikation und in der Folge des gesamten Risikomanagement-Prozesses in einem Unternehmen ist ein optimales Kosten-/Nutzenverhältnis zu bestimmen.

Grundsätzlich sollte für die erste „strukturierte und vollständige" Risikoidentifikation in einem Unternehmen ein gewisser Zeit- und Arbeitsaufwand eingerechnet werden. Die darauf folgenden Schritte im Risikomanagement-Prozess und das Schaffen von Risikobewusstsein in einem Unternehmen können nur so gut sein wie die Risikoidentifikation selbst – diese stellt die Basis für sämtliche weitere Risikomanagementaktivitäten im Unternehmen in Bezug auf die identifizierten Risiken dar.

2.212 Periodizität und Betrachtungszeitraum

Erfahrungen aus der Praxis zeigen, dass die institutionalisierte Risikoidentifikation ein- bis viermal im Jahr durchgeführt wird. Unternehmen orientieren sich dabei grundsätzlich an ihrem Wirtschaftsjahr/Bilanzjahr. Eine entsprechende Risikoberichterstattung, der ja der gesamte Risikomanagementkreislauf zugrunde liegt, erfolgt daher entweder einmal im Wirtschaftsjahr oder einmal je Wirtschaftshalbjahr oder Wirtschaftsquartal. Neben einer strikten Orientierung an diesen Zeiträumen, die das Wirtschaftsjahr prägen, kann sich die Periodizität auch am strategischen oder operativen Planungsprozess eines Unternehmens orientieren.

Jeder Risikomanagementzyklus endet mit dem Controlling der in der Risikoanalysephase definierten Maßnahmen, jeder neu eingeleitete Risikomanagementzyklus setzt auf den Erkenntnissen und Ergebnissen des vorgelagerten Zyklus auf. Die Qualität des gesamten Risikomanagement-Prozesses steigt jedenfalls mit der Häufigkeit der Zyklen und damit mit der besseren Vergleichbarkeit der Gesamtsituation, in der sich ein Unternehmen befindet. Diese Überlegung sollte bei der Entscheidung über die Häufigkeit der Risikomanagementzyklen berücksichtigt werden.

Neben der Häufigkeit, also der Anzahl der Risikoidentifikationsprozesse pro Geschäftsjahr, sind Regelmäßigkeit und Kontinuität von großer Bedeutung für einen erfolgreichen Risikomanagement-Prozess. Für welchen Zyklus sich das Management auch entscheidet, er muss strikt eingehalten werden und sollte aus Kontinuitätsgründen vor allem in Bezug auf die Berichtszeitpunkte nicht verändert werden, zumal diese in der Praxis häufig der ausschlaggebende Anlass für den vorgelagerten Identifikationsprozess sind.

Auch wenn es durchaus schlüssig erscheint, Ergebnisse eines Risikomanagement-Prozesses in das Berichtswesen einfließen zu lassen, und sich die Risikomanagementzyklen in der Praxis an den Berichterstattungsterminen orientieren, muss festgehalten werden, dass der Risikomanagementprozess losgelöst von der Berichterstattung erfolgen sollte. Der Bericht sollte letztlich nur ein selbstverständlicher Ausfluss eines im Unternehmen gelebten Prozesses sein. Dies führt dazu, dass unabhängig von der Häufigkeit der Risikomanagement-Zyklen in jedem Fall sichergestellt sein muss, dass die einzelnen Berichtsverantwortlichen eine Kultur der Ad-hoc-Kommunikation für neue, operative und strategisch bedeutungsvolle Risiken und Chancen entwickeln. Auftreten und Erkennen von Risiken und Chancen orientieren sich nicht an Berichtsrhythmen. Erfolgreiche Unternehmen zeichnen sich unter anderem auch dadurch aus, dass bedeutende Risiken und Chancen schnell und für die relevanten Entscheidungsträger transparent kommuniziert und in projektbezogene Steuerungsmaßnahmen umgesetzt werden.

Die Tatsache, dass sich Risiken und ihre Bedeutung im Zeitablauf verändern, erfordert nicht nur eine ständige Überprüfung der Risiken des Unternehmens, sondern auch eine regelmäßige Überprüfung und Veränderung der Analyseraster und der Erfassungskriterien.[36]

---

[36] Vgl. Burger/Buchhart (2002), S. 43ff.

2.213 Vorgehensweise im Identifikationsprozess

Um die Ziele des Risikomanagements zu erreichen, ist eine systematische, prozessorientierte Vorgehensweise notwendig. Die Qualität der Risikoidentifikation hängt deutlich vom Umfang der Informationsbeschaffung ab. Die Identifikation kann dabei je nach Unternehmen aus verschiedenen personellen Perspektiven – abhängig von Rang und Stellung im Unternehmen – als auch aus verschiedenen inhaltlichen Perspektiven erfolgen, beispielsweise auf der Ebene der Risikoarten (leistungswirtschaftliche, finanzwirtschaftliche, externe Risiken etc.), der Ebene der Prozesse (Projekte, Kern- und Unterstützungsprozesse etc.) sowie der Geschäftsfelder (Dienstleistungen, IT Services, Produktion etc.).[37]

Top-down-Ansatz

Vom Management eines Unternehmens wird erwartet, das Unternehmen in seinen Einzelheiten zu kennen und somit Informationen zu allen Aspekten des Unternehmens zu haben, darunter auch zu den eingetretenen oder potenziellen Risiken und Chancen. Dementsprechend führt der Top-down-Ansatz dazu, dass einige wenige hochrangige Personen, die über entsprechende Informationen und entsprechenden Überblick über das Unternehmen verfügen, eine Risikoidentifikation vornehmen.

Auf den ersten Blick scheint dieser Ansatz effizient und zielführend zu sein. Er birgt jedoch auch einige Gefahren. Zunächst kann ein alleiniger Top-down-Ansatz dazu führen, dass Risiken nicht in der nötigen Tiefe und Granularität identifiziert werden, da das Top-Management naturgemäß nicht in derartige Detailtiefen vordringt. Darüber hinaus verfügt das Management nur über ein begrenztes Zeitbudget. Es ist daher nicht zu erwarten, dass es über die Identifikation der Risiken hinaus auch deren präzise Bewertung und entsprechende Maßnahmenentwicklung vornehmen wird. Der Regelkreis des Risikomanagementprozesses besticht aber genau dadurch, dass er zwischen den einzelnen Arbeitsschritten synergetische Verbindungen schafft.

Wenn eine Top-down-Identifikation der Risiken auch die kostengünstigere sein mag, wird es bei dieser Vorgehensweise keinesfalls gelingen, ein breites Risikobewusstsein im Unternehmen zu schaffen.

Bottom-up-Ansatz

Im Gegensatz dazu werden bei einem Bottom-up-Ansatz auch tiefere Hierarchieebenen in den Identifikationsprozess miteingebunden. Der wohl größte Vorteil dieser Vorgehensweise besteht darin, dass auf diese Weise eine umfassende Risikomanagementkultur entstehen kann. Es kann sichergestellt werden, dass Mitarbeiter aller Unternehmensebenen das Thema Risiko ernst nehmen und am Risikomanagementprozess aktiv teilnehmen. Darüber hinaus können wertvolle Informationen, Analysen und Erfahrungswerte derjenigen Mitarbeiter sowohl operativer als auch zentraler Einheiten gesammelt werden, die täglich an der Kundenschnittstelle und im internen Dienstleistungsprozess tätig sind. Zu geringer Handlungsspielraum und Informationsstand können andererseits zu übertriebener Detailverliebt-

---

[37] Vgl. Romeike/Finke (Hrsg.), S. 153.

heit und entsprechender übertriebener Granularität führen, die das Gesamtbild einer Risikoidentifikation vermissen lässt. Rein kostenmäßig ist dieser Ansatz sicherlich der teurere.

In Abbildung 24 werden die Vor- und Nachteile der beiden Vorgehensweisen zusammenfassend grafisch dargestellt.

Risikoidentifikation Top Down	Risikoidentifikation Bottom Up
▲ Identifikation von Chancen und Risiken durch das (Top-) Management ▲ Vorteil: 　▲ Effiziente, kostengünstige Vorgehensweise (für kleine und mittlere Unternehmen) ▲ Gefahren: 　▲ Übersehen von Risiken 　▲ Keine detaillierte Analyse und Bewertung der Risiken 　▲ Kein Schaffen von Risikobewusstsein im Unternehmen	▲ Einbindung mehrerer Hierarchieebenen in die Risikoidentifikation ▲ Vorteile: 　▲ Nutzen der Erfahrungswerte, Informationen, Analysen der Mitarbeiter 　▲ Schaffen von Risikobewusstsein ▲ Gefahren: 　▲ Übertriebene Granularität 　▲ Fehlendes Gesamtbild 　▲ Hohe Kosten

Abbildung 24: Risikoidentifikation Top down vs. Bottom up

Verknüpfung des Top-down- und des Bottom-up-Ansatzes

Der zielführende Weg liegt in einer Vorgehensweise, die die Vorteile des Bottom-up- und des Top-down-Ansatzes verbindet. Dabei umfasst der Personenkreis, der in die Risikoidentifikation eingebunden wird, nicht nur das Top-Management, sondern auch Manager der mittleren Managementebenen, um so den oben genannten Bedenken einer reinen Top-down- Vorgehensweise Rechnung zu tragen. Als Ergänzung bietet sich das Hinzuziehen eines neutralen Moderators an, z.B. eines zentralen Risikomanagers oder eines dezentralen Risikoverantwortlichen.

Der Identifikationsprozess beginnt zunächst Bottom up, die gesammelten Ergebnisse der Risikoidentifikation (und in Verbindung damit auch der nächsten vorzunehmenden Risikomanagement-Schritte) werden dann Top down geprüft, diskutiert und gegebenenfalls angepasst und ergänzt.

Der Personenkreis, der an der Risikoidentifikation teilnimmt, sollte in Summe alle Risikoaspekte des Unternehmens abdecken können. Da die Risikoidentifikation nach einer im jeweiligen Unternehmen festzulegenden Systematik erfolgen sollte, kann diese Systematik, die sich regelmäßig in der Einführung von Hauptrisikoarten niederschlägt, als Maßstab für die abzudeckenden Risikoaspekte dienen. Dazu werden je nach Unternehmensausrichtung u.a. Inhalte wie Marktsituation und Marktanalyse, Wettbewerb, Produktqualität, Forschungs- und Entwicklungsaspekte, Beschaffungsaspekte, interne Prozesse, mitarbeiterrelevante Themen, rechtliche und steuerliche Probleme ebenso wie strategiepolitische Themen zu berücksichtigen sein. Neben Mitarbeitern, die unmittelbar an der operativen Umsetzung des Unternehmenszwecks arbeiten (z.B. Kundenbetreuer, Versicherungsmakler, Softwareentwickler, Sales Manager, Entwicklungs- und Fertigungsmanager, Projektmanager, Projektcontroller), sind auch zentrale Bereiche wie z.B. Marketing, Controlling, Personalmanagement oder Einkauf zur Risikoidentifikation heranzuziehen.

Der in der Praxis teilweise geübte Ansatz, möglichst viele Mitarbeiter schriftlich oder mündlich hinsichtlich der Risiken des kompletten Unternehmens (und nicht nur des jeweiligen Bereichs) zu befragen und diese Ergebnisse dann zusammenzufassen, ist jedenfalls aus Gründen der Systematik und der Prozessorientierung nicht zu empfehlen. Der methodische Ansatz sollte so gewählt sein, dass möglichst viele Mitarbeiter die sie in der täglichen Arbeit unmittelbar begleitenden Risiken und die Risikominimierungsstrategien genau kennen.

2.214 Risikoklassifikation als Ausgangspunkt und Hilfsmittel der Risikoidentifikation

Die Eigenheiten und Spezifika unterschiedlicher Branchen bzw. einzelner Unternehmen erfordern eine an die jeweilige Risikosituation angepasste und somit individuelle Ausgestaltung der Risikoklassifikation. Diese dient einerseits als Orientierungsrahmen für die Risikoidentifikation, andererseits als Grundlage für eine spätere Klassifizierung und Aggregation der Risiken.

Nachfolgend sind zwei Praxisbeispiele für die Risikoklassifizierung in unterschiedlichen Branchen dargestellt:

- ▲ **Marktrisiko**
  - ▲ **Marktrisiko Handelsbuch**
    - O Zinsänderungsrisiko
    - O Währungsrisiko
    - O Aktienkursrisiko
    - O Risiko aus der Volatilität
  - ▲ **Marktrisiko Asset/Liability Management (Bankbuch)**
    - O Zinsänderungsrisiko
    - O Währungsrisiko
    - O Aktienkursrisiko
    - O Risiko aus der Volatilität
  - ▲ **Marktliquiditätsrisiko**
- ▲ **Kreditrisiko**
  - ▲ **Traditionelles Kreditrisiko**
    Umfasst das Risiko von Verlusten durch den Ausfall eines Kreditnehmers oder durch die Bonitätsverschlechterung von Kreditnehmern (inkl. Länderrisiken).
  - ▲ **Kreditrisiko aus Handelsaktivitäten**
    Umfasst das Emittenten- bzw. Counterparty Risk

- **Operationales Risiko**
  - **Operationales Risiko**

    Umfasst das Risiko von Verlusten, die infolge der Unangemessenheit oder des Versagens von internen Verfahren, Menschen und Systemen oder von externen Ereignissen eintreten. Mit umfasst ist auch das Rechtsrisiko.

  - **Operationales Risiko aus dem Kreditrisiko**

    Umfasst das Risiko von Verlusten, die im Zuge der Gestionierung von Krediten (z.B. Sicherheitenbe- und -verwertungsrisiko, Abwicklungsrisiko, Aktualität der Bonitätsbeurteilung etc.) auftreten können

- **Fixkostenrisiko (Business Risk)**

  Umfasst das Risiko, dass bei einem unerwarteten Rückgang der Erträge ein Verlust durch die Remanenz der Fixkosten entsteht.

- **Immobilienbewertungsrisiko**

  Umfasst das Risiko, dass der eigene Immobilienbesitz nicht marktadäquat bewertet ist.

- **Beteiligungsrisiko**

  Umfasst das Risiko, das aus der Bereitstellung von Eigenkapital an Dritte entstehen kann.

- **Strategisches Risiko**

  Umfasst das Risiko, langfristige Unternehmensziele (Ertragsauswirkung erst nach mehr als einem Jahr) infolge eines inadäquaten strategischen Entscheidungsprozesses oder infolge einer inadäquaten Kontrolle der Strategieumsetzung auf der Basis der jeweils zugrunde liegenden Geschäftsannahmen zu verfehlen.

- **Reputationsrisiko**

  Umfasst das Risiko von direkten oder indirekten Verlusten, die aufgrund einer Verschlechterung der Reputation des Institutes gegenüber Anteilseignern, Kunden, Mitarbeitern und Geschäftspartnern sowie gegenüber der Öffentlichkeit entstehen können.

Abbildung 25: Risikoklassifizierung/Risikokatalog einer Bank

- ▲ **Geschäftsrisiken**
  - ▲ **Beteiligungsrisiko (national/international)**
  - ▲ **Wettbewerb**
- ▲ **Finanzrisiken**
  - ▲ **Marktrisiken**
    - ○ Zinsen
    - ○ Preisrisiko Strom
    - ○ Preisrisiko Brennstoffe
    - ○ Fremdwährungen
    - ○ Kursrisiken Wertpapiere
  - ▲ **Kreditrisiken**
    - ○ Kontrahenten (alle Handelspartner)
  - ▲ **Liquiditätsrisiken**
    - ○ Ratingveränderungen
- ▲ **Operationale Risiken**
  - ▲ **Betriebsrisiken**
    - ○ Anlagenrisken
    - ○ Ausfallsrisiken
    - ○ Personalrisiken
  - ▲ **Rechtliche Risiken**
    - ○ Gesetzliche Rahmenbedingungen (externe Auflagen)
    - ○ Rechtsrisiken (Prozesse)
  - ▲ **Systemrisiken (Prozesse)**
- ▲ **Ereignisrisiken**
  - ▲ **Naturrisiken**

Abbildung 26: Risikoklassifizierung/Risikokatalog eines Energieversorgungsunternehmens

2.215 Elemente der Risikoidentifikation

Die abgefragten Elemente in der Risikoidentifikation sind abhängig von dem im Unternehmen herrschenden Risikoverständnis. Die Identifikation von Risiken kann dabei folgende Elemente umfassen:

- ▲ Risikomelder (Name und Abteilung),
- ▲ eventuell fortlaufende Nummerierung,
- ▲ Risikobezeichnung,
- ▲ Risikokategorisierung (Einordnung in vorher definierten Risikokatalog),
- ▲ Risikobeschreibung,
- ▲ Vermerk, ob das Risiko bereichsübergreifend ist,

- ▲ Einflussgrößen,
- ▲ Risikoindikatoren (Indikatoren, die Risikoveränderung messen)
- ▲ erste Schätzung der Risikowirkungen,
- ▲ erste Schätzung der Eintrittswahrscheinlichkeit,
- ▲ mögliche Maßnahmen zur Risikominimierung,
- ▲ Zeithorizont der Maßnahmen und Verantwortlicher für die Maßnahmen sowie
- ▲ Kosten (und gegebenenfalls Opportunitätskosten) der Maßnahmen sowie deren zeitliche Wirkungen und Verläufe (einmalig vs. zeitlich begrenzt vs. dauerhaft; linear, progressiv oder degressiv).

Wie aus obiger Aufstellung ersichtlich, finden sich in der Risikoidentifikation zum Teil bereits erste Elemente der Risikobewertung (beispielsweise erste Schätzung von Schadensausmaß und Eintrittswahrscheinlichkeit), die eine grobe Einschätzung der Bedeutung der Risiken und der Vorgehensweise zur Risikobewältigung zulassen.

2.22 Identifikationsmethoden

Für die Identifikation kann eine Vielzahl von Instrumenten eingesetzt werden, beispielsweise:

- ▲ Brainstormings,
- ▲ standardisierte Befragungen,
- ▲ Risikoworkshops,
- ▲ Betriebsbesichtigungen/Vor-Ort-Begehungen,
- ▲ Frühwarnsysteme,
- ▲ Einzelschadenanalysen,
- ▲ Ausfalleffektanalyse und
- ▲ Fehlerbaumanalysen.

Die Wahl der Methoden hängt stark von den spezifischen Risikoprofilen des Unternehmens und der Branche ab. In der betrieblichen Praxis werden die einzelnen Identifikationsmethoden häufig kombiniert.

2.221 Brainstorming

Unter Brainstorming versteht man eine formfreie Sammlung von relevanten Ideen zu einer vorgegebenen Aufgabenstellung. Eine erste Risikoidentifikation in Form eines Brainstormings ist unter bestimmten Voraussetzungen sehr sinnvoll. Zu einem effizienten Brainstorming bedarf es einer bestimmten Mindestanzahl an Beteiligten, denn gerade bei dieser Form der Informationssammlung ist kreative Vielfalt notwendig. Der Auswahl und Zusammensetzung der Teilnehmer aus den verschiedenen Unternehmensbereichen ist besondere Aufmerksamkeit zu widmen.

Die Ergebnisse eines Brainstormings müssen in jedem Fall bereinigt und strukturiert werden, um weiter bearbeitet werden zu können. Sie können jedenfalls nur den ersten Schritt einer Risikoidentifikation darstellen.

2.222 Standardisierte Befragungen

Die standardisierte Befragung anhand von Checklisten oder Risk Assessment Sheets ist eine sehr strukturierte Vorgehensweise. Während Checklisten eine abgeschlossene Auswahl an Lösungsmöglichkeiten bieten, sind Risk Assessment Sheets eine Kombination von offenen und geschlossenen Fragen zur Risikoidentifikation und -bewertung. Die Herausforderung im Rahmen von standardisierten Befragungen besteht darin, die realen Sachverhalte (sowohl aktuelle als auch potenzielle Risiken) unter die bestehenden Risikoarten zu subsumieren. Zu vermeiden ist, sich an vorgefertigten Mustern zu orientieren und/oder die Befragung auf einige wenige Beteiligte zu konzentrieren.

2.223 Risikoworkshops

Risikoworkshops bilden eine systematisierte und koordinierte Plattform für einzelfallartige oder regelmäßig wiederkehrende Risikoidentifikationen und Bewertungen. Sie sind auch gut geeignet, um Brainstormings durchzuführen, vor allem, da Workshops einerseits eine notwendige Anzahl an Mitarbeitern voraussetzen und andererseits ein Workshopleiter oder Moderator anwesend ist, der für die nötige Koordination und Zielorientierung sorgt.

Ein Risikoworkshop kann beispielsweise mit einem Brainstorming beginnen, um möglichst eine Vielfalt relevanter Themen zusammenzutragen. Mit entsprechender Moderationstechnik werden die Ergebnisse dann gesichtet, diskutiert, ergänzt, verworfen, in jedem Fall aber strukturiert und zu Gruppen zusammengefasst. Zur Abrundung können die Ergebnisse dann an einer Checkliste gespiegelt und somit auf Vollständigkeit geprüft werden.

2.224 Betriebsbesichtigungen/Vor-Ort-Begehungen

Betriebsbesichtigungen bzw. Vor-Ort-Begehungen eignen sich überall dort, wo es einen hohen Fertigungs-, Entwicklungs- oder Logistikaufwand gibt. Neben dem Erkennen von physischen Risiken und Sicherheitsrisiken dienen sie auch der Vermeidung und Reduzierung von Prozessrisiken und – im Sinne der Chancenfindung – der Optimierung von organisatorischen und prozesstechnischen Abläufen.

2.225 Frühwarnsysteme („Radar")

Unter Frühwarnsystem versteht man die organisatorisch verankerte laufende Beobachtung und Analyse definierter Beobachtungsobjekte (Indikatoren) mit dem Ziel, Veränderungen (als Hinweis auf Risiken, Schwachstellen und drohende Fehlentwicklungen) frühzeitig zu identifizieren.

Generell werden Frühwarnsysteme im Rahmen des Risikomanagementprozesses für eine frühzeitige systematische Erfassung von Risiken genutzt.[38] Als Hauptanforderung von Frühwarnsystemen sind Qualität und Aktualität zu nennen.

Im Rahmen eines Frühwarnsystems werden zur frühzeitigen Erfassung von Risiken sogenannte Frühwarnindikatoren eingesetzt. Diese sollten:
▲ eindeutig zu interpretieren sein,
▲ den betroffenen Risikobereich vollständig erfassen,

---

[38] Vgl. Burger/Buchhart (2002), S. 71ff.

▲ Gefährdungen frühzeitig anzeigen und
▲ rechtzeitig und effizient verfügbar sein.

Bei einem bereits bestehenden, wertorientierten Steuerungssystem im Unternehmen besteht die Möglichkeit, einzelne Werttreiber als Frühwarnindikatoren zu verwenden. Werttreiber sind Ansatzpunkte für die bereichsübergreifende Optimierung und zeigen Möglichkeiten zu Potenzialaufbau und Potenzialrealisierung. Da sie unter ständiger Beobachtung stehen, können sie den Aufbau eines Frühwarnsystems erleichtern.

In einem ersten Schritt werden dabei die bestehenden Werttreiber auf ihre Tauglichkeit als Frühwarnindikator geprüft. Vor allem Werttreiber, die den Zustand eines Erfolgsfaktors regelmäßig messen, können als Frühwarnindikator herangezogen werden. Im nächsten Schritt werden neben den bereits bestehenden Zielwerten auch Schwellenwerte für mögliche Unterschreitungen definiert. Anschließend gilt es, weitere Prozessschritte zu formulieren, beispielsweise wer im Falle einer Unterschreitung von Schwellenwerten zu informieren ist etc. Vorteil dieser Verknüpfung von Wertmanagement und Risikomanagement ist, dass ein derart gestaltetes Frühwarnsystem auf bereits im Unternehmen erhobenem und verwendetem Zahlenmaterial aufbauen kann.

2.226 Einzelschadenanalysen

Die statistische Auswertung von Einzelschäden (z.B. Versicherungsmeldungen) kann helfen, potenzielle Gefahren und Risiken aufzudecken. Diese Form der Analyse eignet sich besonders bei wiederkehrenden, standardisierten Prozessen und Sachverhalten und liefert darüber hinaus wertvollen Input für die anschließende Risikobewertung.

2.227 Ausfalleffektanalysen

Ausgangspunkt der Ausfalleffektanalyse ist ein intaktes, nicht gestörtes Gesamtsystem. Ziel dieser Analyse ist die Untersuchung technischer Systeme und Prozessabläufe nach Schwachstellen sowie die Identifikation von Ressourcenengpässen. Zu diesem Zweck werden die möglichen Störungszustände der einzelnen Teilkomponenten analysiert und daraus resultierend die Auswirkungen auf das Gesamtsystem ermittelt. Konkretes Anwendungsfeld der Ausfalleffektanalyse ist die Ermittlung von IT-Risiken oder von Sicherheitsrisiken.

Diese Methode der Risikoidentifikation eignet sich besonders gut zur risikobezogenen Analyse von Geschäftsprozessen. Mittels detaillierter Prozessabbildungen samt entsprechenden Abhängigkeitsdiagrammen können kritische Abläufe und Engpässe (Netze, Systeme, Speicherkapazitäten, Mitarbeiter) identifiziert werden.

2.228 Fehlerbaumanalysen

Der Ausgangspunkt der Fehlerbaumanalyse, eines Instruments aus dem Qualitätsmanagement, ist – im Vergleich zur Ausfalleffektanalyse – ein bereits gestörtes System. Ziel der Fehlerbaumanalyse ist es, mittels einer detaillierten Ursachenanalyse die primären Störungen des Gesamtsystems zu ermitteln. Vorteile dieser Analyse liegen in einer exakten Ursachenforschung der Störungen und in einem ersten Erkennen von bestehenden Interdependenzen zwischen den Störungen.

2.23 Instrumente der Risikoidentifikation

2.231 Checklisten

Ein häufig verwendetes Instrument der Risikoidentifikation sind Checklisten, die aufgrund von zahlreichen darin eingeflossenen Erfahrungen einen systematischen und vollständigen Überblick über mögliche Risiken und eventuell sogar deren mögliche Ursachen geben. In ihrer Ausgestaltung können sie abstrakt ausgerichtet, also nahezu universell einsetzbar sein, oder aber bereits entsprechend auf den Geschäftstyp oder die Branche eines Unternehmens zugeschnitten sein. Checklisten haben umfassenden Charakter. Es ist daher notwendig, sie regelmäßig zu aktualisieren und um neue Entwicklungen zu ergänzen, um diesem Postulat zu genügen. Da Checklisten in der Regel schon eine Strukturierung der Risiken vorgeben, lassen sich Risiken mit ihrer Hilfe entsprechend übersichtlich kategorisieren und zu Risikoarten zusammenfassen.

Die Kategorisierungsmethoden und Risikoarten können branchen- oder unternehmensintern festgelegt werden. Im Folgenden findet sich ein Beispiel einer zweistufigen Risiko-(und Chancen-)Checkliste eines Industrieunternehmens (vgl. Abbildung 27 und Abbildung 28).

1	Markt und Branche	4	Fertigung und Logistik	7	Finanzierung
1.1	Technologie/Innovation	4.1	Fertigungs-/Leistungserbringungsprozesse, inkl. Outsourcing/make-or-buy	7.1	Währung
1.2	Substitution			7.2	Zins
1.3	Produktlebenszyklen			7.3	Kredit
1.4	Konkunktur/Marktpreisniveau	4.2	Qualität	7.4	Länder
1.5	Kunden	4.3	Liefer- und Abwicklungszeiten im Anlagengeschäft	7.5	Pensionsverpflichtungen
1.6	Wettbewerberverhalten			7.6	Sonstiges
1.7	Branchenübliche Rahmenbedingungen	4.4	Innerbetrieblicher Logistikprozess	8	Einkauf
1.8	Sonstiges	4.5	Sonstiges	8.1	Lieferantenauswahl/-verhalten/-struktur
2	Management	5	Strategie, Marketing und Vertrieb	8.2	Einkaufspreise/Beschaffungsmarkt
2.1	Markt-/Produkt-/Leistungsdefinition	5.1	Strategieprozesse	8.3	Infrastrukturdienste
2.2	Kapazitäten/Standorte/Regionalstruktur	5.2	Marketing und Vertriebsabwicklung	8.4	Sonstiges
2.3	Geschäftsfelddefinition/Interner Wettbewerb	5.3	Vertriebskanäle	9	Personal
		5.4	Sonstiges	9.1	Verfügbarkeit qualifizierter Mitarbeiter (R&D, Marketing etc.)
2.4	Marktposition	6	Organisation/IT/Corporate Governance/Ext. Kommunikation		
2.5	Kostenmanagement/-position			9.2	Schlüssel-Mitarbeiter
2.6	Projektmanagement			9.3	Entlohnung/Anreizsystem
2.7	M&A Aktivitäten/Kooperationsmanagement, Beteiligungsintegration	6.1	Organisationsstruktur/Entscheidungsprozesse	9.4	Personalanpassungen
		6.2	Wissensmanagement	9.5	Sonstiges
2.8	Sonstiges	6.3	IT	10	Recht
3	Technologie- und Produktentwicklung	6.4	Corp. Governance/Externe Kommunikation/Investor Relations	10.1	Änderung des rechtlichen/bilanziellen/steuerlichen Umfelds
				10.2	Umwelt
3.1	Entwicklung – time to market	6.5	Sonstiges	10.3	Patente/Intellectual Property
3.2	Entwicklungsprozesse/Design-to-cost			10.4	Kartellrecht/UWG
3.3	Sonstiges			10.5	Sonstiges

Abbildung 27: Risiko-Checkliste im Überblick

Markt- und Branche	1	
Technologie/Innovation Risiko eines schnellen (externen) Technologiewandels. Risiko aus einem nicht marktgerechten, unvollständigen oder zu umfangreichen /komplexen Produkt-/Leistungsprogramm (z.B. zu geringer Umsatzanteil neuer Produkte).	1.1	Chance aus einem schnellen (externen) Technologiewandel; Chance einer schnelleren internen als externen Technologieentwicklung (technologischer Vorsprung); Chance aus einem marktgerechten und/oder innovativen Produkt-/Leistungsprogramm.
Substitution Risiko der Substitution der Produkte/Leistungen durch andere, alternative Produkte/Leistungen.	1.2	Chance der Substitution von Produkten/Leistungen der Wettbewerber durch eigene Produkte/Leistungen.
Produktlebenszyklen Risiken aus der spezifischen Lebenszyklusphase der Hauptprodukte, z.B. Start-up-Risiken, Saturierungsrisiken; auch Risiken aus kurzen oder sich verkürzenden Produktlebenszyklen.	1.3	Chancen aus der spezifischen Lebenszyklusphase der Hauptprodukte, z.B. früher Eintritt in die Wachstumsphase, späte Sättigung, auch Chance aus langen oder sich verlängernden Produktlebenszyklen.
Konjunktur/Marktpreisniveau Risiko aus unerwartet hohen oder sich beschleunigenden Marktschwankungen. Auch Risiko aus dem unerwarteten oder überhöhten Verfall der Absatzpreise.	1.4	Chance aus unerwartet hohen oder sich beschleunigenden Marktschwankungen. Chance aus einem geringer als erwartet ausfallenden Preisverfall bzw. aus Erhöhung der Absatzpreise.
Kunden Risiko aus einer hohen Kundenkonzentration bzw. einem hohen Umsatzanteil bei einzelnen Kunden oder aus einer sich verändernden Kundenstruktur, z.B. von öffentlichen zu privaten Kunden. Risiko aus nicht vertragsgemäßem Verhalten der Kunden, aus stark schwankenden Kundenanforderungen bzw. einem sich unerwartet ändernden Konsumverhalten.	1.5	Chance aus Kundenstruktur, z.B. Kundenkonzentration in Wachstumsmärkten, hohe Kundenbindung/-treue und sonstige positive Entwicklungen im Kundenportfolio. Chance aus dem Kundenverhalten, z.B. aus geänderten Kundenanforderungen oder einem geänderten Konsumklima.
Wettbewerberverhalten Risiko aus eigenem aggressivem Preis- und Konditionenverhalten. Auch Risiko aus aggressiverem Preis- und Konditionenverhalten der Wettbewerber. Ebenso Risiko aus einer starken Umstrukturierung der Industrie und einer sich damit verändernden Wettbewerberlandschaft (Allianzen, Fusionen etc. zwischen Wettbewerbern).	1.6	Chance aus einem aggressiveren Preis- und Konditionenverhalten als dem der Wettbewerber. Auch Chance aus einem zu aggressiven Verhalten der Wettbewerber. Ebenso Chance aus einer starken Umstrukturierung der Industrie und einer sich damit verändernden Wettbewerberlandschaft, z.B. Chancen durch eigene Allianzen, Fusionen, Beteiligungen oder eigene/fremde Beteiligungsverkäufe.

Markt- und Branche	1	
Branchenübliche Rahmenbedingungen Risiko aus Veränderungen der branchenüblichen Rahmenbedingungen/ Standards (z.B. Leistungsvergütung für den Kunden im Gesundheitsbereich).	1.7	Chancen aus Veränderungen der brachenüblichen Rahmenbedingungen/Standards.
Sonstiges bei Markt- und Branche	1.8	

Abbildung 28: Chancen- und Risikoarten – Beispiel einer Detailcheckliste

2.232 Risk Assessment Sheets

Risk Assessment Sheets sind im Wesentlichen Fragebögen, die offene und geschlossene Fragen zur Beschreibung von Einzelrisiken kombinieren. Im Gegensatz zu anderen „reinen" Risikoidentifikationsinstrumenten werden bei Risk Assessment Sheets die Elemente der Risikobewertung, wie beispielsweise die Grobeinschätzung von Schadenshöhe und Eintrittswahrscheinlichkeit, sowie geplante oder bereits getroffene Risikomanagement-Maßnahmen mit erfasst.

Das Risk Assessment Sheet (siehe Abbildung 29) wird an sämtliche risikobehafteten Organisationseinheiten und Tochtergesellschaften zur Risikoidentifikation übergeben. Diese setzen sich in der Folge mit der Bearbeitung/Beantwortung des Risk Assessment Sheets auseinander, entweder in Einzelbefragungen oder, falls für die Bearbeitung das Fach-Knowhow mehrerer Personen erforderlich ist, in Risikoworkshops. Der Vorteil dieses Instruments liegt darin, dass zum einen eine gewisse Mindeststruktur zur näheren Beschreibung des Risikos gegeben ist, andererseits die zu befragenden Personen nicht in der Nennung von Risiken eingeschränkt sind.

Abbildung 29 zeigt das Risk Assessment Sheet eines Energieversorgungs-Unternehmens.

Risk Assessment Sheet

Risikomelder (Name/Bereich)

Risikobezeichnung

Zuordnung des Risikos zu ...

Risikofeld	☐ Geschäftsrisiken	☐ Finanzrisiken	☐ Operationale Risiken	☐ Ereignis-Risiken
Risikokategorie	☐ Strategische Risiken ☐ Management-Risiken	☐ Liquiditätsrisiken ☐ Marktrisiken ☐ Kreditrisiken	☐ Betriebsrisiken ☐ Rechtliche Risiken ☐ Systemrisiken	☐ Naturrisiken ☐ Politische Risiken

Beschreibung des Risikofaktors

Risikobeschreibung | *Beschreiben Sie kurz die Einflussgröße, die mit Unsicherheit bzgl. ihrer zukünftigen Ausprägung behaftet ist.*

Risikowirkung Bilanz | *Auf welche Bilanzgröße bzw. -größen wirkt sich das Risiko aus?*

Datengrundlage | *Beschreiben Sie kurz die verwendeten und für die Beurteilung herangezogenen Daten und ihre Herkunft.*

Bewertung

Maximaler Schaden (in Tsd. Euro)

Durchschnittlicher Schaden (in Tsd. Euro)

Eintrittswahrscheinlichkeit durchschnittlicher Schaden
(lt. Score von Tabelle bzw. etwaige andere Häufigkeit)

Eintrittswahrscheinlichkeit		
Bewertung	Häufigkeit	Score
sehr gering	1 x in 10 Jahren	1
	1 x in 7 Jahren	2
gering	1 x in 4 Jahren	3
	1 x in 2 Jahren	4
mittel	1 x im Jahr	5
	2 x im Jahr	6
hoch	10 x im Jahr	7
	50 x im Jahr	8
sehr hoch	jeden 2. Tag	9
	fast täglich	10

Risikoansprechperson | *Wer ist für dieses Risiko in Zukunft die Ansprechperson?*

Maßnahme | *Welche Maßnahmen wurden bzw. werden gegen das Risiko durchgeführt?*

Abbildung 29: Risk Assessment Sheet

2.233 In Unternehmen bereits verwendete Controlling- und Berichtstools

Wesentliche und für Unternehmen jeder Größe anwendbare Risikoidentifikationsinstrumente sind die bestehenden Rechnungswesen- und Controllingberichte. Beispielsweise können bei Durchsicht vergangener Quartalsberichte bzw. durch den Vergleich von Ist- und Planzahlen unter Zuhilfenahme einer Abweichungsanalyse mögliche Risikoquellen identifiziert werden. Dabei sollten nicht nur Bilanz und G&V analysiert werden (da deren Inhalt nur aus Vergangenheitsdaten besteht), sondern vor allem Budgets beziehungsweise Erwartungs- und Mittelfristplanungen betrachtet werden.

2.24 Behandlung von Risiken mit spezifischen Anforderungen an den Risikoidentifikationsprozess

2.241 Ansatzpunkte der Identifikation strategischer Risiken

Eine vollständige Risikoidentifikation im Unternehmen schließt im Idealfall die Identifikation strategischer Risiken ein. Voraussetzung der Identifikation und Beurteilung von strategischen Risiken eines Unternehmens ist, dass das Unternehmen seine Ziele und Strategien klar definiert hat. Gibt es diesbezüglich noch keine klaren Aussagen, dann sollte im Vorfeld der eigentlichen Risikoidentifikation eine umfassende Analyse der Strategie des Unternehmens erstellt werden, aus der sich in der Folge eine Zielsystematik ableiten lässt.

Im Zuge der Strategieerstellung beziehungsweise der Strategiebetrachtung lassen sich mittels betriebswirtschaftlicher Analyseansätze (wie beispielsweise der SWOT-Analyse zur Identifikation der eigenen Stärken, Schwächen, Chancen und Gefahren oder der von Porter entwickelten „Analyse der branchenspezifischen Wettbewerbskräfte") erste strategierelevante Risiken für das Unternehmen erkennen. Es geht dabei primär um die Risiken, die sich bei der Umsetzung der vom Unternehmen gewählten Strategie bzw. der zentralen Erfolgsfaktoren des Unternehmens ergeben können. Dass die Strategien und zentralen Erfolgsfaktoren im Risikomanagementprozess überprüft werden, stellt eine neuere Entwicklung im Rahmen des Risikomanagements dar. Identifiziert und bewertet werden diese Risiken in der Regel von Linienmanagern.

Davon zu unterscheiden sind so genannte „strategische Prozesse" wie z.B. große Akquisitionen oder die Erschließung neuer Märkte, die einem speziellen Projektmanagement unterstehen und in speziellen, von der Regelorganisation unterschiedlichen Prozessen abgewickelt werden. Sie unterliegen einem eigenen, den hier dargestellten Grundsätzen folgenden Risikomanagementprozess, der erst im Lauf der Zeit in den „regulären" Risikomanagementprozess integriert wird.

Bei der Identifikation von Risiken im Bereich der Strategie (und auch bei Risiken im Bereich der Führung des Unternehmens) kann es unter Umständen zu verhaltensbedingten Barrieren seitens der involvierten Manager kommen.[39] Der Auswahl des Personenkreises, der an der Identifikation beteiligt ist, sollte daher spezielles Augenmerk geschenkt werden. Diese Personen müssen mit dem Personenkreis, der die sonstige Risikoidentifikation vornimmt, nicht ident sein. In jedem Fall sollte es sich um Personen handeln, die den Strate-

---

[39] Vgl. Dörner/Horváth/Kagermann (Hrsg.), (2000), S. 327.

giefindungsprozess detailliert kennen. Verhaltensbedingte Barrieren können dadurch entschärft werden, dass strategische Risiken jedenfalls im weiteren Sinne ausgelegt werden, also auch die Identifikation von Chancen umfassen.

2.242 Desasterfälle

Zum besseren Verständnis der nachstehenden Ausführungen lassen sich Desasterfälle wie folgt charakterisieren: Es handelt sich dabei um sehr selten vorkommende, schwer einschätzbare bestandsgefährdende Risiken, die einem allgemeinen oder einem geschäftsimmanenten Drohpotential erwachsen (z.B. Bruch eine Staudamms, Achsbruch eines Hochgeschwindigkeitszuges, Öltankerunfall im wichtigsten Versorgungshafen, Explosion eines Flüssiggas-Lagers, weitflächiger Stromnetz-Zusammenbruch mit Netzzerstörungen z.B. durch extremen Wintereinbruch im Frühjahr mit Orkanen; 100%iger Lieferausfall eines Schlüsselrohstoffs infolge Enteignung, Wirtschaftsblockaden oder Kriegsereignissen etc.).

In der Regel sollte die Risikoidentifikation auch Risiken aus Desasterfällen umfassen. Das Problem in der Behandlung von Desasterfällen liegt in den schwer einschätzbaren Größen für Eintrittswahrscheinlichkeit und Schadensausmaß (aufgrund der mangelnden Werte aus der Historie). Die Bedeutung der Identifikation von Risiken aus Desasterfällen liegt nicht vordergründig in der weiterführenden exakten Bewertung bzw. Modellierung des Risikos, sondern vielmehr in der Datensammlung für die Entwicklung von Risikostrategien zur Reduzierung des potenziellen Schadensausmaßes.

Daraus lässt sich die Überlegung ableiten, dass eine derartige Identifikation grundsätzlich nicht in jedem Identifikationszyklus stattfinden muss, sondern dass eine einmalige Identifikation inklusive Maßnahmenfindung und Klärung der grundsätzlichen Vorgehensweisen (Notfallspläne etc.) ausreicht, und in der Folge in größeren Zeitabständen eine Überprüfung der Maßnahmen auf Vollständigkeit und Aktualität erfolgt. Entsprechend überlegenswert ist es, den Kreis der Teilnehmer an der Identifikation von Desasterfällen anders als den Kreis für den ordentlichen Risikomanagementprozess zusammenzusetzen.

2.243 Bereichsübergreifende Risiken

Wenn gleiche Risiken in unterschiedlichen Bereichen genannt werden, ist eine genaue Analyse der Antworten aus der Risikoidentifikation notwendig. Einerseits kann es zum Auftreten der gleichen Risikoart in mehreren Bereichen kommen. Dies bedeutet aber nicht zwangsläufig, dass diese Risiken auch zu aggregieren sind. Der Frage der Aggregierbarkeit ist daher besonderes Augenmerk zu schenken. Nur wenn die Risiken in ihren Details, also ihren Quellen und Ursachen sowie ihrem Störpotential ähnlich sind, kann die Aggregation unter Verwendung der entsprechenden Korrelationen vorgenommen werden. Andererseits können spezifische Risiken vorkommen, die mehrere Bereiche betreffen oder auf mehrere Bereiche übergreifen können. Die Anwendung der Aggregation wäre hier falsch – vielmehr sollten in einem Workshop beziehungsweise zumindest in Absprache Vertreter der betroffenen Bereiche unter Zuziehung von Experten (z.B. einem Währungsexperten für Währungsrisiken) hinsichtlich des Schadensausmaßes für das ganze Unternehmen zu einer Meinung kommen.

Organisatorisch empfiehlt es sich, auf dem Risk Assessment Sheet eine entsprechende Anmerkung für bereichsübergreifende Risiken vorzusehen.

2.25 Dokumentation der Ergebnisse der Risikoidentifikation

Die identifizierten Risiken werden zunächst in einem ersten Grobraster abgebildet, der in der Folge zur detaillierten Analyse herangezogen wird. In jedem Fall sollten möglichst alle Risiken erfasst werden, um schnell zu präzisen und verwertbaren Ergebnissen zu kommen.

In weiterer Folge erscheint es sinnvoll, die Einzelrisiken zu Hauptrisikoarten zusammenzufassen, um einen Gedankenrahmen vorzugeben, der es erleichtert, die Vollständigkeit der identifizierten Risiken zu bewerten. Die Hauptrisikoarten sollten dem Sprachgebrauch und gegebenenfalls auch schon bestehenden Perspektiven anderer Unternehmenssteuerungsinstrumente (z.B. Balanced Scorecard) entsprechen, um Verwirrung zu verhindern und ein Wiedererkennen zusammengehörender Aspekte sicherzustellen.

Für die nachfolgende Analyse können die einzelnen Risiken nach ihrer Eintrittswahrscheinlichkeit gegliedert werden. Es besteht auch die Möglichkeit, durch die an der Identifikation beteiligten Mitarbeiter eine Priorisierung z.B. in Form einer Punktevergabe vornehmen zu lassen, die der weiteren Analysephase zugrunde gelegt wird. Für die Dokumentation der detaillierten Identifikation der priorisierten Risiken empfiehlt sich eine Einzelerfassung in Form von Risk Assessment Sheets bzw. die Erfassung aller Einzelrisiken in einer Datenbank. Darin können neben der Risikobeschreibung beispielsweise die Voraussetzungen, die Risikoursachen, die Häufigkeit des Auftretens, das Risikoausmaß, Maßnahmen, Verantwortliche und Termine aufgenommen werden.

Auf Basis der Priorisierung lassen sich für die weiteren Schritte des Risikomanagementprozesses bewusste Selektionsentscheidungen treffen. So ist sichergestellt, dass zwar alle bekannten Risiken identifiziert wurden, einige aber bewusst nicht weiter behandelt werden, da sie als unbedeutend angesehen werden. Diese Selektion von Risiken soll die Effizienz des Risikomanagement-Prozesses gewährleisten.

Abbildung 30 stellt die Vorgehensweise bei der Risikoidentifikation zusammenfassend grafisch dar.

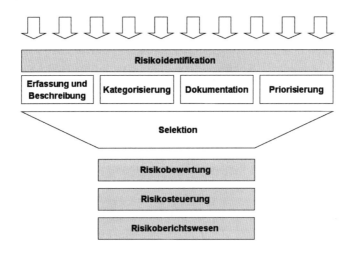

Abbildung 30: Vorgehensweise bei der Dokumentation der Ergebnisse der Risikoidentifikation

2.3 Risikobewertung

2.31 Grundlagen der Risikobewertung

Die Phase der Risikobewertung basiert auf den Ergebnissen der Risikoidentifikation und umfasst eine möglichst vollständige und kontinuierliche quantitative Bewertung bzw. qualitative Beurteilung aller identifizierten Risiken, sofern nicht eine Vorselektion im Rahmen der Risikoidentifikation erfolgte.

Das Ziel dieser Phase besteht darin, die ursächlichen Strukturen und Interdependenzen der Risiken transparent zu machen und ihre Wirkungen quantitativ offen zu legen[40] bzw. qualitativ darzustellen. Durch die Quantifizierung bzw. Klassifizierung der Risiken kann entsprechend ihrer Bedeutung beziehungsweise ihres Gefährdungspotentials für das Unternehmen eine Rangordnung erstellt werden. Durch diese Priorisierung der Risiken können die Anstrengungen zur Risikosteuerung gezielt auf die wichtigsten Risiken ausgerichtet werden. Die Bewertung ist darüber hinaus Voraussetzung für die Risikoaggregation, d.h. für die Beurteilung der aggregierten Wirkung der Risiken auf die Unternehmensziele.

Die Bewertung sollte folgende Anforderungen erfüllen:[41]

▲ **Objektivität**: Wo möglich, sollte Marktbezug hergestellt werden; insbesondere Preisrisiken marktgehandelter Güter lassen sich durch die Verwendung unternehmensexterner Daten (Kurse, Preise) gut objektivieren. Bei unternehmensinternen Risiken sind mehr oder weniger subjektive Schätzungen notwendig.

▲ **Vergleichbarkeit**: Die Bewertung von Risiken im Unternehmen sollte zu vergleichbaren Ergebnissen führen. Dies lässt sich durch die Verwendung einheitlicher, standardisierter Methoden und Daten sicherstellen.

▲ **Quantifizierung**: Nur durch Quantifizierung ist es möglich, Bestandsgefährdung bzw. wesentliche Abweichung von Zielgrößen zu erkennen. Darüber hinaus ermöglicht die Quantifizierung die Aggregation von Einzelrisiken. Risiken sind daher – wo möglich – quantitativ zu bewerten.

▲ **Berücksichtigung von Interdependenzen**: Bei aggregierter Bewertung von Risiken sind Kompensationseffekte und Interdependenzen zwischen Risiken zu berücksichtigen. Diese Anforderung ist in der Praxis am schwersten zu erfüllen. Andererseits zeigen empirische Beispiele, dass das Nichterkennen und -beherrschen interner Risikointerdependenzen ein erhebliches „Meta"-Risiko des Risikomanagements darstellt. Auf einzelner Geschäftsfeldebene vernünftig und ökonomisch argumentierbare Risikosteuerungsmaßnahmen können sich auf Gesamtunternehmensebene als suboptimal herausstellen (z.B. wenn durch die horizontale Vernetzung der Geschäftsfelder natürliche „Hedge"-Positionen existieren bzw. bewusst geschaffen wurden).

Da die Identifikation von Risiken auf einen längeren Betrachtungszeitraum ausgerichtet sein sollte, sind neben den bereits eingetretenen auch potenzielle Risiken zu identifizieren. Auch wenn diese Risiken im ersten Schritt nicht quantifizierbar sind, so sind sie doch qualitativ zu bewerten. Dadurch ist gewährleistet, dass sie nicht in Vergessenheit geraten und

---

[40] Vgl. Wolf/Runzheimer (2003), S. 57.
[41] Vgl. Burger/Buchhart (2002), S. 101ff.

zu einem späteren Zeitpunkt quantifiziert werden können beziehungsweise – beispielsweise bei einer möglichen Änderung rechtlicher Rahmenbedingungen – erste Maßnahmen getroffen werden (hierbei zum Beispiel durch Lobbying), um die Eintrittswahrscheinlichkeit oder das Schadensausmaß zu senken.

2.32 Quantitative Risikobewertung

2.321 Quantitative Risikobewertung mittels Schadenserwartungswerten

Um identifizierte Risiken quantitativ zu erfassen und in der Folge einer Bewertung zuzuführen, werden in der Praxis häufig folgende Faktoren herangezogen:

▲ Schadenshöhe:

Die Schadenshöhe gibt an, in welchem Maß sich ein Risiko auf eine bestimmte Zielgröße (z.B. Gewinn) auswirkt. Bei der Ermittlung der Schadenshöhe wird üblicherweise das wahrscheinlichste Schadensausmaß herangezogen. Die Ermittlung erfolgt mittels subjektiver Schätzungen und/oder mit Hilfe verfügbarer objektiver Informationen.[42]

▲ Eintrittswahrscheinlichkeit bzw. Eintrittsfrequenz/-häufigkeit:

Die Eintrittswahrscheinlichkeit ist in der Regel für einen bestimmten Eintrittszeitraum zu bestimmen (z.B. Eintritt bei durchschnittlich 1% aller Ereignisse im kommenden Kalenderjahr). Diese Kennzahl steht in direktem Zusammenhang mit der Eintrittsfrequenz oder -häufigkeit (z.B. bei 100 möglichen Ereignissen im kommenden Jahr wird durchschnittlich ein Schaden eintreten). Die beiden Beispiele zeigen, dass die Frequenz mehr Information wiedergibt als die Wahrscheinlichkeit, die eine Verdichtung der Information über die Frequenz darstellt.

Die Multiplikation der Schadenshöhe mit der Eintrittswahrscheinlichkeit ergibt einen periodisierten Risikoerwartungswert, der dem erwarteten Schaden im betrachteten Zeitraum entspricht. In weiterer Folge kann zwischen dem Brutto- und dem Nettorisikowert unterschieden werden.[43]

▲ Bruttorisikowert:

Bei der Bruttobetrachtung werden die Schadenshöhe und die Eintrittswahrscheinlichkeit vor dem Ergreifen etwaiger Risikoreduzierungsmaßnahmen multipliziert.

▲ Nettorisikowert:

Die wahrscheinlichste Schadenshöhe nach dem Ergreifen etwaiger Risikoreduzierungsmaßnahmen unter Berücksichtigung der dafür anfallenden Kosten ergibt die Nettoschadenshöhe. Dabei ist zu beachten, dass die Risikoreduzierung üblicherweise auch eine Auswirkung auf die Wahrscheinlichkeit hat, sodass auch die Nettoeintrittswahrscheinlichkeit zu bestimmen ist. Der Nettorisikowert ergibt sich durch Multiplikation der Nettoschadenshöhe und der Nettoeintrittswahrscheinlichkeit.

---

[42] Vgl. Burger/Buchhart (2002), S. 106f.
[43] Vgl. Kirchner (2002), S. 40.

Beispiel:
Die Ausfallwahrscheinlichkeit einer langgedienten Produktionsmaschine beträgt 10% im kommenden Jahr, ein Ausfall würde einen Schaden von 1,2 Mio. € hervorrufen. Durch den Einbau einer neuen Steuerungseinheit im Wert 20.000 € könnte die Ausfallswahrscheinlichkeit auf 6 % gesenkt werden.

Bruttorisikowert = 1,2" € · 10% = 120' €

Nettorisikowert = 1,2" € · 6% = 72' €

Die Reduzierung des erwarteten Schadens um 48.000 € würde die Investition von 20.000 € rechtfertigen.

Eine ausschließliche Bewertung von Risiken auf Basis des periodisierten Risikowertes greift üblicherweise zu kurz, da Interdependenzen und Spezifika unterschiedlicher Risiken nicht berücksichtigt werden. Der Risikowert als Bewertungskonzept kann daher nur als grober entscheidungsunterstützender Ansatzpunkt verwendet werden.[44] Das obige, bewusst sehr einfach gehaltene Beispiel lässt auch erahnen, dass das Entwickeln von Steuerungsmaßnahmen im Risikomanagement – wie in vielen anderen Entscheidungsfällen im Unternehmen auch – realistischerweise ein Suchprozess nach immer wieder verbesserten Steuerungsmöglichkeiten bzw. ein Optimierungsprozess zwischen Brutto-Risikokosten und Netto-Nutzen von Risiko-Steuerungsmaßnahmen ist. Darüber hinaus ist zu bedenken, dass bei vielen Steuerungsmaßnahmen nicht nur ein auf einen bestimmten Zeitpunkt begrenzter Einfluss auf Brutto-Risiko-Kosten genommen wird, sondern viele Risiko-Steuerungsmaßnahmen in ihren Auswirkungen auch zeitraumbezogen zu hinterfragen sind.

2.322 Schätzung von Wahrscheinlichkeitsverteilungen im Rahmen der Risikobewertung

Die Bewertung von Risiken mithilfe von Schadenserwartungswerten ist zwar die in der Praxis am weitesten verbreitete Methode zur Risikobewertung, hat aber folgende schwerwiegende Nachteile:

▲ Aus Risikoerwartungswerten sind die Konsequenzen des Risikoeintritts nicht mehr ableitbar, da die Verdichtung der Information zu einem Informationsverlust führt. Dies ist insofern problematisch, als seltene, aber schwerwiegende Risiken dadurch unterschätzt werden.

▲ Die Methode führt nur dann zu korrekten Ergebnissen, wenn den Risiken eine Binomialverteilung zugrunde liegt (d.h. es gibt nur zwei mögliche Zustände: der Schaden tritt ein oder der Schaden tritt nicht ein). Bei anderen Verteilungen, insbesondere auch Normalverteilungen, die beispielsweise bei Preisrisiken oder Nachfrageschwankungen häufig vorkommen, ist die Methode so nicht anwendbar.

▲ Darüber hinaus werden, wie oben schon angesprochen, Interdependenzen nicht berücksichtigt.

Es empfiehlt sich daher, Risiken nicht nur mittels Schadenserwartungswert und Eintrittswahrscheinlichkeit grob zu quantifizieren, sondern die Verteilung der Risiken zu ermitteln.

Hier kann eine zweistufige Vorgehensweise angewendet werden: Im ersten Schritt erfolgt eine subjektive Schätzung der Wahrscheinlichkeitsverteilung. Dabei kann beispielsweise

---

[44] Vgl. Burger/Buchhart (2002), S. 109.

eine Dreiecksverteilung des Schadens – mit minimalem, wahrscheinlichstem und maximalem Schaden – geschätzt werden (vgl. Abbildung 31). Im zweiten Schritt erfolgt die Sammlung von Vergangenheits- bzw. die Prognose von Zukunftsdaten für den Risikofaktor, mit deren Hilfe die Verteilungsschätzung – unterstützt durch entsprechende Software – verbessert werden kann.

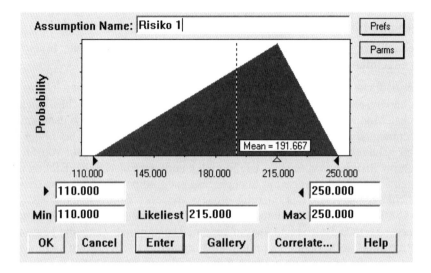

Abbildung 31: Schätzung der Verteilung eines Risikos

Ziel ist es, die Wahrscheinlichkeitsverteilung der Wirkungen der Einzelrisiken möglichst genau zu modellieren, um in der Folge die aggregierten Risikowirkungen – beispielsweise mit der Monte-Carlo-Simulation – ermitteln und so die mögliche Ergebnisverteilung darstellen bzw. entsprechend steuern zu können.

2.33 Qualitative Risikobewertung

Eine qualitative Risikobewertung erfolgt durch die Klassifikation der Risiken anhand geeigneter Kriterien.[45] Dabei ist die Wahl der Kriterien sowie der Klassen dem Anwender überlassen. Wesentlicher Vorteil der Klassifikation ist die Möglichkeit, (noch) nicht quantifizierbare Risiken zu vergleichen.

Sehr häufig folgt eine qualitative Einteilung von Risiken – in Anlehnung an die quantitative Erfassung – anhand der Kriterien Intensität des Schadens und Eintrittswahrscheinlichkeit. Diese Einteilung bildet die Voraussetzung für die grafische Darstellung in einer Risk Map.[46]

Bei der Wahl der Klassen für Eintrittswahrscheinlichkeit und Schadensausmaß empfiehlt es sich, sich an der Eintrittshäufigkeit (z.B. wöchentlich, monatlich, ...) bzw. an der Höhe des EBIT oder des Eigenkapitals des Unternehmens zu orientieren (vgl. Abbildung 32).

---

[45] Vgl. Kromschröder/Lück (1998), S. 1574.
[46] Vgl. auch Kapitel 2.353.2.

Eintrittswahrscheinlichkeit		Schadensausmaß	
sehr gering ...	alle 100 Jahre	unbedeutend ...	0–5% des EBIT
gering ...	alle 5 Jahre	nebensächlich ...	5% des EBIT
mittel ...	jährlich	bedeutend ...	25% des EBIT
hoch ...	monatlich	schwerwiegend ...	100% des EBIT
sehr hoch ...	wöchentlich		(Risiko kann Unternehmen in Verlustzone bringen)
		existenzgefährdend ...	Höhe des EK

Abbildung 32: Bildung von Klassen für Eintrittswahrscheinlichkeit und Schadensausmaß

2.34 Methoden der Risikobewertung

2.341 Expertenschätzung

Bei diesem Ansatz erfolgt die Risikobewertung anhand von Schätzungen der quantitativen Erfassungsfaktoren durch eine oder mehrere sachkundige Personen. Die dabei verwendeten Techniken sind vielfältig und reichen von präzisen Punktschätzungen bis hin zu Workshops.[47] Sehr häufig werden neben dem wahrscheinlichsten Fall auch der Worst- und der Best-Case geschätzt.

2.342 Sensitivitätsanalysen

Die Sensitivität einer Kennzahl gegenüber einem Risikofaktor wird auch als Exposure bezeichnet und beschreibt die Beeinflussung der Kennzahl durch den Risikofaktor. Im einfachsten Fall errechnet sich die Exposure als Verhältnis der Wertänderung der Kennzahl zu einer einprozentigen Veränderung des Risikofaktors unter der Annahme, dass alle übrigen Parameter konstant bleiben:[48]

$$Exposure = \frac{Unerwartete\ relative\ Wertänderung\ der\ Position}{Unerwartete\ relative\ Änderung\ des\ Risikofaktors}$$

Dieses aus der Finanzwirtschaft stammende Konzept lässt sich ohne aufwändige Regressionsanalyse und ohne die dazu notwendigen empirischen Daten nur bei Vernachlässigung von Interdependenzen zwischen den Risikofaktoren anwenden und eignet sich dann nur für eine grobe Analyse der Beziehung zwischen einer Kennzahl und einem betrieblichen Risiko.[49]

Mittels Regressionsanalysen können auch die Auswirkungen komplexer Interdependenzen zwischen den Risikofaktoren auf die Kennzahl bestimmt werden.[50] Sensitivätsanalysen können über die „exposure"-Information hinaus auch wichtige Grundlagen und Ausgangspunkte für die Entwicklung von Wahrscheinlichkeitsverteilungen sein.

---

[47] Vgl. Wolf/Runzheimer (2003), S. 128ff.
[48] Vgl. Bartram (2000), S. 108; vgl. Ziegenbein (2002), S. 63.
[49] Vgl. Burger/Buchhart (2002), S. 120f.
[50] Vgl. Burger/Buchhart (2002), S. 118f.

2.343 Value at Risk (VaR)

Die Value at Risk-Methode, die ursprünglich aus dem Bankgeschäft zur Bewertung von Zins- und Kursrisiken stammt, eignet sich grundsätzlich, um Markt- bzw. Preisrisiken zu bewerten.[51]

Der Value at Risk (VaR) ist derjenige Verlust, der unter üblichen Marktbedingungen innerhalb eines bestimmten Zeitraums (Haltedauer H) mit einer vorzugebenden, im Allgemeinen hoch gewählten Wahrscheinlichkeit (1- α, Konfidenzniveau) nicht überschritten wird. Als Haltedauer H werden meist ein Tag oder zehn Tage gewählt, wobei sich die Haltedauer an der Zeitspanne zur vollständigen Liquidation der Vermögensposition orientiert. Als Konfidenzniveau α wählt man meist 5 % oder 1 %. Statistisch interpretiert ist der VaR das α-Quantil der Wahrscheinlichkeitsverteilung der Vermögensveränderungen.

Beispiel:

Für ein Portefeuille mit einem VaR von 100.000 (1 Handelstag, 1 % Konfidenzniveau) ist damit zu rechnen, dass in einem aus 100 Fällen der Verlust über einen Handelstag größer als 100.000 ist.

In der Praxis begegnet man zwei Definitionen des VaR:[52] Der relative VaR ergibt sich als Differenz zwischen dem Erwartungswert einer Vermögensposition und der mit einer bestimmten Wahrscheinlichkeit ermittelten (negativen) Vermögensänderung (Variante 1 in Abbildung 33). Alternativ dazu kann der VaR auch als absoluter Verlust definiert werden, der mit einer bestimmten Wahrscheinlichkeit nicht überschritten wird (Variante 2 in Abbildung 33).

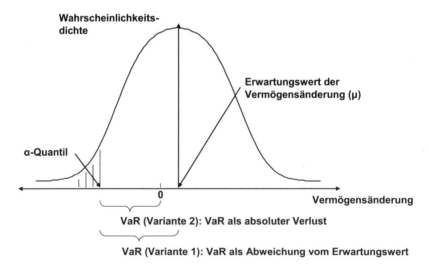

Abbildung 33: Value at Risk

---

51 Vgl. Burger/Buchhart (2002), S. 121; vgl. Becker (1998), S. 392.
52 Vgl. Homburg/Stephan (2004), S. 314.

Zur Ermittlung des Value at Risk werden in der Praxis entweder analytische Methoden oder Simulationsmethoden eingesetzt (vgl. Abbildung 34).[53]

Analytische Methoden	Simulationsmethoden
▲ z.B. Varianz-Kovarianz-Ansatz ▲ Berechnung des VaR aufgrund der Parameter der unterstellten oder ermittelten Wahrscheinlichkeitsverteilung, daher auch „parametrische" Methoden	▲ z.B. Historische Simulation, Monte-Carlo-Simulation ▲ Potenzielle Marktbewegungen werden nicht durch statistische Parameter, sondern durch Ermittlung von Szenarien oder aus historischen Daten gewonnen, daher auch „nichtparametrische" Methoden.

Abbildung 34: Methoden zur Ermittlung des Value at Risk

Beim Varianz-Kovarianz-Ansatz wird der Value at Risk aufgrund der Parameter der unterstellten Wahrscheinlichkeitsverteilung berechnet. Es ist daher notwendig, die Parameter der Verteilung der Risikofaktoren (Erwartungswert, Standardabweichung) zu ermitteln. Üblicherweise erfolgt dies durch die Analyse der historischen Daten der Risikofaktoren. In der Folge werden die Parameter einfach in die Formel zur Berechnung des VaR eingesetzt:[54]

(1) $aVaR_{1-\alpha} = |\mu - z_\alpha \cdot \sigma|$

(2) $rVaR_{1-\alpha} = aVaR_{1-\alpha} - \mu = |-z_\alpha \cdot \sigma|$

Der für die Berechnung erforderliche z-Wert kann statistischen Tabellen entnommen werden. Zu jedem Konfidenzniveau 1-α wird in der Tabelle ein korrespondierender z-Wert ermittelt.

Der relative VaR bei einem Konfidenzniveau von 1-α entspricht der Differenz zwischen dem absoluten VaR und dem Erwartungswert μ der Risikobezugsgröße.

Beispiel:[55]

Die Analyse der Erträge der letzten drei Monate einer 100 Mio. € Aktienanlage ergibt einen täglichen Mittelwert für den Ertrag von 0,1% bei einer Streuung von 5%. Der VaR dieser Aktienanlage bei einer Wahrscheinlichkeit von 95% (z-Wert = 1,65) beträgt:

Absoluter Value at Risk:

$aVaR_{1-\alpha} = \mu - z_\alpha \cdot \sigma = (100" € \cdot 0,1\%) - 1,65 \cdot (100" € \cdot 5\%) = -8,15" €$

Interpretation: Der Verlust an einem Handelstag wird mit einer Wahrscheinlichkeit von 95% nicht mehr als 8,15 Mio. € betragen.

---

[53] Vgl. Diederichs (2003), S. 164ff.
[54] Vgl. Schmidbauer (2000), S. 161.
[55] In Anlehnung an Stulz (2003), S. 84.

Relativer Value at Risk:

$rVaR_{1-\alpha} = aVaR_{1-\alpha} - \mu = -8,15\text{ €} - (100\text{ €} \cdot 0,1\%) = -8,25\text{ €}$

oder

$rVaR = -z_\alpha \cdot \sigma = -1,65 \cdot (100\text{ €} \cdot 5\%) = -8,25\text{ €}$

Interpretation: Die Abweichung vom Erwartungswert wird mit einer Wahrscheinlichkeit von 95% 8,25 Mio. € nicht überschreiten.

Bei der **Historischen Simulation** werden Risikopositionen anhand historischer Daten unabhängig von Parametern bzw. Einflussfaktoren bewertet. Dabei werden vergangenheitsbezogene Renditeverteilungen für die Risikoposition übernommen, um ihre Ausprägungen in der Zukunft abzuschätzen und daraus eine Verteilung für die betrachtete Risikoposition abzuschätzen.

Es werden also innerhalb eines bestimmten Zeitraums n Werte für eine Risikoposition beobachtet. Daraus können n–1 absolute bzw. relative Wertveränderungen errechnet und aufsteigend geordnet werden.

Die Ermittlung des VaR für ein Konfidenzintervall 1–α erfolgt durch Betrachtung des Anteils von α der ermittelten Werte, beginnend bei der höchsten Abweichung.

Beispiel (vgl. Abbildung 35):

Für eine Risikoposition (z.B. ein Aktienportfolio) wurden 21 Werte beobachtet (Spalte 1). Daraus lassen sich 20 absolute bzw. 20 relative Wertänderungen ableiten (Spalte 2 und 3). Diese Wertänderungen werden geordnet (Spalten 4 und 5). Der aktuelle Wert der Risikoposition beträgt 50.000.–. Zur Ermittlung des VaR wird dieser aktuelle Wert mit den geordneten relativen Wertänderungen multipliziert. Bei einem Konfidenzniveau von 95% beträgt der VaR –1.052,– (α = 5%, d. h. es wird der zweite Wert betrachtet, beginnend mit der höchsten Abweichung.)

	1 Wert der Risikoposition	2 Wertänderung (absolut)	3 Wertänderung (relativ)	4 Wertänderung geordnet (absolut)	5 Wertänderung geordnet (relativ)	6 Gewinn/Verlust
0	36.000					
1	34.700	-1.300	-3,61%	-1.300	-3,61%	-1.806
2	33.970	-730	-2,10%	-730	-2,10%	-1.052
3	34.430	460	1,35%	-530	-1,44%	-720
4	34.080	-350	-1,02%	-500	-1,31%	-653
5	34.700	620	1,82%	-390	-1,02%	-508
6	34.200	-500	-1,44%	-350	-0,95%	-473
7	34.650	450	1,32%	-300	-0,73%	-367
8	35.300	650	1,88%	50	0,13%	66
9	35.700	400	1,13%	100	0,26%	131
10	35.890	190	0,53%	190	0,53%	266
11	36.350	460	1,28%	350	0,92%	462
12	37.800	1.450	3,99%	400	1,13%	567
13	37.850	50	0,13%	450	1,28%	641
14	38.200	350	0,92%	460	1,32%	658
15	38.300	100	0,26%	460	1,35%	677
16	40.000	1.700	4,44%	620	1,82%	910
17	41.250	1.250	3,13%	650	1,88%	938
18	40.860	-390	-0,95%	1250	3,13%	1.563
19	40.560	-300	-0,73%	1450	3,99%	1.994
20	40.030	-530	-1,31%	1700	4,44%	2.219

Aktueller Wert 50.000
$1-\alpha = 95\%$

Abbildung 35: Historische Simulation – Beispiel

Bei der **Monte-Carlo-Simulation** beruht die Datenbasis (im Gegensatz zur historischen Simulation) nicht auf historischen Werten, sondern auf generierten Zufallszahlen. Die Simulation kann für die Risikoposition selbst, aber auch für die sie beeinflussenden Risikofaktoren erfolgen. Grundsätzlich wird dabei eine Normalverteilung der Parameter und damit auch der Risikoposition selbst angenommen, es ist aber auch möglich, nicht normalverteilte Risikofaktoren zu erfassen.

Die Vorgehensweise ist wie folgt:

1. Simulation von n Zufallszahlen (beispielsweise für die relative Wertänderung)
2. Errechnung von n Werten der Risikoposition mit Hilfe der Zufallszahlen (durch Multiplikation der simulierten relativen Wertänderungen mit dem aktuellen Wert der Risikoposition)
3. Aufsteigende Ordnung der Werte der Risikoposition
4. Ermittlung des VaR für ein Konfidenzintervall $1-\alpha$ durch Betrachtung des Anteils von α der ermittelten Werte, beginnend bei der höchsten Abweichung

Abbildung 36 bietet einen Vergleich der verschiedenen Methoden zur Berechnung des VaR.

Methode Kriterium	Varianz-Kovarianz-Ansatz	Historische Simulation	Monte-Carlo-Simulation
Verfahren	Parametrisch	Nicht parametrisch	Nicht parametrisch
Verteilungsannahme	Normalverteilung	Nicht erforderlich	Subjektiv; nutzenspezifisch definiert
Vollständige Neubewertung	Nein	Ja	Ja
Anspruch an die Datenbasis	Sehr hoch (Kovarianzmatrix aller Risikofaktoren)	Hoch (historische Zeitreihen der Risikofaktoren und der Risikoposition)	Mittel bis sehr hoch (historische Zeitreihen zur Schätzung der Parameter)
Rechengeschwindigkeit	Gering; abhängig von der Größe der Kovarianzmatrix	Hoch	Gering bis sehr gering
Erfassung von Extremwerten	Eher schlecht	Möglicherweise	Möglicherweise
Berücksichtigung von Schiefe und Kurtosis	Nein	Ja	Ja
Implementierungsaufwand	Gering	Hoch	Hoch
Größte Vorteile	Geringer Berechnungsaufwand; theoretisch gut fundiert	Leichte Verständlichkeit, keine Verteilungsannahmen und Korrelationen erforderlich	Potenzielle Exaktheit; Flexibilität
Größte Nachteile	Kritik an Normalverteilungsannahme	Repräsentativität der Stichprobe (des Beobachtungszeitraums) erforderlich	Lange Rechenzeiten und hoher Implementierungsaufwand
Beste Methode bei	Geringer Portfoliogröße und linearen Positionen; stabilen Korrelationen	Konstanter Portfoliozusammensetzung und geringer Volatilität der Risikofaktoren bzw. der Risikoposition	Nicht linearen Positionen; Zusammenwirken verschiedener Risikofaktoren

Abbildung 36: Vergleich alternativer Methoden zur VaR-Berechnung[56]

---

[56] Vgl. Diederichs (2003), S. 174.

Der entscheidende Schritt bei der Ermittlung des VaR ist die Bestimmung der Wahrscheinlichkeitsverteilung der Risikofaktoren bzw. der Risikobezugsgrößen. In der Praxis werden die Verteilungen auf Basis von historischen Werten berechnet, bei Marktdaten ist es auch möglich, Parameter der Verteilungen (Varianzen, Kovarianzen) zu kaufen. Beispielsweise bietet die US-amerikanische Investmentbank JP Morgan im Rahmen der Nutzung der von ihr entwickelten Software RiskMetrics die Möglichkeit, eine Vielzahl von Volatilitäten und Korrelationen der Marktpreisfaktoren online über das Internet abzurufen.[57]

Vorteilhaft bei der VaR-Methode ist die hohe Flexibilität des Ansatzes, da zum einen verschiedenste Markt- und Unternehmensrisiken mit der gleichen Kennzahl bewertet werden können und zum anderen die Bestimmung des VaR selbst bei sehr eingeschränkten Datenbasen möglich ist. Die Qualität des ermittelten VaR variiert allerdings abhängig von den verwendeten Methoden, der Qualität der Datenbasen und den dabei möglichen subjektiven Einflüssen. Weitere Stärken dieses Ansatzes sind die einfache Interpretation und die gute Kommunizierbarkeit des Werts. Restriktionen der VaR-Methode sind die kurzfristige Orientierung und das Datenbeschaffungsproblem.[58]

Eine Folge davon ist, dass sich die VaR-Methode vor allem im Banken- und Kapitalmarktbereich für die Risikobewertung eignet. In Nichtbanken sind mit der Anwendung der VaR-Methode folgende Problemfelder verbunden:[59]

▲ Eignung für typische Risikopositionen:

Der VaR orientiert sich an Marktwertveränderungen, die durch Preisrisiken verursacht werden. Für die einzelnen Finanzinstrumente sind dabei Marktpreise auf dem Kapitalmarkt beobachtbar. Folglich können Risiken durch Verkäufe und Gegengeschäfte vollständig weitergegeben bzw. reduziert werden. Der VaR ist damit ein geeignetes Maß für direkt handelbare Marktpreisrisiken (Zinssätze, Aktienkurse, Wechselkurse, Rohstoffpreise).

In Nichtbanken machen Realgüter (Gebäude, Produktionsanlagen) einen größeren Wert der Bilanzsumme aus; deren Werte sind schwer zu ermitteln, und die mit ihnen verbundenen Risiken können kurzfristig üblicherweise nicht vollständig reduziert werden.

▲ Länge des Betrachtungshorizonts:

Im Finanzbereich stehen kurzfristige Wertveränderungen der Risikopositionen im Vordergrund. In Nichtbanken kommt diese kurzfristige Sichtweise nur für bestimmte Fragestellungen in Betracht, längere Zeithorizonte (Quartale, Jahre) dominieren.

Der VaR wird meist nur für kurze Zeithorizonte berechnet (ein Tag, zehn Tage). Dadurch existieren schon nach einem kurzen Beobachtungszeitraum der Risikoposition ausreichend historische Daten, um verlässlichere Wahrscheinlichkeitsaussagen zu treffen. Um hingegen 500 Beobachtungswerte eines Quartals-Cashflows zu generieren, bräuchte man 125 Jahre!

---

[57] Vgl. Holst/Holtkamp (2000), S. 817; bei der Simulierung der Szenarien können vier verschiedene Methoden verwendet werden; vgl. dazu Burger/Buchhart (2002), S. 124ff und Holst/Holtkamp (2000), S. 817.
[58] Vgl. Burger/Buchhart (2002), S. 132ff.
[59] Vgl. Hoitsch/Winter, S. 239f.

▲ Personelle Ressourcen:

Schließlich erfordern Pflege, Wartung und Weiterentwicklung von VaR-Systemen qualifizierte Experten (Mathematiker, Computerspezialisten, ...), die in Nichtbanken üblicherweise erst aufgebaut werden müssten.

Die bereits angesprochene Flexibilität der VaR-Methode ermöglicht eine Modifikation des Ansatzes, um neben den finanzwirtschaftlichen Risiken auch typische Unternehmensrisiken von Nichtbanken bewerten zu können. In der Praxis stößt man daher häufig auf den Cashflow at Risk (CFaR) als alternative Ausprägungsform des VaR, auf den in Kapitel 2.35 näher eingegangen wird.

2.344 Scoring-Modelle

Scoring-Modelle sind qualitative Bewertungsverfahren, die unterschiedliche Faktoren, sowohl quantitativer als auch qualitativer Art, durch Zuordnung von Bewertungspunkten gewichten und auf diese Weise vergleichbar oder aggregierbar machen. Die Gewichtung der Faktoren erfolgt dabei üblicherweise durch subjektive Expertenschätzungen oder durch statistische Verfahren, sofern empirische Daten verfügbar sind.[60]

Scoring-Modelle werden für unterschiedliche Entscheidungsprobleme im strategischen und operativen Management und Controlling eingesetzt. Ihr Einsatz ist insbesondere dann sinnvoll, wenn Entscheidungen von mehreren – quantitativen und qualitativen – Kriterien abhängen, und subjektive Bewertungselemente im Vordergrund stehen.

Bei der Bewertung von Einzelrisiken mittels Scoring-Modell werden geeigneten Kriterien zur Charakterisierung des Risikos Bewertungspunkte zugeordnet und diese zu einem Gesamtwert zusammengefasst. Ein mögliches Kriterium zur Charakterisierung eines Einzelrisikos ist die Eintrittswahrscheinlichkeit, die beispielsweise mit den Größen 1 bis 5 für niedrig bis hoch bewertet und mit einer Gewichtung von 30 % neben anderen Kriterien zum Gesamtwert für das Einzelrisiko zusammengefasst wird.

Mittels Scoring-Modellen können über Einzelrisiken hinaus auch komplexere oder weitreichendere Zusammenhänge erfasst werden. Eines der bekanntesten Scoring-Modelle ist beispielsweise der Business Environmental Risk Index (BERI), mit dessen Hilfe Länderrisiken im Rahmen von Investitionsentscheidungen in Auslandsmärkte beurteilt werden können.

Scoring-Modelle ermöglichen auf relativ einfache Weise eine Aggregation oder Vergleichbarkeit von Risiken und können so systematische Entscheidungsgrundlagen liefern. Problematisch beim Einsatz von Scoring-Modellen sind die subjektiven Einflüsse und die daraus resultierende mangelnde konsistente Bewertung sowie die Gewichtung von korrelierenden Risiken, da diese bei einer nachfolgenden Aggregation tendenziell überbewertet werden.[61]

---

[60] Vgl. Burger/Buchhart (2002), S. 156ff.
[61] Vgl. Burger/Buchhart (2002), S. 160ff.

2.345 Korrekturverfahren mittels Risikozuschlägen

Beim Korrekturverfahren wird eine Größe durch absolute oder relative Risikozu- oder Risikoabschläge auf den wahrscheinlichsten Wert hinkorrigiert und auf diese Weise die Risikoabhängigkeit dieser Größe festgelegt. Die Vorgehensweise bei der Korrektur richtet sich nach dem Ermessen des Anwenders, wobei pauschale oder selektive Korrekturen aller oder einiger Variablen eventuell variierend über den Planungshorizont denkbar sind.[62]

Es ist offensichtlich, dass das Risikozuschlagsverfahren sehr stark subjektiven Einflüssen unterliegt, dennoch wird es in der Praxis aufgrund der Einfachheit und mangelnder Informationen häufig angewendet.[63]

Besonders hervorzuheben ist, dass im Falle der Anwendung von Risikozu- bzw. -abschlägen kompromisslose Transparenz eingefordert werden muss. Entscheidungsgrundlagen für Investitionsprojekte, Ergebnisse von Unternehmensplanungen oder Resultate von Impairment-Tests im Zuge des Jahresabschlusses – um nur einige wichtige Beispiele zu erwähnen – lassen sich nicht mehr interpretieren und vergleichen, wenn die in sie eingebaute „Schieflage" durch überzogene Vorsicht oder Optimismus nicht offen gelegt wird.

2.346 ABC-Analysen

Die in der Betriebswirtschaft häufig eingesetzte Technik der ABC-Analyse lässt sich auch im Bereich des Risikomanagements anwenden. Ausgangspunkt ist die Überlegung, dass ein kleiner Teil der Einflussfaktoren (bzw. Risiken) einen Großteil der Wirkung (z.B. Ergebnisschwankung) bewirkt, und sich daher die Risikosteuerungsaktivitäten auf diesen Teil (A-Risiken) konzentrieren sollten.

In der Praxis erfolgt daher eine qualitative Klassifizierung der Risiken durch eine Dreiteilung in wichtige, weniger wichtige und unwichtige bzw. nebensächliche Risiken. Im Rahmen von Cash-flow-at-Risk-Modellen lassen sich die wichtigen Risiken auch mittels Sensitivitätsanalysen ermitteln (vgl. Kapitel 2.353.2).

Bei rein qualitativer Klassifizierung der Risiken besteht die Gefahr von Verzerrungen aufgrund subjektiver Einflüsse. Darüber hinaus ist es möglich, dass – abhängig von der gewählten Risikobewertungsmethode – Risiken mit geringem Schadensausmaß, aber hoher Eintrittswahrscheinlichkeit überschätzt werden, während Risiken mit hohem Schadensausmaß, aber geringer Eintrittswahrscheinlichkeit unterschätzt werden.

2.347 Graphentheoretisch-analytische Methoden

Das Grundprinzip graphentheoretisch-analytischer Methoden ist die Zerlegung eines Systems in seine Bestandteile und die Analyse der Wirkung einzelner Teile auf das Gesamtsystem. Dazu wird das Gesamtsystem als Graph dargestellt, wofür es eine Vielzahl von unterschiedlichen Darstellungstechniken gibt. Als Beispiel sei hier die Entscheidungsbaum-Methode dargestellt.[64]

---

[62] Vgl. Kegel (1991), S. 26; vgl. Nottmeyer (2002), S. 33f.
[63] Vgl. Nottmeyer (2002), S. 34.
[64] Vgl. Nottmeyer (2002), S. 36f.

Der erste Schritt bei der Entscheidungsbaum-Methode ist die übersichtliche Darstellung von Zusammenhängen, womit gleichzeitig eine Analyse der häufig komplexen Strukturen eines Risikofaktors verbunden ist. Im nächsten Schritt werden den Entscheidungsknoten Eintrittswahrscheinlichkeiten zugeordnet und die Konsequenzen mit Geldeinheiten bewertet. Danach kann ausgehend von den Konsequenzen durch Multiplikation mit den Eintrittswahrscheinlichkeiten ein Erwartungswert für jeden Entscheidungsknoten berechnet werden.

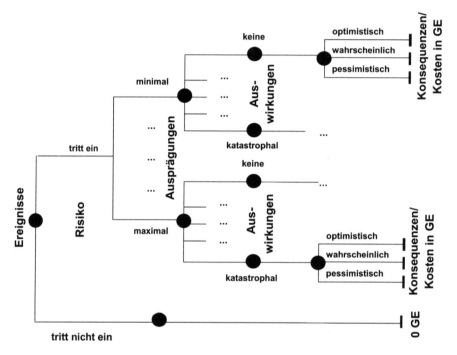

Abbildung 37: Entscheidungsbaum für ein Risiko[65]

Der in Abbildung 37 dargestellte Entscheidungsbaum könnte beispielsweise für folgendes Problem angewendet werden: Das Ereignis eines Produktionsengpasses ist mit dem Risiko des Ausfalls einer Maschine verbunden, das eintritt oder nicht. Die Ausprägungen eines Maschinengebrechens können vom Ausfall eines einfach auswechselbaren Steuerelements bis zum Lagerschaden reichen. Die Auswirkungen des defekten Steuerelements können gering sein, wenn der Defekt sofort erkannt und der Bauteil ausgewechselt wird, oder katastrophal, wenn kein Ersatz verfügbar und die gesamte Produktionsstraße zum Stillstand kommt.

Das Verfahren ist für einzelne Risiken oder zwei mit einfachen Wechselwirkungen zusammenhängende Risiken anwendbar. Bei mehreren interdependenten Risiken bedarf es komplexer Entscheidungsbäume, deren Erstellung und Modellierung den vertretbaren Aufwand häufig übersteigt.[66]

---

[65] Vgl. Nottmeyer (2002), S. 37.
[66] Vgl. Nottmeyer (2002), S. 37f.

2.348 Regressions- und Korrelationsanalyse

Die Bewertung von Risikofaktoren kann durch Extrapolation von Vergangenheitswerten in die Zukunft erfolgen, wofür mathematisch-statistische Methoden wie die Regressionsanalyse verwendet werden können.[67] Diese Art der Bewertung eignet sich, wenn Daten über den Risikofaktor und dessen Einflussgrößen aus der Vergangenheit bekannt und die Einflussgrößen in der Gegenwart messbar sind. Mittels der Regressionsanalyse wird versucht, den Zusammenhang zwischen den Größen zu beschreiben, die Stärke dieses Zusammenhanges wird mit Hilfe der Korrelationsanalyse bestimmt.[68] Lässt sich ein ausreichend starker Zusammenhang zwischen dem Risikofaktor und den angenommenen Einflussfaktoren aus den historischen Daten ermitteln, so kann auf Basis der Istwerte der Einflussfaktoren der Risikofaktor bewertet werden.

Die einfachste Form der Regression ist die einfache lineare Regression, bei der wie im nachfolgenden Beispiel ein linearer Zusammenhang zwischen der Zielgröße, d.h. dem Risikofaktor, und einer Einflussgröße besteht. Weitere Varianten sind die nichtlineare Regression und die multiple Regression zur Berücksichtigung mehrerer Einflussgrößen.[69]

Beispiel:[70]

Bei einer Produktionsmaschine wurden in der Vergangenheit folgende kumulierten Werte für die Anzahl produzierter bzw. davon mangelhafter Stück gemessen:

Stückanzahl kumuliert [in 1.000 Stk.] (x)	Ausschuss kumuliert [in 1.000 Stk.] (y)
100	2,0
150	2,5
250	3,0
300	3,2
400	3,5

Der Produktionsleiter vermutet einen linearen Zusammenhang zwischen der Anzahl produzierter und mangelhafter Stück und berechnet den Gesamtausschuss (y) bis zum Ende der Serie bei 500.000 produzierten Stück (x) wie folgt hoch:

$$y = a + b \cdot x$$

$$a = \frac{\sum x_i^2 \cdot \sum y_i - \sum x_i \cdot \sum x_i y_i}{n \cdot \sum x_i^2 - (\sum x_i)^2} = \frac{345000 \cdot 14{,}2 - 1200 \cdot 3685}{5 \cdot 345000 - 1200^2} = 1{,}6737$$

$$b = \frac{n \cdot \sum x_i y_i - \sum x_i \cdot \sum y_i}{n \cdot \sum x_i^2 - (\sum x_i)^2} = \frac{5 \cdot 3685 - 1200 \cdot 14{,}2}{5 \cdot 345000 - 1200^2} = 0{,}00486$$

$$y = 1{,}6737 + 0{,}00486 \cdot 500 = 4{,}1037$$

---

[67] Vgl. Erben/Romeike (2003), S. 55.
[68] Vgl. Sauerbier (2003), S. 41.
[69] Auf eine Darstellung der Durchführung der einzelnen Regressionsanalysen wird an dieser Stelle verzichtet und auf die einschlägige Statistikliteratur verwiesen. Vgl. beispielsweise Sachs (2002), S. 494ff.
[70] Vgl. Sauerbier (2003), S. 61f und S. 223f.

Wenn die Vermutung des Produktionsleiters, dass ein linearer Zusammenhang zwischen der Anzahl produzierter und mangelhafter Stück besteht, stimmt, dann werden am Ende der Produktion dieser Serie von 500.000 Stück 4.104 Stück mangelhaft sein.

Wird die Regressionsanalyse zur Bewertung von Risikofaktoren herangezogen, so sollte das Bewertungsergebnis durch Anwendung der Korrelationsanalyse plausibilisiert werden, wobei der zu ermittelnde Korrelationskoeffizient das Maß für die Stärke des Zusammenhanges zwischen Risikofaktor und betrachteten Einflussgrößen ist. Abhängig von der Art der zugrunde liegenden Daten sind unterschiedliche Methoden zur Bestimmung des Korrelationskoeffizienten anzuwenden.[71]

Fortsetzung Beispiel:[72]

Da der Produktionsleiter Zweifel hat, ob seine Linearitätsannahme richtig bzw. ausreichend zutreffend ist, möchte er die Stärke des Zusammenhanges mittels des Pearsonschen Korrelationskoeffizienten bestimmen. Dazu wird im ersten Schritt die Kovarianz s_{xy} als Maß der gemeinsamen Streuung zwischen der Produktions- und Ausschussmenge bestimmt und danach der Pearsonschen Korrelationskoeffizient r.[73]

$$s_x^2 = \frac{1}{n}\sum x_i^2 - \bar{x}^2 = \frac{1}{n}\sum x_i^2 - (\frac{1}{n}\sum x_i)^2 = \frac{1}{5} \cdot 345000 - (\frac{1}{5} \cdot 1200)^2 = 11400$$

$$s_y^2 = \frac{1}{n}\sum y_i^2 - \bar{y}^2 = \frac{1}{n}\sum y_i^2 - (\frac{1}{n}\sum y_i)^2 = \frac{1}{5} \cdot 41,74 - (\frac{1}{5} \cdot 14,2)^2 = 0,2824$$

$$s_{xy} = \frac{1}{n}\sum x_i y_i - \bar{x} \cdot \bar{y} = \frac{1}{n}\sum x_i y_i - (\frac{1}{n}\sum x_i) \cdot (\frac{1}{n}\sum y_i) = \frac{1}{5} \cdot 3685 - (\frac{1}{5} \cdot 1200) \cdot (\frac{1}{5} \cdot 14,2) = 55,4$$

$$r = \frac{s_{xy}}{s_x \cdot s_y} = \frac{55,4}{\sqrt{11400} \cdot \sqrt{0,2824}} = 0,976$$

r ist auf den Wertebereich –1 bis +1 beschränkt, wobei +1 einem exakten linearen bzw. –1 einem indirekt linearen Zusammenhang entspricht und 0 keinerlei linearen Zusammenhang bedeutet. Daher drückt der Korrelationskoeffizient von 0,976 aus, dass die Linearitätsvermutung des Produktionsleiters annähernd zutrifft.

---

[71] Auf eine Darstellung der Durchführung einzelner Korrelationsanalysen wird an dieser Stelle verzichtet und auf die einschlägige Statistikliteratur verwiesen. Vgl. beispielsweise Sachs (2002), S. 493ff.
[72] Vgl. Sauerbier (2003), S. 53ff, S. 61f und S. 223f.
[73] Bereits die Kovarianz s_{xy} bringt die Stärke des Zusammenhangs zum Ausdruck, allerdings mit dem Nachteil, dass sie nach oben und unten unbeschränkt ist und nicht nur von der Stärke des Zusammenhangs, sondern auch von den absoluten Werten abhängig ist. Mittels des Pearson'schen Korrelationskoeffizient r wird eine Normierung vorgenommen, bei der die Kovarianz ins Verhältnis zum Produkt der Standardabweichungen s_x und s_y für x und y gesetzt wird und der Wertebereich des Korrelationskoeffizienten auf –1 bis +1 begrenzt wird. Vgl. Sauerbier (2003), S. 55.

2.349 Szenarioanalysen (Einzelrisiken)

Bei der einfachsten Form einer Szenarioanalyse werden durch die Kombination mehrerer qualitativ oder quantitativ beschriebener Einzelpunktschätzungen für relevante Einflussgrößen Szenarien gebildet, die mögliche Entwicklungen zeigen sollen. Häufig werden dabei subjektive Drei-Punkt-Schätzungen für den besten, den schlechtesten und den wahrscheinlichsten Fall[74] aufgestellt und zu möglichen Szenarien kombiniert, wie Abbildung 38 zeigt.[75]

Exporterlöse (in USD)	:	Wechselkurs (EUR/USD)	=	Umsatzerlöse (in EUR)
1.000.000	:	1,0	=	1.000.000
1.200.000	:	1,0	=	1.200.000
1.300.000	:	1,0	=	1.300.000
1.000.000	:	1,1	=	909.091
1.200.000	:	1,1	=	1.090.909
1.300.000	:	1,1	=	1.181.818
1.000.000	:	1,2	=	833.333
1.200.000	:	1,2	=	1.000.000
1.300.000	:	1,2	=	1.083.333
ausgewählte Szenarien: z.B.:		Durchschnittlicher Umsatzerlös:		1.066.498 EUR
		(Subjektiv) wahrscheinlichster Wert:		1.090.909 EUR

Abbildung 38: Beispiel einer Szenarioanalyse für Umsatzerlöse aus einem Exportgeschäft

Anhand des obigen Beispiels lassen sich auch die vier grundlegenden Schritte[76] einer Szenarioanalyse erkennen:

1. Abgrenzung des Betrachtungsgegenstandes: Es wird festgelegt, dass die Auswirkungen der Wechselwirkungen welcher Einflussgrößen (Risiken/Chancen) untersucht werden sollen;
2. Bestimmung der Entwicklung der Einflussfaktoren und Ableitung der Auswirkungen: Durch subjektive Schätzungen oder durch die Auswertung quantitativer Daten werden Annahmen über die Entwicklung der Einflussfaktoren getroffen und Szenarien gebildet;

---

[74] Szenarien auf Basis erwarteter Werte werden als Normalszenarien bezeichnet und Szenarien auf Basis extremer Werteprognosen werden Extremszenarien oder auch Stressszenarien genannt.
[75] Vgl. http://www.risikocontrolling.info/
[76] Vgl. Nottmeyer (2002), S. 39; vgl. Wolf (2003b), S. 83ff.

3. Bewertung der Szenarien: Prüfung der Konsistenz und Plausibilität der einzelnen Szenarien;
4. Szenarienauswahl und -analyse: Eine begrenzte Anzahl unterschiedlicher Szenarien, die jeweils eine hohe Widerspruchsfreiheit und Wahrscheinlichkeit aufweisen, wird interpretiert und einer Wirkungsanalyse unterzogen.

Je nach Anforderungen an die Qualität der notwendigen Annahmen im Zuge der Szenarioanalyse und an die Vollständigkeit der Szenarien kann die praktische Umsetzung dieser Methode sehr komplex werden.[77] Grundsätzlich ist bei der Anwendung dieser Methode zu beachten, dass die Szenarioanalyse nicht zur Prognose der endgültigen Entwicklung des Unternehmens oder einer Unternehmenskennzahl dient, sondern zur Erarbeitung mehrerer möglicher plausibler Entwicklungen.[78]

2.35 Risikoaggregation

2.351 Grundlagen der Risikoaggregation

Die Risikoaggregation verfolgt das Ziel, auf Basis der identifizierten und bewerteten Einzelrisiken eine Gesamtrisikoposition für das Unternehmen oder für einen Unternehmensteil zu bestimmen. Die Aggregation der Risiken ist erforderlich, da die Einzelrisiken gemeinsam auf die Risikogesamtposition des Unternehmens wirken. Darüber hinaus können Risiken voneinander oder von gemeinsamen Ursachen abhängig sein, sodass es zu Risikokompensationseffekten oder zur wechselseitigen Verstärkung der Risiken kommen kann. Werden diese Abhängigkeiten nicht beachtet, führt dies unter Umständen zur Überversicherung oder zu neuen Risikopositionen.

Abbildung 39 fasst die Gründe für die Notwendigkeit der Risikoaggregation sowie deren Ziele grafisch zusammen.

Gründe für die Notwendigkeit der Risikoaggregation	Ziele der Risikoaggregation
▲ Risiken wirken gemeinsam auf die Risikoposition des Unternehmens ▲ Risiken sind voneinander oder von gemeinsamen Ursachen abhängig ▲ Risikointerdependenzen können zu Risiko-Kompensationseffekten oder zur wechselseitigen Verstärkung der Risiken führen	▲ Bestimmung der Gesamtrisikoposition des Unternehmens sowie ▲ Bestimmung der relativen Bedeutung der Einzelrisiken ▲ unter Berücksichtigung von Wechselwirkungen zwischen Risiken

Abbildung 39: Notwendigkeit und Ziele der Risikoaggregation

---

[77] Vgl. auch Kapitel 2.353.3.
[78] Vgl. Mießler-Behr (1993), S. 3.

Die Zuordnung der einzelnen Risiken zu Unternehmenszielen bzw. Budgetgrößen sowie die Aggregation der Risiken stehen in der betrieblichen Praxis erst am Anfang. Dies liegt einerseits an den methodischen Schwierigkeiten der Aggregation, andererseits an der fehlenden Integration zwischen Risikomanagement und Controlling. Vielfach beschränken sich die Unternehmen derzeit auf die Identifikation der Risiken, auf die qualitative bzw. teilweise quantitative Bewertung der Risiken mittels Eintrittswahrscheinlichkeit und Schadensausmaß und auf das Setzen und Überwachen von Maßnahmen.

Im Rahmen Risikoaggregation des Unternehmens sind Risikointerdependenzen zu berücksichtigen. Eine gesamthafte Darstellung der Risikosituation eines Unternehmens ist daher nur nach einer detaillierten Analyse der Beziehungen zwischen den Risikopositionen möglich.

Zusammenfassend kann die Aufgabenstellung der Risikoaggregation als Aggregation von Einzelrisiken unter Berücksichtigung von Korrelationen definiert werden, wobei die Ermittlung von Korrelationen sicherlich einer der schwierigsten Schritte bei der praktischen Umsetzung des Risikomanagements im Unternehmen ist.

Die Ermittlung der Wechselwirkungen zwischen Risiken kann auf zweierlei Arten erfolgen:

▲ Sind für statistische Betrachtungen ausreichend Daten vorhanden, so können die Abhängigkeiten mittels Regressions- bzw. Korrelationsanalyse[79] ermittelt werden.

▲ Sind keine oder nur ungenügend Daten verfügbar, so können die Abhängigkeiten geschätzt werden.

Risikoaggregation kann einerseits qualitativ durch graphische oder tabellarische Darstellungen erfolgen, die in strukturierter Form einen Gesamteindruck für das Risiko der betrachteten Einheit vermitteln sollen. Andererseits kann die Risikoaggregation quantitativ durch Rechen- und Simulationsmodelle erfolgen, vorausgesetzt, dass die dafür notwendigen Daten verfügbar sind.

2.352 Risikoinventar und Risk Map als Vorstufe der Risikoaggregation

Nach der Risikoidentifikation und der Einzelbewertung von Risiken kann in einem Zwischenschritt eine Systematisierung der gesammelten Ergebnisse in einem Risikoinventar und eine gesammelte Darstellung der Risiken mittels Risk Map durchgeführt werden.

Die Erstellung eines Risikoinventars ist eine hilfreiche Vorleistung für die nachfolgende eigentliche Aggregation. Besonders anschaulich sind Risk Maps, in denen die identifizierten und (quantitativ und qualitativ) bewerteten Risiken in Form einer Matrix dargestellt werden. So können in einer komprimierten und übersichtlichen Form die Risiken eines Unternehmens abgebildet werden, um den Entscheidungsträgern einen Überblick über die Risikolage des Unternehmens und insbesondere über die wirtschaftliche Bedeutung der Risiken zu geben.

---

[79] Vgl. auch Kapitel 2.348.

2.352.1 Risikoinventar

Ein Risikoinventar liefert in einer übersichtlichen, oft tabellarischen Form Informationen über die Risikosituation eines Unternehmens. Ein Risikoinventar kann unter anderem folgende Punkte beinhalten:

▲ alle Einzelrisiken, beispielsweise gegliedert nach den betrieblichen Funktionsbereichen,
▲ quantitative Bewertung (vor oder nach Durchführung einer Risikomanagementmaßnahme) oder qualitative Bewertung der Risiken,
▲ Toleranzgrenzen bei Risikoindikatoren,
▲ Kosten von Risikomanagement-Maßnahmen,
▲ Verantwortung für die Umsetzung der Risikomanagement-Maßnahmen,
▲ Termin der Umsetzung der Risikomanagement-Maßnahmen,
▲ Beurteilung der Wirksamkeit der bestehenden risikopolitischen Maßnahmen.

Risiko	Beschreibung	Maximales Schadenspotential (in t €)	Eintrittswahrscheinlichkeit	Realisierte Risiko-Management-Maßnahmen	Kosten der Maßnahmen (t €)	Maximales Schadensausmaß nach Realisierung der Maßnahmen	Wechselwirkung mit ...	Kommentar

Abbildung 40: Beispiel für ein Risikoinventar

2.352.2 Risk Map

Die Risk Map als grafische Darstellung des Risikoinventars bildet eine Schnittstelle zur Darstellung aggregierter Risiken (Risikoportfolio). In einer Risk Map werden Einzelrisiken anhand der Ausprägungen der Kriterien Eintrittswahrscheinlichkeit und Schadenshöhe auf den Achsen aufgetragen.

Risk Maps ermöglichen die Darstellung von Einzelrisiken anhand qualitativer oder quantitativer Kriterien, je nachdem, ob die Skalierung der Achsen ordinal oder kardinal erfolgt.[80] Bei ungenügender Datenbasis beziehungsweise bei ungenügenden Informationen für die Quantifizierung kann die Eintrittswahrscheinlichkeit qualitativ bestimmt werden, indem die Risiken zum Beispiel nach den Kategorien „gering", „mittel" und „hoch" klassifiziert werden. Das Schadensausmaß kann in gleicher Weise nach bestimmten Kategorien, zum Beispiel „unbedeutend", „moderat" und „wesentlich", eingeteilt werden.

---

[80] Vgl. Burger/Buchhart (2002), S. 162.

Abbildung 41 und Abbildung 42 zeigen Beispiele für qualitative bzw. quantitative Risk Maps.

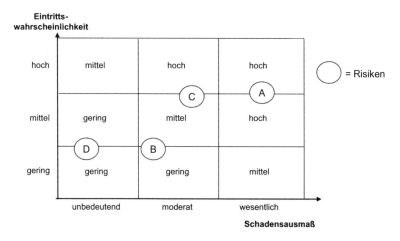

Abbildung 41: Beispiel für eine qualitative Risk Map[81]

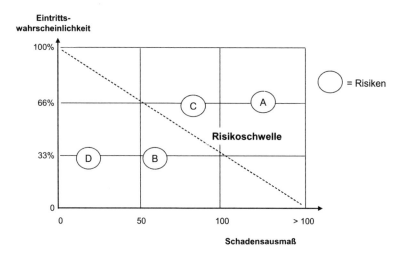

Abbildung 42: Beispiel für eine quantitative Risk Map[82]

Generell gilt im Bereich der Risikobewertung, dass eine Quantifizierung aller Risiken angestrebt werden sollte. Dies wird bei vielen operativen Risiken – beispielsweise für das Risiko, dass ein Mitarbeiter Geld unterschlägt – kaum möglich sein, da kaum Erfahrungswerte aus der Vergangenheit im Unternehmen vorhanden sein werden; daher können diese Risiken zumindest kurz- bis mittelfristig nur qualitativ beurteilt werden. Für eine Vielzahl vor-

---

[81] Quelle: Burger/Buchhart (2002), S. 164.
[82] Quelle: Burger/Buchhart (2002), S. 164.

erst nur qualitativ bewertbarer Risiken kann mittel- bis langfristig aufgrund des Anwachsens der unternehmensintern gesammelten Daten eine quantitative Bewertung möglich werden.

2.353 Methoden der Risikoaggregation

3.353.1 Risikoportfolio

Die Risikopositionen der verschiedenen Unternehmensbereiche und schließlich des gesamten Unternehmens können in einem Risikoportfolio grafisch dargestellt werden.[83]

Bei einem Risikoportfolio handelt es sich streng genommen um eine Betrachtung aggregierter Risiken auf der Ebene des Gesamtunternehmens. In der Literatur werden die Begriffe Risikoportfolio und Risk Map häufig fälschlicherweise synonym verwendet.

Abbildung 43 stellt die Vorgehensweise bei der Erstellung von Risikoportfolios schematisch dar.

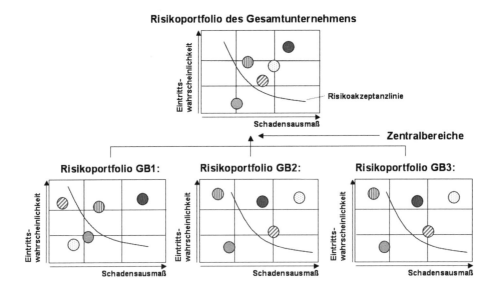

Abbildung 43: Risikoaggregation mit Hilfe von Risikoportfolios

Im Risikoportfolio werden die aggregierten Risiken der Geschäftsfelder und die Gesamtrisikoposition des Unternehmens betrachtet. Die Aggregation der Einzelrisiken erfolgt idealerweise mit Hilfe der Monte-Carlo-Simulation (vgl. Kapitel 2.353.2), wobei im Risikoportfolio des Gesamtunternehmens entweder die aggregierten Risikopositionen der Geschäftsbereiche oder aggregierte Risikoarten (z.B. Kreditrisiko, Marktrisiko) dargestellt werden. Vergleicht man das aggregierte Unternehmensrisiko mit der Summe der Einzelrisiken, wird der Diversifikationseffekt verdeutlicht.[84]

---

[83] Vgl. Nottmeyer (2002), S. 32 .
[84] Vgl. Burger/Buchhart (2002), S. 196ff.

In der Praxis werden in Risikoportfolios häufig nicht aggregierte Risiken, sondern kumulierte Schadenserwartungswerte, wesentliche Einzelrisiken (z.B. die bedeutendsten Einzelrisiken je Geschäftsbereich) oder auch Mischformen zwischen aggregierten bzw. kumulierten Risiken und Einzelrisiken abgebildet.

Neben dem Gesamtrisiko wird in einem Risikoportfolio die Risiko-Akzeptanzlinie des Unternehmens abgebildet, d.h. jene Schwelle, ab der ein Handlungsbedarf ausgelöst wird. Diese Darstellung ermöglicht es, aus dem Risikoportfolio abzulesen, mit welcher Priorität die Risiken gesteuert werden sollten. Man beginnt mit dem Bereich der nicht tragbaren Risiken, d.h. mit den Risiken, deren Schadensausmaß katastrophal ist. Bei gleichem Schadensausmaß haben jene Risiken mit der höheren Schadenseintrittswahrscheinlichkeit Priorität.

2.353.2 Monte-Carlo-Simulation

Die Monte-Carlo-Methode dient zur experimentellen Ermittlung der Wahrscheinlichkeitsverteilung einer Zufallsgröße. Die Methode eignet sich zur Simulation von Ergebniswerten, deren Struktur und Verhalten unbekannt ist, deren zugrunde liegende Risikofaktoren und deren Wahrscheinlichkeitsverteilungen jedoch bekannt sind.[85]

Bei ihrer Anwendung im Rahmen des Risikomanagements ist zunächst ein geeignetes Modell zu entwickeln, das die zu berücksichtigenden Risikofaktoren enthält und diese mit einer Zielgröße verknüpft. Dafür eignen sich sogenannte Business Risk Models (z.B. Planungsrechnungen, Budgets, Finanzpläne), die die Verbindung von Risikofaktoren (z.B. Umsatzschwankungen, Preisschwankungen) mit unternehmerischen Zielgrößen (z.B. Unternehmensergebnis, Cashflow) herstellen.

In der Folge sind die Wahrscheinlichkeitsverteilungen der Risikofaktoren zu schätzen bzw. auf Basis historischer Daten zu ermitteln. Darüber hinaus ist es möglich, die Wirkung von Risikomanagement-Maßnahmen auf die Ergebnisgröße in das Modell einfließen zu lassen. Durch die Simulation wird schließlich die Wahrscheinlichkeitsverteilung der Zielgröße ermittelt.

Abbildung 44 stellt die Vorgehensweise bei der Risikoaggregation mit Hilfe der Monte-Carlo-Simulation schematisch dar.

---

[85] Vgl. Nottmeyer (2002), S. 43; vgl. Wolf (2003a), S. 566.

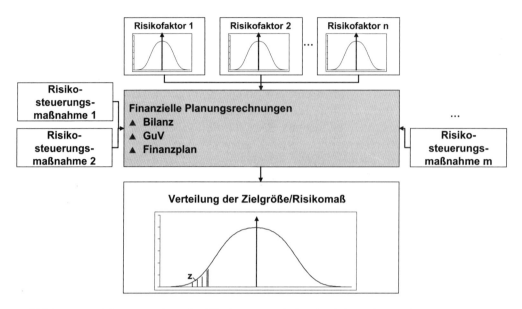

Abbildung 44: Risikoaggregation mit Hilfe der Monte-Carlo-Simulation – Schematische Darstellung[86]

Die folgende Abbildung zeigt, wie die mit Hilfe der Monte-Carlo-Simulation ermittelte Wahrscheinlichkeitsverteilung einer Ergebnisgröße aussehen könnte. Auf der y-Achse lässt sich ablesen, in wie viel Prozent aller Fälle der jeweilige Wert auf der x-Achse auftritt. Darüber hinaus sind der Durchschnittswert sowie der Best Case und der Worst Case bei einem Konfidenzintervall von 95 % angegeben.

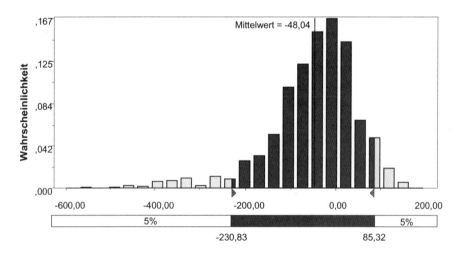

Abbildung 45: Beispiel für die Wahrscheinlichkeitsverteilung einer ungewissen Gesamtentwicklung als Ergebnis der Monte-Carlo-Simulation

---

[86] Vgl. Hoitsch/Winter (2004), S. 242.

Auf Basis der Wahrscheinlichkeitsverteilung der Ergebnisgröße lässt sich auch der sogenannte Cashflow at Risk (CFaR) ermitteln:

Der absolute CFaR einer Entscheidungseinheit ist derjenige finanzielle Überschuss eines bestimmten Betrachtungszeitraums, der mit einer festgelegten Wahrscheinlichkeit (1–z) nicht unterschritten bzw. lediglich mit der Wahrscheinlichkeit z unterschritten wird. Anders formuliert, ist der CFaR das z-Quantil der Wahrscheinlichkeitsverteilung des finanziellen Überschusses.[87]

Der relative CFaR einer Entscheidungseinheit ist diejenige betragsmäßige Unterschreitung einer festgelegten Zielgröße durch den finanziellen Überschuss eines bestimmten Betrachtungszeitraums, die mit einer festgelegten Wahrscheinlichkeit (1–z) nicht übertroffen bzw. lediglich mit der Wahrscheinlichkeit z übertroffen wird.[88]

Obwohl üblicherweise die Bezeichnung Cashflow at Risk verwendet wird, werden im Rahmen der Cashflow-at-Risk-Betrachtung auch andere Zielgrößen mit eingeschlossen, beispielsweise der Gewinn.

Die Monte-Carlo-Simulation ist aufgrund ihrer Flexibilität, die aus der näherungsweisen Bestimmung von zufallsabhängigen mathematischen Größen mittels stochastischer Simulation resultiert, anderen Verfahren überlegen. Bei der Aggregation von Risiken ist ab einer gewissen Anzahl und Komplexität der Entwicklungsmöglichkeiten der Faktoren die Monte-Carlo-Simulation die einzige praktikable Methode. Dem gegenüber steht der hohe Rechenaufwand, der sich allerdings angesichts permanent steigender Rechnerleistung in den vergangenen Jahren stark relativiert hat.

2.353.3 Szenarioanalysen (Corporate Strategy)

Neben der zuvor beschriebenen Erfassung von Einzelrisiken[89] eignet sich die Szenarioanalyse auch zur Risikoerfassung auf Gesamtunternehmensebene. Analog zur Integration von qualitativ oder quantitativ beschriebenen Einzelrisiken zu konsistenten Szenarien werden aus einer notwendigerweise quantitativen Datenbasis mögliche plausible Szenarien entwickelt. Für die Bildung der Szenarien können beispielsweise Methoden wie die im vorherigen Kapitel beschriebene Monte-Carlo-Simulation verwendet werden.[90]

Voraussetzung für die Anwendung der Szenarioanalyse zur Bewertung aggregierter Risiken auf Gesamtunternehmensebene oder für Unternehmensteilbereiche ist die Verfügbarkeit einer umfangreichen quantitativen Datenbasis bezüglich des Unternehmens als auch dessen relevanten Umweltfaktoren. Da bei der Einführung des Risikomanagementprozesses im Unternehmen diese Datenbasis oftmals nicht vorhanden ist bzw. umfangreiche Datenerhebungen als Vorleistung nicht möglich sind, wird diese Technik erst später mit der Weiterentwicklung des betrieblichen Risikomanagements zum Einsatz kommen können.

---

[87] Vgl. Homburg/Stephan, S. 315.
[88] Vgl. Homburg/Stephan, S. 315.
[89] Vgl. Kapitel 2.349.
[90] Vgl. Burger/Buchhart (2002), S. 95ff.

Die Szenariotechnik ermöglicht die Berücksichtigung sehr vieler Risiken, eine einfache Einbindung neu auftretender Risiken und ist nicht auf die Verwendung rein vergangenheitsbezogener Daten beschränkt. Daher eignet sich die Methodik zur vollständigen Erfassung von Risiken auf aggregiertem Niveau. Allerdings ist eine kontinuierliche Fortführung der Szenarien bei zunehmendem Zeithorizont und hoher Dynamik der Einflussfaktoren ein komplexes Unterfangen, für das es gilt, das Verhältnis aus Informationsnutzen und -kosten abzuwägen. Daher sind Art und Anzahl der zu berücksichtigenden Szenarien sowie der Umfang der erfassten Risiken, vor allem bei einer sehr hohen Heterogenität der Risiken, auch im Hinblick auf die Übersichtlichkeit der Ergebnisse, laufend zu hinterfragen.[91]

In Unternehmen mit sehr gut entwickeltem Stand der Führungsinstrumente liegen häufig simulationsfähige Geschäfts- und Unternehmensmodelle für die Szenarienarbeit im Rahmen der strategischen Unternehmensplanung vor. In diesem Fall bieten diese Modelle einen guten Ansatzpunkt für die risiko-chancen-orientierte Szenarien-Analyse.

2.36 Behandlung von Desasterfällen

Grundsätzlich gibt es für Desasterfälle keine spezifischen Anforderungen an den Bewertungsprozess. Eine Bewertung wird allerdings häufig nicht zweckmäßig sein, da man daraus keine Zusatzinformation erhält, außer der bereits bekannten Tatsache, dass es sich um ein „großes" Risiko handelt. Die zentralen Aufgaben im Zusammenhang mit Desasterfällen liegen sicherlich in der Identifikation, der Prävention und der Erstellung von Notfallplänen für den Fall des Desastereintritts, wobei für die Bearbeitung dieser Themen eine quantitative Bewertung kaum eine Hilfestellung bietet.

Mangels historischer Daten zu Desasterfällen im Unternehmen wird eine Bewertung auch kaum möglich sein. In naher Zukunft wird in diesem Bereich sicherlich der Input von Versicherungen gefragt sein, die aufgrund ihrer Erfahrung und durch das Einbringen weltweiter historischer Daten zu Desasterfällen Hilfestellung bei der Bewertung leisten können.

Es gibt aber auch Einzelfälle unter den Desasterfällen, die sogar sehr gut bewertbar sind, die aber zumeist unbeachtet bleiben,

- ▲ weil die Eintrittswahrscheinlichkeit sehr niedrig ist und/oder der Eintrittstermin – manchmal opportunistisch beurteilt – als sehr fern eingeschätzt wird, und
- ▲ weil subjektiv ein Gefühl vorherrscht, dass gegen diese Risiken ohnehin keine ökonomisch gerechtfertigte Maßnahmen ergriffen werden könnten und die Risiken somit einfach hingenommen werden müssten.

Beispiele sind unter anderem die in Kapitel 2.242 genannten Ereignisse. Für die risikopolitische Behandlung solcher Fälle kann folgende Vorgehensweise empfohlen werden:
- ▲ Durchführung einer „Critical-issues"-Analyse zur Erfassung und Bewertung dieser Risiken in mehrjährigen Abständen bzw. situativ bei extremen, die „Spielregeln" verändernden Diskontinuitäten im strategischen Umfeld. Im Rahmen der Erfassung sollten die wesentlichen, wenn auch aus Einzelprojektsicht wenig realistischen Rahmenbedingungen für die Beschränkung bzw. den Wegfall des Risikos skizziert werden.

---

[91] Vgl. Burger/Buchhart (2002), S. 97ff.

▲ In allen wesentlichen Strategie-Umsetzungsprojekten sollten diese „critical issues" – soweit sachlich in einen Projekt-Zusammenhang stellbar – angesprochen und dahingehend hinterfragt werden, ob nicht im Rahmen eines Projektes sich Rahmenbedingungen auftun, die eine ökonomische Lösung für das sonst kaum lösbare Problem begünstigen. So könnten z.B. im Rahmen einer Akquisition bestimmte Assets (Anlagevermögen, Rechte und Verträge, Kunden- und Lieferantenzugänge, Alternativ-Technologien, regionale Präsenzen) miterworben werden, die aus Einzelprojektsicht kein „acquisition target" sind, jedoch unter ökonomisch vernünftigen Bedingungen ein „critical issue" des Unternehmens im Risiko (potenzielle Schadenshöhe und/oder Eintrittswahrscheinlichkeit) extrem reduzieren.

2.4 Risikosteuerung und -überwachung

2.41 Ziele und Vorgehensweise

Auf der Basis von Risikoidentifikation, -bewertung und -analyse lassen sich Risikobewältigungsmaßnahmen entwickeln. Dabei geht es um das Ausarbeiten eines Konzepts, welche Risiken eingegangen werden sollen, wie die Optimierung des Verhältnisses zwischen Risiken und Chancen (Risk/Return-Optimierung) erreicht wird und ab welchen Schwellenwerten bzw. Limiten (im Rahmen eines Frühwarnsystems) Risikobewältigungsmaßnahmen getroffen werden.

2.42 Risikostrategie

Ziel einer systematischen Risikopolitik ist die Dokumentation der unternehmerischen Grundsätze zum Risikomanagement. Dabei geht es im Wesentlichen um die Beantwortung folgender Fragen:

▲ Welche risikopolitischen Ziele, Strategien und Verhaltensweisen verfolgt das Unternehmen? (Risikofreudig? Risikoneutral? Risikoscheu?)
▲ Wie sieht die optimale Risikomanagementstruktur für das Unternehmen aus? (operative Ebene)
▲ Der Grenznutzen der risikopolitischen Maßnahmen nimmt mit steigendem Grad der Sicherheit ab. In welchem Bereich besteht Zielharmonie zwischen dem Sicherheitsgrad und dem Gewinnziel des Unternehmens?

Die Risikostrategie legt fest, in welchem Ausmaß, mittels welcher Instrumente und in welchen Märkten Risiken übernommen bzw. abgesichert werden. Zudem definiert sie grundsätzliche Kompetenzen und Zuständigkeiten für das Eingehen, Messen, Steuern und Überwachen der verschiedenen Risiken. Für alle wesentlichen Risiken werden Limite formuliert, die den Maximalbetrag an Risiken festlegen, den das Unternehmen zu tragen bereit ist. Dabei sind die Ausstattung des Unternehmens mit Risiko-Deckungskapital (Eigenkapital und hybride, eigenkapitalähnliche Finanzierungsformen wie z.B. Mezzanin-Kapital) sowie das langfristige Performance-Profil des Unternehmens (Stabilität vs. Volatilität oder Zyklizität und dadurch bedingte Performance-Schwankungen) zu berücksichtigen.

Eine ausformulierte Risikostrategie und ein entsprechendes Risikomanagement sind für den langfristigen Erfolg eines Unternehmens von entscheidender Bedeutung. Die Aufgabe der Risikostrategie eines Unternehmens besteht in der Absicherung der Unternehmensziele (leistungswirtschaftliche, soziale und finanzielle) im Zeitablauf.

Das Risikomanagement muss die Risikostrategie an der Unternehmensstrategie ausrichten und das Risikomanagement-System so gestalten, dass es diese Zielerreichung unterstützen kann. Die Risikostrategie beinhaltet auch Grundsatzaussagen zur unternehmensspezifischen Risikobereitschaft und Risikotragfähigkeit, zum Stellenwert und den Rahmenbedingungen des Risikomanagements (z.B. akzeptierter Aufwand, Kommunikation, Einbindung in den Verantwortungsrahmen des Managements). Sie unterstützt die Schaffung einer positiven Grundeinstellung gegenüber dem Risikomanagement.

Zusammenfassend ist festzuhalten, dass die Risikostrategie die Ziele und Strategien, die das Unternehmen verfolgt, aus Risikomanagementsicht absteckt und damit das Framework für das unternehmenseigene Risikomanagementsystem bildet. Eine klar formulierte Risikostrategie ist daher für die effiziente Risk/Return-optimierte Unternehmenssteuerung unbedingt erforderlich. Ohne eine fixierte Risikostrategie fehlen die Rahmenbedingungen für den Umgang mit Risiken im Unternehmen.

2.43 Risikosteuerungsmaßnahmen

Im Anschluss an die Risikoanalyse und im Idealfall an die anzustrebende Risikoaggregation ist zu entscheiden, welche Risiken unmittelbaren Handlungsbedarf auslösen. Eine effiziente Risikosteuerung baut somit auf einer umfassenden Risikoanalyse sowie einer korrekten Quantifizierung der bestehenden Risiken auf. Mit Hilfe der Risikosteuerung sollen die erkannten und quantifizierten Risiken für das Unternehmen – unter Beachtung der Risikostrategie – vermieden, reduziert oder bewusst eingegangen werden.[92] Ziel der Risikosteuerung ist es, die Risikosituation des Unternehmens so zu verändern, dass eine Optimierung des Verhältnisses zwischen Ertragschance und Verlustgefahr erreicht wird (Risk/Return-Optimierung). Bei der Risikosteuerung muss jedoch berücksichtigt werden, dass viele Einzelrisiken einander überlagern, sodass bei der Steuerung eines einzelnen Risikos ein anderes Risiko bestehen bleibt oder sogar neue entstehen können.[93]

Aus diesem Grund ist es unabdingbar, eine Risikosteuerung zu implementieren, die gewährleistet, dass eine Gesamtrisikosicht – idealerweise durch eine funktionierende Risikoaggregation – an das Management berichtet wird und die Grundlage für Steuerungsmaßnahmen sowohl von Einzelrisiken als auch für die Veränderung des Risikoprofils darstellt.

Grundsätzlich unterscheidet man zwischen aktiven (präventiven) und passiven (korrektiven) Maßnahmen der Risikobeeinflussung. Aktive Maßnahmen gestalten und beeinflussen die Risikostrukturen, mit dem Ziel, Eintrittswahrscheinlichkeit und/oder Tragweite einzelner Risiken tatsächlich zu reduzieren. Synonym wird auch der Begriff „ursachenbezogene Maßnahmen" verwendet. Gemeinhin werden diese Maßnahmen auch unter dem Begriff Risikomanagement im engeren Sinn subsumiert.

---

[92] Vgl. Dörner/Horváth/Kagermann (Hrsg.), (2000), S. 331.
[93] Vgl. Dörner/Horváth/Kagermann (Hrsg.), (2000), S. 331.

Passive Risikobewältigungsmaßnahmen lassen demgegenüber die Risikostrukturen unverändert und beeinflussen die Eintrittswahrscheinlichkeit und das Schadensausmaß nicht. Passive Risikobewältigungsmaßnahmen haben vielmehr das Ziel, die finanziellen Auswirkungen auf das Unternehmen nach einem Risikoeintritt, etwa durch eine vertragliche Haftungsverlagerung auf einen Vertragspartner oder einen Risikotransfer durch eine Versicherung, zu reduzieren. Synonym wird auch der Begriff „wirkungsbezogene Maßnahmen" verwendet.[94]

Abbildung 46 gibt einen Überblick über mögliche Risikobewältigungsmaßnahmen.

Präventive Risikomanagement-Maßnahmen	Korrektive Risikomanagement-Maßnahmen	Keine Risikomanagement-Maßnahmen
Aktive Risikobewältigung durch ▲ Risikovermeidung ▲ Risikoverminderung ▲ Risikodiversifikation	Passive Risikobewältigung durch ▲ Risikotransfer ▲ Risikovorsorge	Risiko wird selbst übernommen
Risikostrukturen werden gestaltet	Risikostrukturen bleiben unverändert	Risikostrukturen bleiben unverändert
Keine oder verminderte Risikofolgen durch Reduktion von Eintrittswahrscheinlichkeit und/oder Schadensausmaß	Keine oder verminderte Risikofolgen durch Vorsorge oder Abwälzen der Konsequenzen	Eventuell „intelligentes" Selbsttragen (z.B. Captives)

Abbildung 46: Übersicht über Risikobewältigungsstrategien

▲ **Risikovermeidung:**

Entscheidet ein Unternehmen, auf Grund bestehender, nicht reduzierbarer Gefahren auf bestimmte Aktivitäten zu verzichten, so spricht man von Risikovermeidung. Diese Strategie ist vor allem dann sinnvoll, wenn Risiken aufgrund hoher Eintrittswahrscheinlichkeit und/oder großer Schadenshöhe ein existenzbedrohendes Ausmaß aufweisen, das nicht auf ein akzeptables Ausmaß reduziert werden kann.

Risikovermeidung ist zwar einerseits eine sehr nahe liegende Strategie des Risikomanagements, impliziert aber andererseits auch den Verzicht auf potenzielle Chancen. Risikovermeidung ist aber grundsätzlich sowohl in einer durch Risikofreudigkeit wie auch durch Risikoscheue gekennzeichneten Risikokultur ein Thema. Ist Risikovermeidung ein Fokus, der aus einer durch Risikoaversion gekennzeichneten Risikokultur resultiert, so ist insbesondere die strategische Unternehmensentwicklung potenziell schwer behindert. Dies führt konsequenterweise zum Verlust der Selbständigkeit eines Unternehmens (take-over) oder zur Beendigung der Unternehmenstätigkeit (shake-out).

---

[94] Vgl. Romeike/Finke (Hrsg.), (2003), S. 160.

▲ **Risikoverminderung:**

Unter Risikoverminderung versteht man die teilweise oder völlige Ausschaltung bzw. Eliminierung von Risikoquellen bzw. risikoauslösenden Ereignissen. Dies kann ursachenbezogen (durch Herabsetzen der Eintrittswahrscheinlichkeit; Schadensverhütung) oder wirkungsbezogen (durch Herabsetzen des Schadensausmaßes; Schadensherabsetzung) erfolgen. Eine Reduzierung von Risiken lässt sich beispielsweise durch personelle Maßnahmen (z.B. Personalauswahl oder -schulung), technische Maßnahmen (z.B. Löschanlagen, Firewalls) oder organisatorische Maßnahmen (z.B. Prozessoptimierung, Qualitätsmanagement) erreichen.

Diese Strategie eignet sich für Risiken, deren Auswirkungen als „nur" erfolgsbedrohend eingeschätzt werden.

▲ **Risikodiversifikation:**

Risikodiversifikation als drittes Instrument der aktiven Risikobewältigung bezeichnet den Versuch, Risiken regional, objektbezogen oder personenbezogen zu streuen, mit dem Ziel, das Schadensausmaß der diversifizierten Risiken zu vermindern. Eine regionale Diversifikation ist beispielsweise durch das Bedienen unterschiedlicher Ländermärkte möglich, objektbezogene Diversifikation lässt sich z.B. durch Produktdiversifikation erreichen, personenbezogene Diversifikation soll insbesondere das Risiko des Ausfalls von Schlüsselpersonen reduzieren. Risikodiversifikation bietet insbesondere Großunternehmen die Möglichkeit, Risiken zu vermindern, sofern sie nicht zu stark miteinander korrelieren.

▲ **Risikotransfer:**

Instrumente des Risikotransfers transferieren einen Teil der finanziellen Wirkungen von Risiken auf unternehmensexterne Märkte. Zu unterscheiden sind der Risikotransfer auf Versicherungsmärkte (Versicherung), der Risikotransfer auf Kapitalmärkte (Hedging) sowie der Risikotransfer auf – den internen Wertschöpfungsstufen – extern vor- oder nachgelagerte Ebenen (z.B. cost-sharing- oder margin-sharing-agreements mit Lieferanten und Kunden, vertragliche Risikoreduzierung durch Optionen-Vereinbarungen u.a.). Dabei werden entweder variable und ex ante unbekannte Kosten eines Risikos in Fixkosten umgewandelt (z.B. Bezahlung einer Optionsprämie für die [begrenzte] Ausschaltung des Schwankungsbereichs eines Rohstoffpreises), oder – umgekehrt – Fixkosten in variable Kosten transformiert (z.B. Ausschaltung des Lagerbestandswert-Risikos an den Kunden durch „Just-in-time"-Produktion und Auslieferung, bei gleichzeitiger Reduzierung der Verkaufsspanne als Vorteilsäquivalent für den Kunden). Ziel ist, einerseits solche Risiken zu transferieren, die die Stabilität von Ergebnissen oder Finanzzielen gefährden, andererseits solche, die die Finanzkraft des Unternehmens übersteigen.

▲ **Risikovorsorge:**

Im Rahmen einer Risikovorsorge werden Finanzmittel von dem Unternehmen selbst zu Zwecken der Risikodeckung bereitgestellt. Dies kann intern (Reservebildung bzw. Bildung von Rückstellungen oder Rücklagen) oder extern erfolgen (z.B. Pensionskasse).

▲ **Risikoakzeptanz bzw. -selbsttragen:**

Die nach erfolgreicher Risikoreduzierung oder -verlagerung verbleibenden Risiken sollten unter Beachtung der Ergebnisse der Risiko-Analyse bewertet werden. Aufbauend auf den Ergebnissen dieser Analyse ist eine bewusste Entscheidung zu treffen, welche Risiken selbst zu tragen sind. Der Gesamtheit selbst zu tragender Risiken muss ein adäquates Risikodeckungspotenzial (Risikotragfähigkeit) gegenübergestellt werden.

Abbildung 47 fasst die oben beschriebenen Risikobewältigungsstrategien grafisch zusammen.

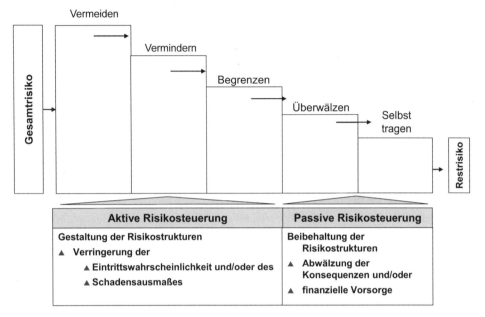

Abbildung 47: Risikobewältigungsstrategien

2.44 Risikolimitierung

Ziel der Risikolimitierung ist es, die Risikoübernahme so zu begrenzen, dass die vorhandenen Risikodeckungspotenziale nicht überschritten werden.

Die Geschäftsleitung legt eine Verlustobergrenze fest, wobei die Eigenkapitalausstattung und die Ertragslage des Unternehmens zu berücksichtigen sind. Auf der Grundlage der Analyseergebnisse des Risiko-Controllings ist, ausgehend von dieser Verlustobergrenze, ein System risikobegrenzender Limite einzurichten. Bei Änderungen in der Risikoeinschätzung sind die Limite entsprechend anzupassen. Für jede Risikoart sind Globallimite festzusetzen und von der Geschäftsleitung zu genehmigen. Ohne vorherige Zustimmung der Geschäftsleitung oder einer von ihr autorisierten Stelle darf kein Geschäft abgeschlossen werden, für welches kein Limit existiert oder das zu einer Limitüberschreitung führen würde. Inhalt und Umfang der Kompetenzen dieser Stelle sind schriftlich festzulegen.

Bei der Risikolimitierung kann unterschieden werden zwischen Risikolimitierung auf Einzelgeschäftsebene und Risikolimitierung auf Gesamtunternehmensebene.

Risikolimitierung auf Einzelgeschäftsebene:

Im Rahmen der Risikolimitierung werden für jede Risikoart Limite festgesetzt. Im Finanzbereich erfolgt zum Beispiel für jeden Kreditkunden bzw. für jede Risikoposition im Handel die Festlegung einer differenzierten Risikoobergrenze (Limit). Die Limitierungsmöglichkeiten können dabei vielschichtig sein:

▲ **Sensitivitätslimite**

Anhand von Sensitivitätsanalysen wird untersucht, inwieweit sich Änderungen bestimmter Risikofaktoren wie beispielsweise Aktienkurse, Zinssätze oder Volatilitäten auf den Wert einer bestimmten Transaktion oder eines gesamten Portfolios auswirken. Die Analyse wird anhand der Sensitivitätskennziffern für jeden preisbestimmenden Faktor getrennt durchgeführt, wobei alle anderen Marktfaktoren als konstante Größen unterstellt werden. Sensitivitätslimite begrenzen die Risiken, die aus der Veränderung der entsprechenden Risikofaktoren resultieren.

Zu beachten ist allerdings, dass Limite, die auf einen einzelnen Risikofaktor abstellen, dessen Einfluss aber durch die gegenläufige Entwicklung eines anderen Risikofaktors aufgefangen wird, zu suboptimalen Entscheidungen führen, weil sie das Geschäft potenziell beschränken.

▲ **Limite auf Basis Value at Risk**

Durch VaR-Limits werden Portfolio- und Volatilitätseffekte der einzelnen Risikofaktoren und Positionen berücksichtigt.[95]

Zur Überprüfung der Validität des verwendeten Modells muss ein entsprechendes Backtesting durchgeführt werden. Darunter versteht man den Vergleich zwischen dem aufgrund des verwendeten Modells unter einem vorgegebenen Konfidenzniveau ermittelten maximalen Verlust und den in der Realität aufgetretenen Ergebnissen.

Das Erreichen von Limiten kann weitere Handlungen bewirken. Beispielsweise kann bei Betrachtung des Ölpreisrisikos ein gewisses Preisniveau Risikomaßnahmen zur Folge haben (etwa das Schließen von offenen Positionen oder andere Sicherungsmaßnahmen).

Risikolimitierung auf Gesamtunternehmensebene:

Ein Unternehmen kann grundsätzlich nicht verhindern, dass übernommene Risiken zumindest teilweise schlagend werden und zu Verlusten führen. Darum muss mit Hilfe des Risikotragfähigkeitskalküls sichergestellt werden, ob sich ein Unternehmen eventuell auftretende Verluste auch leisten kann. Für das Risikotragfähigkeitskalkül können zwei zentrale Grundsätze formuliert werden:

▲ Das Gesamtrisikopotenzial darf das Risikotragfähigkeitspotenzial (Deckungspotenzial) grundsätzlich nicht übersteigen.

▲ Auftretende Verluste und/oder Liquiditätsunterdeckungen durch schlagend gewordene Risikopotenziale sind durch die Fixierung eines abgestimmten Systems von Risikolimiten konsequent zu begrenzen.

Das grundsätzliche Ziel der Risikobegrenzung im Risikotragfähigkeitskalkül ist es daher, das Verlustpotenzial durch Festlegung eines unternehmensweiten Economic Capital Limits (EC Limit) so zu begrenzen, dass für das in der Planperiode eingegangene Risiko (Economic Capital, EC Ist) gilt:[96]

---

[95] Zum Value at Risk vgl. Kapitel 2.343.
[96] Vgl. Poppensieker (1997), S. 53f.

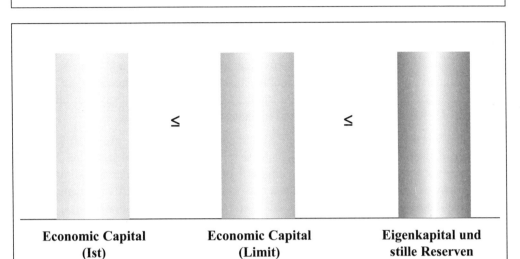

Abbildung 48: Gleichgewichtsbedingung im Risikotragfähigkeitskalkül

Diese Gleichgewichtsbedingung im Risikotragfähigkeitskalkül beruht auf der Überlegung, dass das Gesamtrisikopotenzial grundsätzlich kleiner sein muss als die verfügbaren Risikodeckungsmassen des Gesamtunternehmens.

Das verbleibende Delta (Zentrale Kapitalreserve, Excess Capital) zwischen dem Gesamtrisikopotenzial und dem zur Deckung zur Verfügung stehenden Kapital steht dem Management zur Abdeckung noch nicht erfasster Risiken bzw. für kurzfristige Limiterhöhungen in der bereits bestehenden Limitstruktur zur Verfügung.

Ergibt sich beispielsweise aus der Risikoaggregation ein Gesamtrisikopotenzial (EC_{Ist}) von 100 Mio. € auf Gesamtunternehmensebene, dann wäre bei einem ausgewiesenen Eigenkapital inkl. stiller Reserven von 110 Mio. € das Risikotragfähigkeitskalkül grundsätzlich gewährleistet. Verlangt die Geschäftsführung des Unternehmens eine zentrale Kapitalreserve von 20 Mio. € zur Abdeckung noch nicht erfasster Risiken, so ist die Limitierung auf Gesamtunternehmensebene (EC_{Limit}) mit 90 Mio. € festzulegen und das Gesamtrisikopotenzial folglich um 10 Mio. € zu reduzieren.

Zu beachten ist, dass das hier vorgestellte Risikotragfähigkeitskalkül als einperiodiges Modell lediglich für Unternehmen geeignet ist, die es vor allem mit (handelbaren) Preisrisiken zu tun haben, die durch Verkäufe und Gegengeschäfte vollständig weitergegeben bzw. reduziert werden können. In Industrie- und Handelsunternehmen hingegen entstehen Risiken vor allem auch in Bezug auf Realgüter (Gebäude, Produktionsanlagen), die einen großen Wert der Bilanzsumme ausmachen. Realgüter sind üblicherweise weniger markgängig, dadurch sind auch Risikosteuerungsmaßnahmen weniger schnell möglich. In der Folge ist auch für die Ermittlung der Risikotragfähigkeit bzw. des Risikodeckungspotenzials ein mehrperiodiges Modell erforderlich.

2.45 Risikoüberwachung

2.451 Frühwarnindikatoren (Key Risk Indicators)

Die Risikoüberwachung beobachtet und misst Faktoren (Frühwarn- oder Risikoindikatoren), die Auskunft über die Entwicklung des Risikos geben. Damit sollen im Sinne einer Frühwarnfunktion stagnierende oder negative Entwicklungen im Vorfeld erkannt werden. Die Risikoüberwachung leitet daraus Handlungsbedarf für die Risikosteuerung ab. Voraussetzung für effiziente Risikoüberwachung ist eine vollständige Risikoanalyse mit der Identifizierung der Risiken, ihrer Faktoren und Indikatoren.

Ein System von Risikoindikatoren (Key Risk Indicators) kann helfen, geeignete Risikobewältigungsmaßnahmen noch vor dem Schadenseintritt treffen zu können. Sollte ein derart automatisiertes Früherkennungssystem aufgrund der Heterogenität der Risikofälle nicht oder nur schwer umsetzbar sein, so können entsprechend kurzfristige Risikomanagementzyklen, das heißt häufig durchgeführte Risikoidentifikations- und -bewertungsprozesse, Abhilfe schaffen.

Insbesondere bei klar abgrenzbaren operationalen Risiken sind Risikofrüherkennungsinstrumente (Key Risk Indicators) von Bedeutung, da sie die Möglichkeit bieten, die Entwicklung von bereits identifizierten potentiellen Risikoquellen mittels Kennzahlen laufend zu überwachen.

Diese Risikoindikatoren können konkrete Kennzahlen sein, die bei Erreichen von zuvor festgelegten Toleranzgrenzen eine Verschärfung der Risikosituation anzeigen. Allerdings können auch nicht quantifizierbare Faktoren insbesondere im Unternehmensumfeld zur frühzeitigen Erkennung von Risiken dienen. Letztendlich sind der Festlegung von Risikoindikatoren im Rahmen der Festlegung von Risikopolitik und Risikostrategien keine Grenzen gesetzt. So können z.B. Ergebnisse von regelmäßig durchgeführten Kundenzufriedenheitsumfragen oder auch Mitarbeiterumfragen ebenso herangezogen werden wie Mitarbeiterauslastungskennzahlen oder Rohstoffpreise. Die Indikatoren und „schwachen Signale", die zur Beobachtung eines Risikos dienen, sollten schon bei der Risikoidentifizierung mit angegeben werden.

Da im Rahmen der Risikosteuerung Maßnahmen zur Reduzierung der Auswirkung oder der Eintrittswahrscheinlichkeit von Risiken ergriffen werden, ist die Überprüfung des Umsetzungsgrades und der Wirksamkeit dieser Maßnahmen ebenfalls Aufgabe der Risikoüberwachung.

2.452 Rückkopplung zum Risikomanagementprozess

Im Rahmen der Risikoüberwachung erfolgt die laufende Kontrolle der Risikomanagement-Maßnahmen. Sie wird zunächst von den Risikoverantwortlichen (Risk Owners) im Rahmen der zyklischen Wiederholung des Risikomanagementprozesses durchgeführt. Dabei geht es vorrangig um die aktuelle Einschätzung der bereits identifizierten Risiken und damit Hand in Hand um die kritische Analyse der identifizierten Maßnahmen im Hinblick auf ihren Umsetzungsgrad und ihre Effizienz. Als Ergebnis dieser Analyse sollten die bestehenden Maßnahmen mit ihrem Umsetzungsgrad festgehalten oder neue Maßnahmen identifiziert werden.

Darüber hinaus prüft das Risikomanagement die regelmäßige Durchführung der Risikoüberwachung durch die Risk Owner. Durch die Überprüfung der Maßnahmendurchführung und die daraus resultierende Sicherstellung der Zielerreichung gewährleistet die Risikoüberwachung mittelbar die Übereinstimmung der tatsächlichen mit der anhand risikopolitischer Grundsätze definierten Risikosituation des Unternehmens.

2.46 Dokumentation der Risikosteuerungsaktivitäten

Die vom Unternehmen verfolgte Risikopolitik ist entsprechend schriftlich festzuhalten und auch nach außen (Kunden, Investoren, Geschäftsbericht) zu kommunizieren. Alle konzernweit gültigen Standards (Aufgabenstellung und Zuständigkeiten) und Richtlinien bezüglich Risikomanagement sind in einem Risikomanagementhandbuch zu dokumentieren.

Hauptziel dieses Dokuments ist es, einen hohen Standard im Risikomanagement sicherzustellen, der die Anforderungen des Unternehmens optimal erfüllt.

2.5 Risikoreporting

2.51 Ziele und Vorgehensweise

Im Rahmen des Risikoreporting ist über die identifizierten und bewerteten Risiken sowie über die eingeleiteten Maßnahmen zur Risikobewältigung regelmäßig zu berichten.[97] Das Risikoreporting hat die Aufgabe, den systematischen Fluss relevanter Risiko- und Chancen-Informationen an alle wesentlichen Stellen und Personen sicherzustellen. Dies beinhaltet die Ergebnisse der Risikoidentifikation, -analyse und -bewertung, den Status der Planung, Steuerung und Umsetzung der Maßnahmen zur Risikobewältigung ebenso wie Informationen aus Risikokontrolle und -überwachung.[98]

Idealerweise ist das Risikoreporting in Abstimmung mit dem bestehenden Berichtssystem durchzuführen und nicht als isolierter Prozess zu installieren.[99]

2.52 Adressaten der Risikoberichterstattung

2.521 Interne Adressaten

Interne Adressaten der Risikoberichterstattung sind beispielsweise Bereichsleiter, Corporate Risk Management bzw. zentrales Risikomanagement, Risk Committee, Vorstand und Aufsichtsrat. Ist das Risikomanagement im Unternehmen mehrstufig aufgebaut (Corporate Risk Management bzw. zentrales Risikomanagement und dezentrales Risikomanagement), so sollte auch das Risikoberichtswesen mehrstufig sein. Entsprechend berichtet das dezentrale dem zentralen Risikomanagement in regelmäßigen Abständen über die Risiken des Bereichs bzw. über Risikobewältigungsmaßnahmen, das zentrale Risikomanagement (Corporate Risk Management) berichtet dem Vorstand in regelmäßigen Abständen über bestandsgefährdende Risiken sowie über die Gesamtrisikoposition, und der Vorstand erstattet

---

[97] Vgl. Schierenbeck (Hrsg.), (2000), S. 478.
[98] Vgl. Dörner/Horváth/Kagermann (Hrsg.), (2000), S. 496.
[99] Vgl. Bötzel/Lührs/Rechtsteiner et al. (2002), S. 24.

dem Aufsichtsrat (in der Regel hoch aggregiert) Bericht über die Gesamtrisikoposition des Unternehmens. Darüber hinaus erfolgt eine Berichterstattung an die Risk Owner über ihre Risiken bzw. an die Bereichsleiter über die Risiken in ihrem Bereich. Ein weiterer Adressat des Risikoberichtswesens kann die Interne Revision (als Überwachungsorgan des Risikomanagementsystems) sein.

In großen, komplexen bzw. hierarchisch vielstufigen Unternehmen bewährt es sich, schon installierte periodische Kommunikationsforen (z.B. ein monatliches Performance-Meeting des Vorstandes mit Geschäftsbereichsleitern) für die Wissensaktualisierung über die Risikolage von Geschäften und den Stand von Umsetzungsmaßnahmen des Risikomanagement-Aktionsprogramms eines Geschäftsjahres zu nutzen.

Grundsätzlich ist es Aufgabe der Adressaten, ihre Informationsbedürfnisse zu definieren. Die Anforderungen der einzelnen Adressaten lassen sich wie folgt skizzieren:

Das zentrale Risikomanagement sollte möglichst umfassend über sämtliche Unternehmensrisiken informiert werden. Die Risiken sollten so weit wie möglich auch quantitativ, d.h. hinsichtlich ihrer Schadenshöhe und Eintrittswahrscheinlichkeit bzw. idealerweise hinsichtlich ihrer Verteilungsfunktion, bewertet werden.

Der Vorstand sollte regelmäßig über alle wesentlichen Risiken informiert werden. In der Regel wird er darüber hinausgehende Informationen über die Risikolage des Unternehmens, unter Umständen abgestuft nach der Relevanz der einzelnen Risiken, verlangen.

Der Aufsichtsrat hat grundsätzlich ähnliche Informationsbedürfnisse wie der Vorstand. Allerdings werden für seine Überwachungstätigkeit eine höhere Aggregationsebene, höhere Meldegrenzen sowie eine geringere Berichtshäufigkeit ausreichen.

2.522 Externe Adressaten

Externe Adressaten der Risikoberichterstattung sind vor allem Wirtschaftsprüfer, Shareholder, Debtholder, Analysten und Rating-Agenturen.

Der Wirtschaftsprüfer prüft (gemäß § 317 dHGB bzw. Regel 78 des Österreichischen Code of Corporate Governance) die Funktionsfähigkeit des Risikomanagements, einerseits anhand des Risikohandbuchs und der Risikoberichte (an Vorstand und AR), andererseits auch anhand konkreter Überprüfungen vor Ort. Ergebnis der Prüfung ist ein Befund, ob sichergestellt ist, dass bestehende Risiken erfasst, analysiert, bewertet und entsprechend berichtet werden.

Wichtigstes Informationsinstrument für die übrigen externen Adressaten ist der Geschäftsbericht (d.h. Lagebericht und Anhang), der den Adressaten entscheidungsrelevante und verlässliche Informationen zur Verfügung stellen soll, mit denen sie sich ein zutreffendes Bild über die Risikolage des Unternehmens machen können.

2.53 Interne Berichterstattung

Unternehmensintern sind Art und Umfang der Risikoberichterstattung frei gestaltbar. Das Risikoreporting sollte vor allem Standardrisikoberichte mit klar definierten Inhalten, Berichtsempfängern und Berichtsterminen umfassen, in Ausnahmefällen werden „außerordentliche Risikoberichte" bzw. Ad-hoc-Risikoberichte erstellt.[100]

2.531 Auswahl der Berichtsobjekte und Berichtssubjekte

Die Ziele eines Unternehmens werden in der Regel durch die arbeitsteilige Kooperation der Gesamtheit seiner Unternehmensteile erreicht. Unter Unternehmensteilen seien hier einerseits alle Einzelunternehmen verstanden, die im Konzern miteinander verbunden sind, andererseits aber auch alle strategischen Geschäftseinheiten, operativen Funktionsbereiche sowie Zentralstellen/Stabsstellen.

Die so definierten Unternehmensteile bilden die Summe der in einem Gesamtunternehmen zu betrachtenden Berichtsobjekte. Nur so kann dem Postulat der Vollständigkeit der Risikoidentifikation Rechnung getragen werden.

Davon zu unterscheiden ist die Auswahl der Berichtssubjekte, also derjenigen risikobehafteten Unternehmensteile, die tatsächlich berichtspflichtig sind. Die Auswahl der Berichtssubjekte kann sehr unterschiedlich gestaltet sein; sie kann weit gestreut sein oder aber sich auf wenige Berichtssubjekte konzentrieren. Entscheidend ist, dass die Verantwortungsstruktur auf Berichtssubjekte so ausgelegt ist, dass die Vollständigkeit der Risikoberichterstattung hinsichtlich der abzudeckenden Risikoobjekte sichergestellt wird.

Grundsätzlich erscheint es sinnvoll, je nach Größe eines Unternehmens die Risikoidentifikation auf unteren oder zumindest mittleren (operativen) Ebenen vorzunehmen und entsprechend einem konzern- oder unternehmensinternen Berichtswesen zu verdichten. Da die Berichtssubjekte im Rahmen des Risikomanagementzyklus neben der Risikoidentifikation auch für die Bewertung, das Finden von Risikomanagement-Maßnahmen und das Risikocontrolling verantwortlich sind, ist eine entsprechende Einfluss- und Durchgriffsmöglichkeit auf die von ihnen mitzuverantwortenden Berichtsobjekte notwendige Voraussetzung.

Beispiel 1: Das Unternehmen A besteht aus fünf operativen Bereichen und vier Stabsstellen (CIO, Marketing, Human Resources und Financial Controlling). Der Risikomanagementzyklus wird dreimal im Jahr angestoßen und entsprechend berichtet, einmal zum Zeitpunkt der Planung, einmal zum Geschäftsjahresende und einmal zum Halbjahresende. Berichtssubjekte sind zunächst die fünf operativen Bereiche. Diese decken – je nach Bedarf unter Zuziehung der zentralen Experten – Prozessrisiken, Marktrisiken und mitarbeiterbezogene Risiken ab. Financial Controlling berichtet als sechstes Berichtssubjekt gesondert über Zinschancen und -risiken aus Finanztransaktionen und Anlagestrategien sowie über Währungs- und Exportfinanzierungsrisiken.

---

[100] Vgl. Dörner/Horváth/Kagermann (Hrsg.), (2000), S. 496.

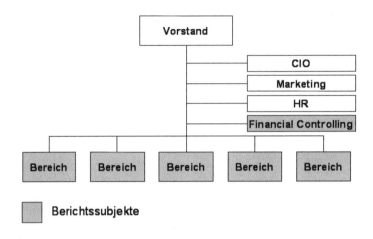

Abbildung 49: Berichtssubjekte in Unternehmen A

Beispiel 2: Das Unternehmen B besteht aus sieben operativen Bereichen, drei operativen Tochtergesellschaften (a–c) und sechs Stabsstellen (CIO, Marketing, Human Resources, Financial Controlling, Legal Services und Procurement). Zwei der drei Tochtergesellschaften (a + b) sind jeweils einem Bereich zugeordnet, die Bereichsleitung ist jeweils im Beirat der Gesellschaft vertreten, diese Tochtergesellschaften werden in den jeweiligen Bereich voll konsolidiert. Die dritte Tochtergesellschaft c ist keinem Bereich zugeordnet und wird „zentral" ins Unternehmen B konsolidiert. Als Berichtssubjekte werden die sieben Bereiche, die Tochtergesellschaft c sowie Financial Controlling (siehe Beispiel 1) und Legal Services ausgewählt. Die Tochtergesellschaften a + b berichten auf der darunter liegenden Ebene direkt an ihre Bereiche, die Bereiche konsolidieren die Risikoberichte mit den eigenen Risikowerten. Legal Services berichtet gesondert zu Themen der Produkthaftung sowie anhängigen oder drohenden (schieds-)gerichtlichen Verfahren.

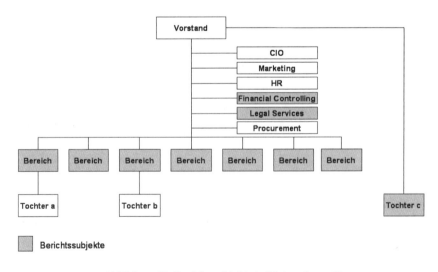

Abbildung 50: Berichtssubjekte in Unternehmen B

2.532 Inhalt und Detaillierungsgrad der Berichte

Wichtige Inhalte des Risikoberichts sind neben den identifizierten und nach Möglichkeit quantitativ bewerteten Risiken vor allem Informationen über wesentliche Veränderungen der Risikolandschaft, d.h. hinzugekommene bzw. weggefallene Risiken seit dem letzten Standardbericht, Risikobewältigungsmaßnahmen und deren Wirksamkeit sowie Handlungsbedarf in Reaktion auf einzelne Risiken. Von besonderer Bedeutung sind entsprechende Kommentare, d.h. es sollte den Berichtsempfängern nicht selbst überlassen bleiben, die Berichtsinhalte zu interpretieren, da die Empfänger mit dieser Interpretation häufig überfordert bzw. aus Zeitmangel nicht in der Lage sind, selbst Ursachenforschung zu betreiben. Das zentrale bzw. dezentrale Risikomanagement ist entsprechend dazu aufgefordert, Ursachen bzw. Zusammenhänge mit anderen Unternehmensbereichen zu erläutern.

Darüber hinaus ist es Aufgabe des zentralen Risikomanagements, relevante Begriffe und vor allem Kennzahlen eindeutig zu definieren. Fehlen diese Definitionen, besteht die Gefahr, dass viel Zeit in die Debatte über unterschiedliche Werte der vermeintlich selben Kennzahl fließt. Außerdem besteht die Gefahr, dass sich in den Bereichen System-Eigenleben entwickeln, wenn die Berichtsinhalte nicht harmonisiert und zwingend standardisiert sind.

Im Rahmen des Standard-Risikoberichtswesens gilt es häufige Änderungen von Inhalten, Strukturen, Layout etc. zu vermeiden. Es sollte eine klare Trennlinie zwischen einem stabilen Standard-Berichtswesen und flexiblen Ad-hoc-Informationen bestehen.

Inhalte und Tiefe der Risikoberichte sollten in Abhängigkeit vom Adressaten variieren, d.h. das Detaillierungsniveau sollte an die Adressaten angepasst werden. Dabei gilt es wichtige Entscheidungsträger nicht mit Detailinformationen zu überfrachten. Aufgabe des zentralen Risikomanagements ist es, eine Reporting-Hierarchie zu entwickeln, d.h. dezidierte Berichtselemente für unterschiedliche Adressatenkreise festzulegen (vgl. Abbildung 51).

Adressat / Berichtsinhalt	AR	Vorstand	Risk Committee	Corporate Risk Management	Bereich
Wesentliche Risiken	X	X	X	X	X
Zu beobachtende Risiken			X	X	X
Andere				X	X

Abbildung 51: (Vereinfachtes) Beispiel einer Reporting-Hierarchie

Bei Chancen und Risken, die vom Vorstand auch gegenüber Stakeholdern kommuniziert oder sogar in ihrer Bewertung und Steuerung begründet oder verteidigt werden müssen (z.B. gegenüber dem Wirtschaftsprüfer), ist ein besonders sorgfältiges und so detailliertes Aufbereiten erforderlich, dass sich für den Vorstand keine mehrdeutigen Interpretationsfragen ergeben. Gegebenenfalls ist für diese Kommunikationsaufgaben auch ein Briefing durch Risikomanagement-Experten angebracht.

2.533 Periodizität

Zur Vermeidung einer Überlastung der Berichtsempfänger empfiehlt es sich, die Häufigkeit der Berichte über bestimmte Risiken an die Relevanz der Risiken anzupassen. Das bedeutet, dass beispielsweise hochrelevante Risiken wöchentlich, wenig relevante Risiken jährlich berichtet werden (vgl. Abbildung 52).

Relevanz	Berichtshäufigkeit
1	Jährlich
2	Quartalsweise
3	Quartalsweise
4	Monatlich
5	Wöchentlich

Abbildung 52: Frequenz der Risikoberichterstattung

Auch über wenig relevante Risiken sollte dem zentralen Risikomanagement zumindest einmal jährlich berichtet werden, vor allem, weil nur so eine unternehmensweite Risikoaggregation möglich ist. Zu bedenken ist außerdem, dass Risiken, die in einzelnen Unternehmensbereichen für weniger relevant gehalten werden, auf Gesamtunternehmensebene (aggregiert) durchaus bestandsgefährdend sein können.

2.534 Ad-hoc-Berichterstattung

Neben dem Standardberichtswesen sollte die Möglichkeit bzw. die Pflicht bestehen, im Notfall ad hoc beispielsweise über neu auftretende, bestandsgefährdende Risiken oder über bedeutende, tatsächlich eingetretene Schäden zu berichten. Nur dadurch ist es möglich, schnell mit entsprechenden Maßnahmen auf Risiken zu reagieren und dadurch unter Umständen größere Schäden zu vermeiden. Flexible Kommunikation zwischen dezentralem und zentralem Risikomanagement hilft vor allem bei drohenden Unternehmenskrisen, die meist knappe Reaktionszeit optimal zu nützen.

2.535 Beispiele für internes Risikoberichtswesen

Unternehmen A

Das Risikoberichtswesen des Unternehmens A ist hierarchisch aufgebaut. Es werden fünf Standard-Risikoberichte sowie Risikoberichte betreffend die wesentlichen Prozesse unterschieden (vgl. Abbildung 53):

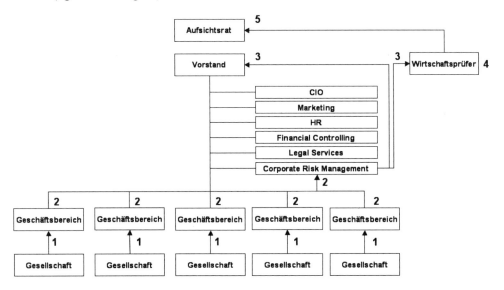

Abbildung 53: Berichtshierarchie in Unternehmen A

Bericht 1: Risikobericht der Gesellschaften an das Geschäftsbereichs-Management

Dieser vom Risikoverantwortlichen verfasste, standardisierte und vom Management gegengezeichnete Risikobericht, der zumindest die wesentlichen und beobachtungsnotwendigen Risiken enthält, wird von der (Landes-)Gesellschaft dem Bereichsrisikoverantwortlichen zugesandt.

Dieser Bericht enthält alle identifizierten Risiken, bewertet hinsichtlich Eintrittswahrscheinlichkeit und Schadensausmaß sowohl vor als auch nach Risikomanagementmaßnahmen. Der Bericht enthält außerdem so genannte „High Priority Risks" (strategische Risiken und Risiken mit wesentlicher Bedeutung), Anmerkungen zu gelöschten oder neuen Risiken sowie Veränderungen in der Bewertung, wesentliche Gegenmaßnahmen, Handlungsbedarf und Indikatoren für eine Risikoveränderung. Die Berichterstattung erfolgt in der Regel halb- bzw. vierteljährlich.

Bei Auftreten neuer wesentlicher Risiken ist eine sofortige Meldung an das Bereichsmanagement und an das Corporate Risk Management zu erstatten.

Risiken betreffend Leib, Leben und Sicherheit sind an definierte Krisenmanager ad hoc zu berichten.

Bericht 2: Risikoberichte der Geschäftsbereiche an Corporate Risk Management

Die Risikokoordinatoren der Geschäftsbereiche, die auch für die Identifikation bereichsübergreifender Risiken verantwortlich sind, führen die abschließende Plausibilitätsprüfung des Bereiches durch. Nach Konsolidierung stimmen sie den Bericht mit der Bereichsgeschäftsführung ab und übermitteln ein unterzeichnetes Exemplar an das Corporate Risk Management.

Der Risikobericht der Risikokoordinatoren der Geschäftsbereiche erfolgt in der gleichen Struktur wie Bericht 1 und kann sich z.B. in folgende Teile gliedern: Summary-Report mit Risk Map mit den einzelnen Risiken, geordnet nach Risikoarten, auf Geschäftsbereichsebene konsolidiert; Kommentar, Veränderungen seit Letzterhebung, Maßnahmen zur Risikobewältigung.

Das Corporate Risk Management wertet die Risikoberichte aller Bereiche aus, konsolidiert auf Konzernebene, ergänzt durch die Berichte der Corporate Units und stellt einen Konzernrisikobericht zusammen.

Bei der Aufnahme neuer Bereiche und Geschäftsfelder sowie bei Auftreten wesentlicher Risiken Leib, Leben und Sicherheit betreffend ist Ad-hoc-Berichterstattung erforderlich.

Bericht 3: Risikoberichte an den Vorstand

Der vom Corporate Risk Management zusammengestellte Konzernrisikobericht wird dem Vorstand regelmäßig (zwei- bis viermal pro Jahr) vorgelegt. Er beinhaltet alle erhobenen wesentlichen Risiken in Form einer Risk Map und normalerweise die Klasse der beobachtungswerten Risiken des Konzerns in ihrer Nettoauswirkung, bewertet in Euro, mit den entsprechenden Maßnahmen zur Risikobewältigung. Darüber hinaus wird auf „High priority risks" und „need for action" eingegangen sowie auf wesentliche Risiken, die sich im Zeitablauf verändert haben.

Als Beilagen sind die Risk Maps der Geschäftsbereiche sowie die Corporate Risk Map und eine Aufstellung der Risiken betreffend Leib, Leben und Sicherheit angeführt.

Ein Schema des Risikoberichts an den Vorstand kann wie folgt dargestellt werden:

Einleitung/Allgemeiner Stand

Reports

Anzahl identifizierte Risiken

	Brutto	Netto	Wert in EURO
Wesentliche			
Beobachtungsnotwendige mit geringer Auswirkung			
High Priority			
Need for Action			

Wesentliche Risiken

	Bereich	Netto	Mitigation Policy
Marktpreisrisiko	Corporate	X Mio. EUR	Z. B. Hedging
Entwicklungsrisiko	Exploration	X Mio. EUR	Z. B. Project-Reviews
...			

Beobachtungsnotwendige Risiken

	Bereich	Netto	Mitigation Policy
Currency USD	Finanz	X Mio. EUR	Z. B. USD-Policy
Interest Rate	Finanz	X Mio. EUR	Z. B. Tenor/ Asset fix/floating ratio
...			

Veränderung seit letzter Überprüfung: abgeschwächte Risiken erhöhte Risiken

High Priority Risiken: Risiken mit eventuell noch geringem Impact oder noch nicht ausreichend bestimmtem Impact, aber mit hohem Potenzial und Maßnahmen

Need for Action: Risiken mit Handlungsbedarf

New Alerts (Frühwarnsystem)

Zusammenfassung: Kommentar des Corporate Risk Management

Anlagen: Risk Maps: Konzern   Operative Geschäftsrisiken, Corporate, Event, Geschäftsberichte

Abbildung 54: Risikobericht an den Vorstand

Bericht 4: Opinion des Wirtschaftsprüfers

Der Wirtschaftsprüfer bekommt den von Corporate Risk Management zusammengestellten Risikobericht vor Bilanzprüfung im Format des Vorstandes vorgelegt. Anhand dieses Berichts sowie des Risikomanagementhandbuchs und eventuell anderer Risikomanagement-Richtlinien (bzw. Prüfungen vor Ort) prüft der Wirtschaftsprüfer gemäß Regel 78 des Österreichischen Code of Corporate Governance die Funktionsfähigkeit des Risikomanagements.

Diese Beurteilung beinhaltet, ob nach Systemprüfung des Risikomanagementsystems die implementierte Ablauforganisation sicherstellt, dass bestehende Risiken erfasst, analysiert, bewertet und entsprechend berichtet werden.

Darüber hinaus werden Kommentare und Empfehlungen, die sich aus der Prüfung des Risikomanagements ergeben, gegebenenfalls im Management-Letter dargestellt.

Bericht 5: Berichte an den Aufsichtsrat

Gemäß Regel 78 des Österreichischen Code of Corporate Governance wird der Bericht des Wirtschaftsprüfers dem Aufsichtsratspräsidenten zur Kenntnis gebracht und hat dieser dafür zu sorgen, dass der Bericht im Aufsichtsrat behandelt wird.

Interne Risikoberichte betreffend die wesentlichen Prozesse

Abgesehen von der regulären Berichterstattung im Rahmen des Risikomanagementprozesses werden auch bei verschiedenen wesentlichen Prozessen Berichte im Sinne eines unternehmensweiten Risikomanagements verfasst.

Beispiele:

- ▲ Ein standardisierter Risikoreport bei *Eintritt in neue Länder bzw. Geschäftsfelder oder Großinvestitionen* soll eine frühzeitige, systematische Abschätzung des Investments ermöglichen. Hier sind nicht nur finanzielle Daten des Objekts wichtig (Financial Statements, Geschäftsplanungen, Cashflow…), sondern auch eine Einschätzung des Risikoumfeldes. Dies beinhaltet politische und rechtliche sowie ethische Standards und ökologische Gegebenheiten.
- ▲ Die Dokumentation der Risikoeinschätzung erfolgt auf einem Erhebungsbogen („Template"), der mit Hilfe interner und externer Einschätzungen vervollständigt wird. Die Verantwortung für Identifikation und Bewertung der Risiken liegt beim jeweiligen Projektleiter, der für die Berichterstattung an den Vorstand und an das Corporate Risk Management verantwortlich ist.
- ▲ Bei Risikoberichten in den Phasen des *Due-Diligence-Akquisitionsprozesses* sind, mit steigender Genauigkeit, die Risiken der Akquisition hinsichtlich Eintrittswahrscheinlichkeit, Schadensausmaß und hinsichtlich möglicher Risikobewältigungsmaßnahmen zu beurteilen. Die Bewertung erfolgt für einen Zeitraum von 3 Jahren und bezieht sich auf vorher definierte Handlungsszenarien, an denen Maßnahmen zur Risikosteuerung getestet und bewertet werden.
- ▲ Die Risikobeurteilung ist jeweils zu den „Due-Diligence-Runden" zu überarbeiten und zu einem Risikobericht zusammenzufassen. Dieser wird dem Vorstand als Entscheidungsgrundlage vorgelegt und das Corporate Risk Management wird entsprechend informiert.

▲ Ähnliche vorstrukturierte Berichte werden im Zusammenhang mit der *Post Merger Integration* und bei *Großprojekten* bis zur Einbindung in das kontinuierliche Reporting des operativen Risikomanagementprozesses (wie oben beschrieben) verwendet.

Unternehmen B

Im Unternehmen B wird per Stichtag 31. Jänner jedes Geschäftsjahres je Gesellschaft der aktuelle Status zum Risikomanagement (identifizierte Risiken, Maßnahmen zur Gegensteuerung mit Realisierungsgrad, Umsetzungszeitplan und Risikobewertung bzw. Status zu möglichen Schwerpunktthemen) an die Konzernrevision berichtet. Gesellschaftsintern sind zusätzlich entsprechende Verantwortlichkeiten festzulegen.

Basis der Berichterstattung bildet die Risiko-Einstufung anhand einer Bewertungsmatrix (9er-Matrix) sowie die 5 wesentlichen aus der Analyse der Wertschöpfungskette ermittelten Risiken.

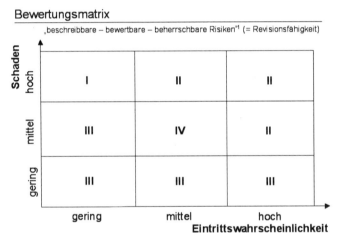

Abbildung 55: Risikomanagement-Bewertungsmatrix[101]

Treten während des laufenden Geschäftsjahres wesentliche/gravierende neue Risikopotenziale auf, sind davon die entsprechenden Gremien (Aufsichtsrat/Beirat) zu informieren. Falls diese neuen Risikopotenziale auch andere Gesellschaften betreffen könnten, ist die Konzernrevision zwecks konzernweiter Abstimmung darüber ebenfalls in Kenntnis zu setzen.

---

[101] Quelle: Götschhofer (2004), S. 21.

Unternehmen C

Unternehmen C führt quartalsweise eine Bewertung der Einzelrisiken sowie eine Aggregation der Einzelrisiken zu Hauptrisiken sowie zum Gesamtrisiko des Unternehmens mit Hilfe der Monte-Carlo-Simulation durch. Das Ergebnis der Monte-Carlo-Simulation ist auch Inhalt des quartalsweisen Risikoberichts an Vorstand und Aufsichtsrat (vgl. Abbildung 56).

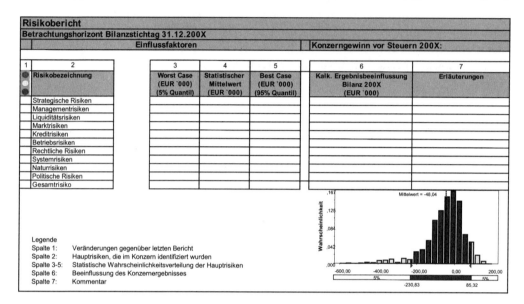

Abbildung 56: Risikobericht an Vorstand und Aufsichtsrat – Aggregierte Risiken

2.54 Externe Berichterstattung

2.541 Medien der externen Risikoberichterstattung

Jahresabschluss

Die externe Risikoberichterstattung gewinnt im Rahmen einer erweiterten Transparenz zunehmend an Bedeutung. Sie konzentriert sich einerseits auf die Darstellung der wesentlichen Risiken und deren Management, andererseits auf die Risikopolitik und Organisation des Risikomanagements. Ziel der externen Berichterstattung ist eine materielle, konsistente und kontinuierliche Information an Investoren und andere Stakeholder. Dieser liegt die Annahme zugrunde, dass die Kenntnis der Unternehmensrisiken und die Transparenz der integrierten Steuerung der Risiken das Vertrauen der Investoren stärkt.

Kern der externen Berichterstattung ist der Geschäftsbericht, in dem im allgemeinen Teil, im Lagebericht und im Anhang über Risiken berichtet werden kann bzw. muss. In Deutschland wurde durch das KonTraG 1998 die explizite Pflicht zur Risikoberichterstattung im Lagebericht gesetzlich festgelegt. Demnach ist bei der Darstellung des Geschäftsverlaufs und der Lage der Gesellschaft „auch auf die Risiken der künftigen Entwicklung einzugehen" (§§ 289 und 315 dHGB). Österreichische Unternehmen können sich in ihrer externen Risikoberichterstattung (freiwillig) am deutschen KonTraG orientieren.

Nach Regel 66 des Österreichischen Code of Corporate Governance macht „die Gesellschaft [...] im Anhang des Konzernabschlusses detaillierte Aussagen über mögliche Risiken, wie Branchenrisiken, geografische Risiken, Zinsen, Währungen, Derivativgeschäfte und Off-balance-sheet-Transaktionen, und beschreibt die eingesetzten Risikomanagement-Instrumente im Unternehmen". Für österreichische Unternehmen, die nach IAS/IFRS oder US-GAAP bilanzieren, ist der Anhang als Teil des internationalen Konzernabschlusses i.S.d. § 245a HGB Gegenstand einer verpflichtenden Abschlussprüfung nach § 268 Abs. 2 HGB. Die Anhangsangaben nach Regel 66 des Österreichischen Corporate-Governance-Kodex sind, sofern sie über das von § 245a HGB geforderte Ausmaß hinausgehen, lediglich von börsenotierten österreichischen Aktiengesellschaften anzuwenden, die sich freiwillig dem österreichischen Corporate-Governance-Kodex unterworfen haben.

Investoren-Information

Ziel der Investoren-Information ist eine über den Geschäftsbericht hinausgehende kontinuierliche und konsistente Berichterstattung an Shareholder bzw. Debtholder (Investoren).

Berichte im Rahmen der Investoren-Information können in Form von Präsentationen, Mails, Informationen auf der Web-Site, Road Shows etc. erfolgen. Die Information sollte einen Überblick über die wesentlichen Risiken und über die Struktur des Risikomanagement-Systems (Handbuch und generelle Risikopolitik) geben. Darüber hinaus können Aussagen zu risikorelevanten finanziellen Zielen (z.B. fixierte Verschuldungsbegrenzung, etwa in Form einer Gearing-Ratio-Obergrenze), Sensitivitäten und finanziellem Risikomanagement (Währungen, Zinsen, Commoditys) getroffen werden.

Die Berichte/Aussagen sind sinnvollerweise im Zusammenhang mit Corporate Finance und in enger Koordination mit Investor Relations und Controlling zu gestalten.

Bei Eintreten von substanziellen Umständen, die eine gravierende negative Abweichung von kommunizierten Plänen und/oder Ergebnissen bewirken, muss (gemäß § 82 Abs. 6 Börsegesetz) bei Unternehmen, die zum amtlichen Handel oder geregelten Freiverkehr zugelassen sind, eine entsprechende unmittelbare Ad-hoc-Information der Investoren erfolgen.

Weitere Informationskanäle

Über die oben dargestellten Informationskanäle hinaus ist es möglich, in weiteren Berichten das Risikomanagement des Unternehmens darzustellen. Beispiele dafür sind etwa Corporate Social Responsability Performance Report, Nachhaltigkeitsbericht.

2.542 Formale Gestaltung der Risikoberichterstattung

§§ 289 und 315 dHGB legen zwar die Pflicht zur Risikoberichterstattung im Jahresabschluss fest, bieten aber formal und inhaltlich wenig Orientierung zur konkreten Gestaltung der Risikoberichterstattung, da der Gesetzestext abstrakt formuliert und daher interpretationsbedürftig ist. Um die Anforderungen der Risikoberichterstattung zu konkretisieren, hat der Deutsche Standardisierungsrat (DSR) im Mai 2001 den Deutschen Rechnungslegungs-Standard Nr. 5 (DRS 5) veröffentlicht. In Deutschland ist der DRS 5 von Unternehmen aller Branchen, die zur Aufstellung des Konzernlageberichts verpflichtet sind, zu beachten. Für österreichische Unternehmen bietet er eine sinnvolle Orientierung für die Gestaltung des Risikoberichts im Lagebericht. Die wichtigsten Regeln zur Risikoberichterstattung laut DRS 5 werden daher in der Folge kurz dargestellt (Abbildung 57).

Regel zur Risikoberichterstattung	DRS 5	Beschreibung
Stellung des Risikoberichts	5.13 f.	Der Risikobericht soll von anderen Teilen des Lageberichts durch einen separaten Abschnitt und eine eindeutige Bezeichnung abgegrenzt werden.
Kennzeichnung wesentlicher Risiken	5.10	Wesentliche Risiken sind als solche zu kennzeichnen.
Risikokonzentrationen	5.13 f.	Berichtspflichtig sind insbesondere Risikokonzentrationen, wie beispielsweise Abhängigkeiten von einzelnen Kunden, Lieferanten, Produkten oder Patenten.
Bestandsgefährdende Risiken	5.15	Ein Risiko, das den Bestand des Konzerns gefährdet, ist als solches zu bezeichnen.
Fehlanzeige bestandsgefährdender Risiken	–	Wenn es keine bestandsgefährdenden Risiken gibt, kann dies durch eine Fehlanzeige explizit hervorgehoben werden. („Risiken, die den Fortbestand des Unternehmens gefährden könnten, sind nicht erkennbar.")
Risikokategorisierung	5.16	Die einzelnen Risiken sind in geeigneter Form zu Risikokategorien zusammenzufassen. Dabei hat sich das Unternehmen an der für Zwecke des Risikomanagements intern vorgegebenen Risikokategorisierung zu orientieren. DRS 5 enthält im Anhang auch einen Vorschlag zur Kategorisierung von Risiken, der zur Berichterstattung herangezogen werden kann.
Erläuterung der Risiken	5.18	Aus der Darstellung der Risiken soll deren Bedeutung für den Konzern hervorgehen. Dafür sind Aussagen über Eintrittswahrscheinlichkeit und mögliche Auswirkungen der berichteten Risiken sowie über ergriffene Gegenmaßnahmen erforderlich.
Risikoquantifizierung	5.20	Finanzwirtschaftliche Risiken sind zu quantifizieren (beispielsweise durch Value-at-Risk-Kennzahlen oder Sensitivitätsanalysen).
Segmentbezogene Differenzierung	5.19	Es ist entweder innerhalb der Risikokategorien nach Segmenten zu differenzieren oder der Risikobericht nach Segmenten zu untergliedern.
Bedeutung aus Konzernsicht	5.19	Wenn Risiken aus Sicht des Konzerns eine andere Bedeutung haben als aus Perspektive eines einzelnen Tochterunternehmens, so muss bei der Erläuterung der Risiken darauf eingegangen werden.
Darstellung von Interdependenzen zwischen Risiken	5.25	Eine Darstellung der Interdependenzen zwischen einzelnen Risiken ist wünschenswert; sie ist erforderlich, wenn anders die Risiken nicht zutreffend eingeschätzt werden können.

Regel zur Risikoberichterstattung	DRS 5	Beschreibung
Veränderung zum Vorjahr	5.36	Soweit für die Beurteilung der Risiken erforderlich, sind wesentliche Veränderungen gegenüber dem Vorjahr zu beschreiben.
Gesamtrisikobeurteilung		Sinnvoll ist auch eine zusammenfassende Beurteilung der Risikolage.
Beschreibung des Risikomanagements	5.28 f.	Das Risikomanagement des Unternehmens ist zu beschreiben, um den Adressaten des Konzernlageberichts in die Lage zu versetzen, die Risiken des Konzerns besser einzuschätzen. Dabei ist auf die Strategie, den Prozess und die Organisation des Risikomanagements einzugehen. Sinnvoll ist auch eine Beschreibung der beteiligten Akteure und deren Verantwortlichkeiten. Sinnvoll ist ein Hinweis, ob das Risikofrüherkennungssystem vom Abschlussprüfer hinsichtlich seiner Eignung, bestandsgefährdende Risiken frühzeitig zu erkennen, geprüft wurde.

Abbildung 57: Regeln zur Risikoberichterstattung lt. DRS 5[102]

2.6 EDV-Unterstützung im Risikomanagementprozess

Spezielle Software, die den gesamten Risikomanagementprozess von der Risikoidentifikation bis zum Risikoberichtswesen unterstützt, wird seit Inkrafttreten des KonTraG von einer Vielzahl von Anbietern vermarktet.

Die Schwerpunkte der angebotenen Softwarelösungen sind dabei vielfältig:

Einige Lösungen unterstützen primär die Risikoidentifikation (etwa mit Hilfe von Risikochecklisten), die Risikosteuerung und -überwachung (beispielsweise durch Maßnahmen-Controlling) sowie das Risikoberichtswesen.

Andere Lösungen bieten darüber hinaus Funktionalitäten zur Risikobewertung und -aggregation an. Die Aggregation – überlicherweise mit Hilfe der Monte-Carlo-Simulation – erfolgt entweder mit der Risikomanagement-Software selbst oder unterstützt durch Schnittstellen zu Modellierungs- und Aggregationstools, wie beispielsweise Crystal Ball oder @RISK.

Die Anforderungen an eine Risikomanagement-Softwarelösung hängen stark von der Ausgestaltung des Risikomanagementsystems im Unternehmen ab und sind daher im Rahmen des Software-Auswahlprozesses detailliert zu definieren. Folgende allgemeine Anforderungen lassen sich definieren:[103]

---

[102] Vgl. Kajüter/Winkler (2003), S. 227.
[103] Vgl. Gleißner/Romeike (2005), S. 161f.

Die Risikomanagement-Software sollte den gesamten Risikomanagementprozess – Risikoidentifikation, Risikobewertung und -aggregation, Risikosteuerung und -überwachung sowie Risikoberichtswesen – unterstützen. Um in dem Prozess unterschiedliche Benutzergruppen adäquat informieren zu können, sollte die Software verschiedene Sichten auf die Daten (Risiken und Maßnahmen) ermöglichen.

Wichtig ist dabei, dass nicht nur risikobezogene Daten, sondern auch allgemeine betriebswirtschaftliche Planungs- und Ist-Daten (Kosten, Investitionen, Zahlungsströme) eingebunden und verarbeitet werden können. Die Risikomanagement-Software muss daher in die bestehende IT-Landschaft des Unternehmens integriert werden und über Schnittstellen zu ERP-, Planungs- und Berichtssystemen verfügen. Darüber hinaus sollte auf Kommunikationsschnittstellen geachtet werden, um den Informationsfluss zwischen den am Risikomanagement beteiligten Stellen sicherstellen zu können.

Wie bei jeder betriebswirtschaftlichen Software ist ein flexibler Aufbau von Bedeutung, um Unternehmensveränderungen (Reorganisationen, Akquisitionen etc.) abbilden zu können.

Die folgende Abbildung bietet einen Überblick über die wichtigsten betriebswirtschaftlichen Anforderungen an Risikomanagement-Software:

Betriebswirtschaftliche und methodische Anforderungen an Risikomanagement-Software

▲ Verfügbarkeit von Checklisten zur Identifikation der wichtigsten Risiken

▲ Erstellung eines „Risikoinventars" als Gesamtübersicht der Risiken

▲ Priorisierung von Risiken (z.B. nach Relevanz)

▲ Zuordnung eines für die Überwachung zuständigen Risikoverantwortlichen (Risk Owner)

▲ Zuordnung der wichtigsten organisatorischen Regelungen – speziell zur Risikoüberwachung (z.B. Überwachungsturnus) – zu jedem Risiko

▲ Strukturierte Erfassung der wesentlichen Risikobewältigungsmaßnahmen

▲ Zuordnung von Risikobewältigungsmaßnahmen zu jedem Risiko, die die Möglichkeiten für die Verminderung oder den Transfer dieses Risikos beschreiben („Maßnahmencontrolling")

▲ Flexibilität hinsichtlich der Art der quantitativen Beschreibung von Risiken (z.B. mittels Normalverteilung oder nach Schadenshöhe und Eintrittswahrscheinlichkeit)

▲ Zuordnung von Risiken zur (integrierten) Unternehmensplanung („Welche Planabweichungen werden durch die Risiken potenziell verursacht?")

▲ Ermittlung der aggregierten Auswirkung aller Risiken auf die Zielgrößen des Unternehmens (wie z.B. den Gewinn oder den Cashflow) mittels Simulation

▲ Mathematische Verfahren zur Bestimmung des Gesamtrisikoumfangs (Aggregation von Einzelrisiken, z.B. mittels Monte-Carlo-Simulation)

▲ Abbildung von Korrelationen von Risiken – sowohl über die Zeit als auch zwischen den Risiken und Berücksichtigung der Korrelationen in der Simulation

▲ Berechnung von Risikokennzahlen (z.B. Cashflow at Risk)

▲ Zuordnung von Frühwarnindikatoren (z.B. mit „Ampelfunktion") zu den Risiken, die frühzeitig auf eine kritische Entwicklung hinweisen

▲ Erweiterbarkeit des Katalogs der betrachteten Risiken/Abdecken sämtlicher Risikofelder (z.B. Leistungsrisiken, Absatzmarktrisiken und Finanzrisiken)

Technische Anforderungen an Risikomanagement-Software

▲ Möglichkeit der Abbildung von Konzernstrukturen

▲ Systemlogiken zur Abbildung von Workflows (Arbeitsprozesse)

▲ Verfügbarkeit von aktuellen Daten zu jedem beliebigen Zeitpunkt

▲ Schnittstellen für Datenimport und -export

▲ Bereitstellung eines dezentralen und anwenderorientierten Risiko-Reportings (risikospezifische E-Mails im Rahmen der Ad-hoc-Berichterstattung, verdichtete Reports für Geschäftsführung bzw. Vorstand)

▲ Aufzeichnung der Datenhistorie sämtlicher Risiken und Risikoüberwachungstätigkeiten

▲ Bereitstellung und Verdichtung von Daten auf beliebigen Hierarchie- oder Verdichtungsebenen

▲ Erstellung von nutzenspezifischen Risikoreports, die auch für Dritte (z.B. Bank) verständlich sind

▲ Autorisierungs- und Datenschutzkonzepte

Zusatzfunktionen

▲ Möglichkeit der Vernetzung mit Software für die Strategische Planung (Balanced Scorecard)

▲ Integration in operative Unternehmensplanung

▲ Unterstützung einer (risikoorientierten) Unternehmensplanung

▲ Integration eines Frühwarnsystems, um künftige Entwicklungen zu antizipieren

▲ Risikoabhängige Ratingprognose

Investitionssicherheit, Service und Kosten

▲ Größe und zukünftige Strategie des Softwareanbieters

▲ Branchen-Know-how

▲ Referenzkunden

▲ Sicherstellen von Einführung der Software und Support

▲ Kosten für Lizenzen

▲ Kosten für das Customizing

▲ Kosten für Einführung, Schulung, Wartung etc.

Abbildung 58: Anforderungen an Risikomanagement-Software[104]

Eine Überblick über Funktionalitäten und Anbieter von Risikomanagement-Software findet sich in Anhang 1.

---

[104] Vgl. Gleißner/Romeike (2005), S. 161.

3 Strategie und Risikomanagement

3.1 Zielsetzung und Stoßrichtungen des Managements strategischer Risiken und Chancen

Die Geschichte der in einem Unternehmen auftretenden Risiken und Chancen wird immer wieder neu geschrieben und erweitert; bemerkenswert ist jedoch, dass deren Natur – bei aller Entwicklungsdynamik – weitgehend unverändert bleibt bzw. wesentliche Veränderungen meist nur über größere Zeiträume auftreten, und dann häufig schlagartig.

Die Ursache für dieses Phänomen liegt darin begründet, dass die typischerweise mit einem Geschäft verbundenen Risiken und Chancen durch Vorlaufentscheidungen

▲ strategischer und struktureller Natur,

▲ mit überwiegend großer zeitlicher Reichweite und

▲ hohem Grad an Remanenz bzw. Irreversibilität gegenüber kurzfristigen Veränderungsanforderungen des Unternehmens

festgelegt werden bzw. durch schwer wiegende Diskontinuitäten im Unternehmensumfeld und die darauf folgenden, wiederum meist langfristig wirkenden Unternehmensreaktionen verursacht werden.

Das professionelle Management der sich im operativen Geschäft artikulierenden Risiken und Chancen ist zwar eine wesentliche Anforderung an ein funktionstüchtiges Risikomanagement-System. Allerdings kann von diesem nicht erwartet werden, dass die strategischen und strukturellen Auslöser des Risiko-Chancen-Profils und des Risiko-Mix eines Unternehmens entscheidend beeinflusst bzw. umgestaltet werden können. Soll dies erreicht werden, muss Risikomanagement bei jenen Analyse- und Entscheidungsprozessen ansetzen, in denen

▲ strategische und strukturelle Zielsetzungen festgelegt werden (Zielbildung),

▲ über Unternehmens- und Geschäftsstrategie sowie -strukturen entschieden wird (Strategiefindung) sowie

▲ Strategien projektbezogen umgesetzt und Strukturziele realisiert werden (Strategieumsetzung).

In der jüngeren Fachliteratur ist eine verstärkte Hinwendung und ein immer deutlicherer Appell zur strategischen Ausrichtung des Risikomanagements zu erkennen,[105] der konzeptionelle Stand und die praktische Operationalisierungsfähigkeit des strategischen Risikomanagements sind aber noch nicht sehr fortgeschritten. Es ist eines der Kernanliegen dieses Buches, die strategische Ausrichtung des Risikomanagements zu verbessern.

---

[105] „You´re insured and hedged against many risks – but not the greatest ones, the strategic risks, that can disrupt or even destroy your business. Learn to anticipate and manage these threats systematically and, in the process, turn some of them into growth opportunities." Zitat aus: Slywotzky/Drzik (2005), S. 78.

Ähnlich wie sich hinsichtlich Instrumenten und Prozessen strategisches und operatives Controlling als eigenständige Disziplinen und Führungssysteme mit eigenen Zielsetzungen herausgebildet haben, andererseits aber ihr enges Zusammenspiel in der Führungssystemlandschaft als notwendiges Kriterium für ein funktionstüchtiges Unternehmenssteuerungssystem erkannt wurde, sind diese Charakteristika auch für das Risikomanagement im Unternehmen zu sehen.

Strategisches Risikomanagement ist daher in strategie- und strukturschaffenden sowie -umsetzenden Prozessen zu verankern, ausgestattet mit den zur Lösung der strategischen und strukturellen Gestaltungserfordernisse tauglichen Instrumenten, um

▲ zeitraumübergreifend die Risiko-Chancen-Struktur des Unternehmens aktiv zu gestalten und

▲ dem Unternehmen jene strategische und strukturelle Robustheit und Flexibilität zu verschaffen, um schwer wiegende Diskontinuitäten und Umfeldrisiken ohne Bestandsgefährdung abzufedern, ja im Idealfall als neuen Chancengenerator für nachhaltige Wettbewerbsvorteile zu nutzen.

Vorrangige Aufgabe des strategischen Risikomanagements ist somit die Einbindung von Chancen- und Risikoaspekten in Führungssysteme und -prozesse (vgl. Abbildung 59).

Aufgaben des strategischen Risikomanagements:

Strategieprozessbezogene Gestaltungserfordernisse des strategischen Risk Managements

---

▲ Risiko-Chancen-bezogene Koordinierung von Visionen, strategischen Zielen, Finanzzielen

▲ Erhöhung der Performance-Sicherheit ganzer Strategien

▲ Erhöhung der Umsetzungsqualität und -sicherheit von Strategie-Umsetzungsaktivitäten/ -projekten

▲ Erhöhung der informations- und kommunikationsbezogenen Steuerungsfähigkeit von Strategiefindungs- und -umsetzungsaktivitäten

Abbildung 59: Aufgaben des strategischen Risikomanagements

Wesentliche Zielsetzungen des strategischen Risikomanagements sind Nachhaltigkeit und Überlebensfähigkeit. Diese auf den ersten Blick defensiv erscheinenden Zielsetzungen sind bei realitätskonformer Interpretation von folgenden offensiven strategischen Ausrichtungserfordernissen geprägt:

▲ Strategische Ausrichtung des Unternehmens auf Wachstum mit hoher Performance-Qualität,

▲ Fähigkeit zur Entwicklung erhöhter Risikoübernahme in strategischer wie finanzieller Sicht,

▲ Krisenlatenz-Management, verstanden als langfristig proaktives strategisches Steuern auf der Grundlage der Früherkennung von Wettbewerbsspielraum schaffender bzw. be-

standsgefährdender Diskontinuitäten, sowie der von Innovationen getragenen, rechtzeitigen Gegensteuerung zur Gefahr der „Strategie-Veralterung",
▲ konsequente Umsetzung des strategischen Risikomanagements in langfristiges finanzielles Risikomanagement im Sinne der Steuerung von Unternehmenswert-Risiken, Performance-Nachhaltigkeit und Risikokosten.

Auf der Grundlage dieser nachstehend graphisch zusammengefassten Zielsetzungen des Risikomanagements wird deutlich erkennbar, dass sich diese nicht als eine konkurrierende, sondern als offensiv unterstützende Funktion für einen wertorientierten Führungsansatz darstellt:

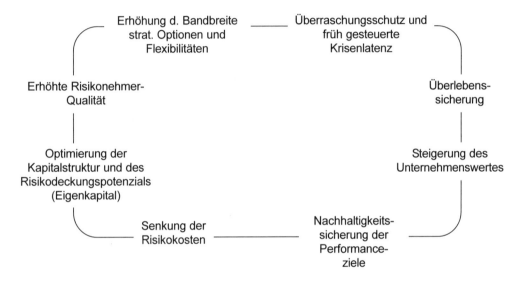

Abbildung 60: Ziele des strategischen Risikomanagements

Mit diesem Verständnis der Zielsetzungen des strategischen Risikomanagements befindet sich der Risikomanager auf einer völlig neuen Gestaltungsebene und in einer neuen Gestaltungsdimension. Strategische Risiken betreffen nicht die Erfolgsziele eines einzelnen Geschäftsjahres oder gar die Risiken einer einzelnen Geschäftstransaktion, sondern vielmehr das gesamte zukünftige Cashflow-Potenzial eines bestehenden oder vor der Investitionsentscheidung stehenden strategischen Assets bzw. einer ganzen Strategie. Neben seinen vorrangig inhaltlichen Bestimmungsgründen (Strategie- und Strukturbezug) ist somit auch die Änderung der Größenverhältnisse der zu steuernden Risiken ein durchaus wesensbestimmendes Merkmal des strategischen Risikomanagements. Strategisches Management hat auch immer mit „großen", finanziell schwergewichtigen Entscheidungsfällen zu tun. In einer die finanzielle Vernetzung betonenden, zweidimensionalen Betrachtung wird strategisches Risikomanagement auch häufig als langfristiges **„Risk-Return"-Management** gesehen. Für wachstumsorientierte Strategien – und das ist wohl die Mehrzahl der Unternehmensstrategien – sind dazu vor allem zwei erforderlichen Fähigkeiten zu entwickeln, nämlich

▲ die strategischen Risikomanagement-Fähigkeiten und

▲ die Fähigkeit zum Management großer „stakes".

Diese „stakes" können nicht nur große strategische Investitionsprojekte und M&A-Transaktionen betreffen; auch langfristige Supply-Verträge, Markenwert, Make-or-Buy-Strukturen in technischen und administrativen Services etc. stellen potenziell riesige strategische Gestaltungsfelder und strategische Risiko-Chancen-Potenziale dar.

Für eine erfolgreiche strategische Steuerung und Strategieumsetzung ist die gleichgewichtige Beherrschung der beiden Fähigkeiten auf hohem Niveau eine wesentliche Voraussetzung. Durch strategisches Risikomanagement ungesteuerte „stake"-Managementfähigkeiten implizieren die Gefahr des Überziehens des „Risiko-Appetits" und des nachhaltigen Ungleichgewichts von Risiko, Liquidität und Rentabilität. Sind die „stake"-Managementfähigkeiten nicht ausreichend ausgeprägt, sind die Wachstumsziele bzw. die Wachstumsqualität in Gefahr (z.B. durch Wettbewerbsnachteile im Zugang zu den ökonomisch attraktivsten Wachstumsprojekten und Projektgrößen). Die folgende Abbildung fasst dies zusammen:

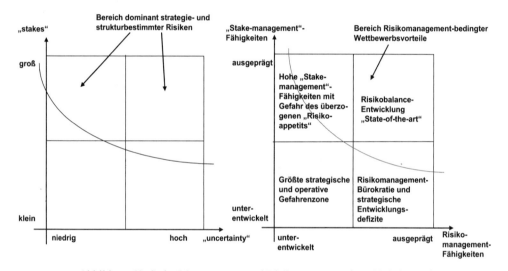

Abbildung 61: Stake-Management- und Risikomanagement-Fähigkeiten[106]

Strategisch erfolgreiches Wachstum, umgesetzt in großen Wachstumsschritten, bedarf der strukturellen und Know-how-bezogenen Vorbereitung. Das Stichwort von der „platform for growth" als Voraussetzung für aggressive Wachstumspolitik schließt das Erfordernis für den Aufbau der notwendigen instrumentellen, prozessbezogenen und kulturellen Vorbedingungen mit ein. Wachstumsziele von 20% p.a. und mehr sind in den meisten Branchen nur mit höchst aggressiven und daher auch risikobeladenen Akquisitions- und Marktverdrängungsstrategien möglich. Für die dabei übernommenen neuen Risiken muss im Risikoprofil der „Altgeschäfte" beispielsweise durch zusätzlichen Risikotransfer oder durch Erhöhung des Risikomanagement-Know-how, erst „Platz geschaffen werden". Aus den publizierten Transaktionen sind Fälle bekannt, durch die sich in einem Zug die Unternehmens-

---

[106] Vgl. Clarke/Varma (1999), S. 418.

größe verdoppelt hat und sogar darüber hinaus. Im Zuge solcher Transaktionen sind in Einzelfällen strategische, finanzielle oder strukturelle Ungleichgewichte entstanden – mit nachfolgenden Maßnahmen der strategischen und strukturellen Ausbalancierung. Solche Situationen sind bei „übergroßen" Transaktionen geradezu der Regelfall.

Strategisches Risikomanagement in dieser Sichtweise (siehe nachfolgende graphische Zusammenfassung) ermöglicht aggressive strategische Wachstumsprozesse und -projekte.

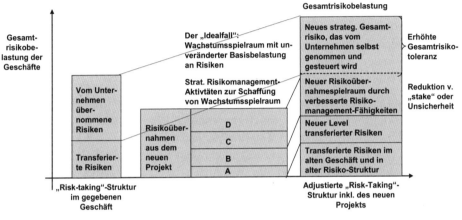

A   Zusätzlich transferierte Risiken im alten Geschäft
B   Risiko-Transfer im neuen Projekt
C   Einfluss auf die Risiko-Struktur des alten Geschäfts aus verbesserten Risikomanagement-Fähigkeiten
D   Einfluss auf die Risiko-Struktur des neuen Projekts aus verbesserten Risikomanagement-Fähigkeiten

Abbildung 62: Schaffung von neuem Wachstums- und Risiko-Übernahme-Spielraum

Die Zusammenhänge zwischen

▲ strategischem Risikomanagement,
▲ der von Wachstumszielen und Wachstumsqualität dominierten strategischen Führung und der sie unterstützenden strategischen Planung sowie
▲ der auf Unternehmenswertsteigerung und Performance-Nachhaltigkeit und Stabilität ausgerichteten wertorientierten Führung

werden somit immer offensichtlicher, die Implikationen für die finanzielle Quantifizierung immer zwingender.

Für viele Unternehmen bedeutet ein derartiges Verständnis des strategischen Risikomanagements in ihren bestehenden Verantwortungs- und Machtstrukturen eine bereichsübergreifende Funktion mit geradezu gefährlichen „tentakelhaften" Strukturen und einem nicht gewünschten, potenziellen Allmachtsanspruch. Neben grundsätzlichen Schwachstellen im Erkennen der Notwendigkeit und in der Entwicklung eines ganzheitlichen und strategieorientierten Risikomanagements in der Unternehmenspraxis könnte dies auch ein Grund für die nur sehr zögerliche Vorwärtsentwicklung in die skizzierte Richtung sein.

3.2 Typologie und ausgewählte Besonderheiten strategischer und struktureller Risiken

Eine Typologie bzw. Klassifizierung strategischer Risiken bietet eine wichtige Orientierungs- und Identifizierungshilfe für die strategische Risikoanalyse. Die im Folgenden für die Klassifizierung gewählten Kriterien sind strategische Prozesse und strategische Gestaltungsfelder.

Herkömmliche Typologisierungsansätze von Risiken setzen häufig an Produktionsfaktoren (im Folgenden Primärrisiko genannt, z.B. Rohstoffpreisrisiko) und betrieblichen Funktionen (im folgenden Funktionsrisiko genannt, z.B. Produktionsrisiko) an. Sie sind als „Entdeckungshilfe" in der strategische Analyse nützlich, verstellen aber – ohne einen ordnenden Überbau – den Blick auf die Risikostruktur „strategischer Ganzheiten".

In vielen Fällen sind strategische Primärrisiken thematisch klar identifizierbar, in ihrem Ursache- und Wirkungsmechanismus jedoch mit anderen Primärrisiken in größere strategische Entscheidungsfelder eingebettet. Die Analyse und Gestaltung von Primärrisiken tritt in solchen Fällen klar in den Hintergrund gegenüber dem Erkennen und Gestalten des in einem gesamten strategischen Entscheidungsfeld liegenden Risikos, das sich als Aggregation von Primär- und Funktionsrisiken mit mehr oder weniger klar spezifizierbaren Wirkungszusammenhängen darstellt. Um diese abstrakte Beschreibung ansatzweise zu operationalisieren, sollen die risikoseitigen Beziehungsmuster des häufig als **„Geschäftsstruktur-Risiko"** bezeichneten strategischen Strukturrisikos ansatzweise herausgearbeitet werden:

▲ Die Geschäftsstruktur eines Unternehmens definiert die horizontale Vernetzung eines Geschäftsportfolios (Wertschöpfungsstruktur) und die Größenrelationen.

▲ Die strategische Planung entwickelt für diese Geschäftsstruktur Zielwerte bzw. ein ökonomisches Gleichgewichtsmodell.

▲ Das strategische Geschäftsstruktur-Risiko ist damit definierbar als die Summe von Primär- und Funktionsrisiken und deren Zusammenwirken, die das Gleichgewichtsziel der Geschäftsstruktur gefährden können. Der Zustand nach Schlagendwerden eines Geschäftsstruktur-Risikos ist damit das ökonomische Ungleichgewicht der Geschäftsstruktur.

▲ Die Auslöser für das Entstehen eines Ungleichgewichts der Geschäftsstruktur sind potenziell vielfältig und betreffen unter anderem:

  ▲ die im Geschäftsmodell des Unternehmens definierbaren Primär- und Funktionsrisiken,

  ▲ Risiken einer fehlenden Abstimmung zwischen strategischer Zielfindung, Portfolio- und Geschäftsstrategiefindung und der Strategieumsetzung,

  ▲ Risiken, die sich aus der Gestaltung des Risiko-Portfolios in der Wertschöpfungskette ergeben, insbesondere das Management der Risikoverstärker und Risikokompensatoren („interne Hedge-Positionen").

Dieses Beispiel soll bewusst machen, dass sich strategische Risiken und deren Typologie in hohem Maße auf „strategische Ganzheiten" ausrichten, was allerdings eine Identifizierung von Primär- und Funktionsrisiken nicht überflüssig macht.

Ausgehend von dieser Argumentation wird für die Ordnung strategischer Risiken das folgende, in der nachstehenden Graphik zusammengefasste, zweidimensionale Typologisierungsmuster vorgeschlagen:

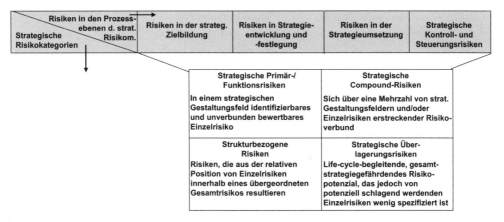

Abbildung 63: Allgemeine typologische Struktur strategischer Risiken

Eine umfassende Beschreibung der strategischen Risikokategorien entsprechend diesem Typologieansatz ist an dieser Stelle nicht möglich und würde sehr weiten Raum einnehmen. Einige Beispiele sollen aber helfen, die inhaltliche Breite zu erahnen:

Strategieprozessbezogene Risiken

Ein typisches Risiko aus dem strategischen Zielbildungsprozess liegt in der Zielmodellierung und betrifft die Konsistenz-Risiken zwischen strategischen und operativen Zielen sowie zwischen dem finanziellen Zielsystem und den finanziellen Restriktionen (z.B. die logische und praktische Stimmigkeit von strategischen Wachstumszielen, langfristigen Wertsteigerungszielen, operativen Performance-Zielen, Kapitalstrukturzielen und Verschuldungsbegrenzungen)

Aus den vielfältigen Risiken der Portfolio-, Vernetzungs- und Geschäftsstrategie-Entwicklung sind besonders herauszustellen:

▲ Das inhaltliche Konsistenz-Risiko von Normstrategien zu strategischen Zielen sowie
▲ Festlegungsentscheidungen für den Strategietypus bzw. Strategietypus-Mix.

Klassische Risiken des Strategieumsetzungsprozesses sind Investitions- und M&A-Projekt-Risiken sowie Projekt-Management-Risiken.

Unter den strategischen Kontroll- und Steuerungsrisiken sind vor allem Commitment-Schwächen und unklare Verantwortungsstrukturen wesentliche Prozessrisiken. In besonders dynamischen, an Wachstums- und Change-Management-Projekten reichen Unternehmen sind aber auch die aus Informations-Asymmetrien und „Hidden-action"-Phänomen resultierenden Steuerungsrisiken eine bedeutende strategische Risikoursache (Projekt-Erfolgscontrolling wird durch externe Effekte und/oder sich überlagernde Projekt-Initiativen beeinträchtigt, projektbezogene Erfolgsaussagen fragwürdig und Steuerungsmaßnahmen potenziell ungezielt).

Inhaltliche Typologie strategischer Risiken

Als Beispiele für die taxativ nicht fassbare Gruppe von strategischen Primär- und Funktionsrisiken seien erwähnt:

- ▲ Langfristiges Auslastungsrisiko einer Produktionsanlage,
- ▲ Abhängigkeitsrisiko von einem Schlüsselkunden/-lieferanten,
- ▲ das Performance-Risiko eines spezifischen langfristigen Supply-Vertrags,
- ▲ strategische Verbundrisiken betreffend ein ganzes Netzwerk von Primär- und Funktionsrisiken, die sinnvoll nur als „strategische Risiko-Gemeinschaft" interpretierbar sind, wie z.B. Geschäfts-Verbund-Risiken (Produkt-Dienstleistungsverbund), Risiken aus strategischen Abhängigkeiten (z.B. Vertragsnetzwerke), Supply-Chain-Risiken u.a.m.
- ▲ Struktur-Risiken mit hoher strategischer Relevanz existieren in allen Unternehmen in großer Zahl, wie z.B. Diversifikationsstruktur-Risiken, Make-or-buy-Struktur-Risiken und das damit eng verbundene langfristige Kostenstruktur-Risiko sowie das langfristige, wertorientierte Break-Even-Risiko und das Asset-Struktur-Risiko,
- ▲ den Gesamtlebenszyklus von Geschäften und Unternehmen begleiten komplexe strategische Überlagerungsrisiken, die oft extreme, schwer identifizierbare und kaum bewertbare Unsicherheitsfaktoren in sich tragen. Zu diesen Überlagungsrisiken gehören unter anderem
    - ▲ das Risiko der (schleichenden) Strategie-Veralterung,
    - ▲ Strategie-Typus- und Strategie-Mix-Risiken,
    - ▲ das Risiko aus dem Fehlen besonders performance-kritischer bzw. überlebensnotwendiger strategischer Flexibilitäten (Flexibilisierungsrisiken), sowie
    - ▲ die Risiken aus dem Relevanzverlust strategiebegründender Planungsannahmen und Szenarien.

Insbesondere zu diesen „Schwergewichten" strategischer Risikokategorien sollen einige ausgewählte, ergänzende Erläuterungen angebracht werden.

Das Risiko der „Strategieveralterung" ist ein potenzielles Innovationsdefizitproblem sowie eine potenzielle Früherkennungsschwäche jedes im Wettbewerb stehenden Unternehmens. Die Entwicklung zur Strategieveralterung (Strategy Decay) vollzieht sich im Wesentlichen wie folgt:

- ▲ Bewährte Strategien werden linear fortgeschrieben.
- ▲ Strategische Unternehmensentwicklung wird zur Kopie ihrer selbst.
- ▲ Strategieveralterung erfolgt „schleichend" und ist vor allem eine Folge von Innovations- und Kreativitätsmängeln; das „Aufwachen" im Strategie-Relevanzverlust erfolgt zumeist schlagartig.

Die Gründe für den Verlust der Strategie-Relevanz und der ökonomischen Attraktivität liegen im Wesentlichen in vier Ursachenfeldern:[107]

---

[107] Vgl. Hamel/Välikangas (2003), S. 59.

Verlust an Außergewöhnlichkeit und „uniqueness"	**Orientierungsverlust gegenüber Diskontinuitäten und neuen Geschäftsmodellen**
Erschöpfung der bearbeiteten strategischen Potenziale ⇒ Kopierverhalten	**Profitabilitätseinbußen durch Ignoranz der steigenden Kundenmacht**

Abbildung 64: Gründe für die Strategieveralterung (Strategy Decay)

Die Fähigkeit zur Früherkennung und Krisen-Latenz-Steuerung aus diesen Strategie-Veralterungsbedrohungen ist gesamtstrategie- und damit überlebensrelevant. Das Aufwerfen und konstruktive wie innovative Bearbeiten dieser Thematik in Unternehmen im Rahmen häufig recht bürokratisch verlaufender „strategy reviews" ist alles andere als Selbstverständlichkeit und zumeist nicht geübte Praxis.

Ein sehr komplexes strategisches Entscheidungsfeld mit bedeutenden Risiken sind die performance-kritischen und überlebensnotwendigen strategischen Flexibilitäten. Strategische Flexibilitäten sind kein Wert per se, sondern rechtfertigen sich – auch wenn die Bewertungsfragen manchmal kaum lösbar erscheinen – über die Relation von Flexibilitätsnutzen zu Flexibilitätskosten (unter Einschluss auch von Opportunitätskosten). Strategische Flexibilitätskosten entstehen insbesondere dadurch,

▲ dass die oft linearen Entwicklungslinien, die Strategien prägen und begründen, brechen können, und dann möglichst rasch weitgehend vorgedachte und – soweit möglich – vorbereitete strategische Umorientierungsschritte (optionale strategische Ausrichtungen) erfolgen müssen,

▲ dass sich viele Strategien schon in der Phase der Festlegung von Normstrategien bei realitätsgerechter Analyse und Bewertung als vielstufige, vielfach über Optionen verzweigte Umsetzungsprozesse darstellen, und

▲ dass Strategien vielfach unter der Annahme der völligen Eigengestaltungsfähigkeit entwickelt werden, diese in der Realität aber gar nicht vorhanden ist oder im Laufe des Umsetzungsprozesses schwerwiegend beeinträchtigt werden kann.

Das Management von strategischen Flexibilitäten (die „strategische Flexibilisierung") besitzt außerordentlich hohe Priorität in Strategie-Entwicklungs- und Umsetzungsprozessen, um strategische Diskontinuitätsrisiken erfolgreich und vorgedacht bzw. vorbereitet abfedern zu können. Die Führungsqualitäten, die dabei zu entwickeln sind, sind in der folgenden Abbildung zusammengefasst:

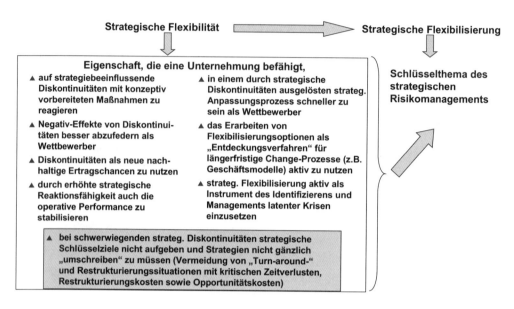

Abbildung 65: Strategische Flexibilisierung als Schlüsselthema des strategischen Risikomanagements

Die dabei zu ergreifenden Maßnahmen lassen sich wie folgt kategorisieren (vgl. Abbildung 66):[108]

Abbildung 66: Stoßrichtungen zur Erhöhung der strategischen Flexibilität

---

[108] Vgl. Denk (2000), Internet.

Diese Stoßrichtungen artikulieren sich in der Umsetzung in einer Vielzahl von Zielobjekten und Maßnahmenkategorien der strategischen Flexibilisierung. Die ganze Breite dieser höchst bedeutenden Gestaltungsfelder lässt die folgende beispielhafte Zusammenfassung erahnen (vgl. Abbildung 67):

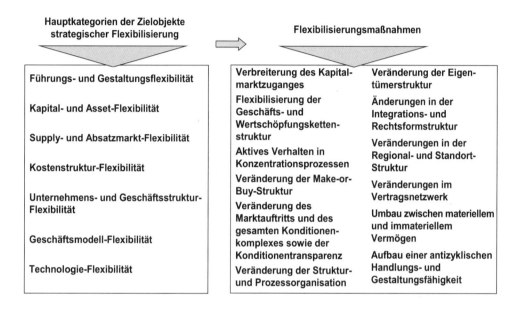

Abbildung 67: Maßnahmen zur Erhöhung der strategischen Flexibilität

3.3 Risikomanagement in strategischen Analyse-, Planungs- und Umsetzungsprozessen

3.31 Überblick

In diesem Abschnitt stehen zwei Schwerpunkte des strategischen Risikomanagements zur Diskussion, nämlich

▲ die strategieprozessbezogene Aufgaben des Risikomanagements und

▲ die für die Prozessunterstützung notwendigen Instrumente des strategischen Risikomanagements.

Es wurde bereits hervorgehoben, wie wesentlich die institutionalisierte, routinemäßige Einbindung der Risikomanagement-Funktion in die strategischen Prozesse ist, um die von dieser Disziplin erwartete Analyse- und Entscheidungsunterstützung auch tatsächlich nutzen zu können. Diese Einbindung wird auch einen wesentlichen Einfluss auf Prozessabläufe, -inhalte und -instrumente nach sich ziehen. Ein strategisches Risikomanagement, das seinen Früherkennungsaufgaben konsequent nachkommt, wird aber potenziell selbst ein Auslöser von Strategieprozessen sein können (vgl. Abbildung 68).

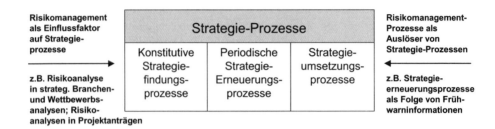

Abbildung 68: Risikomanagement als Einflussfaktor und als Auslöser von Strategie-Prozessen

Im gesamten strategischen Führungsprozess existiert eine Reihe von „strategischen Baustellen", in die sich Risikomanagement – so es im Gesamtprozess durchgängig und abgestimmt Wirkung entfalten soll – einbringen können sollte. Dies ist nicht nur eine Forderung aus technokratischen Systemgründen, sondern vor allem eine Notwendigkeit zur Nutzung dieser Prozesse, in die vor allem die oberen Management-Ebenen eingebunden sind,

▲ zur Vertiefung des Verständnisses der Risikopolitik des Unternehmens,
▲ zur Entwicklung der gewünschten Risikohaltung und Risikokultur und
▲ zur Herausbildung einer hohen Risiko-Chancen-Transparenz in schriftlicher und mündlicher Kommunikation in allen wesentlichen strategischen Entscheidungs- und Genehmigungsfragen (Ziele, Strategien, Projekte).

Die Prozess-Elemente des gesamten Strategieprozesses und damit die Aktivitätsfelder des strategischen Risikomanagements sowie die dabei auftretende Rückkoppelungs-Schleifen veranschaulicht die folgende Abbildung:

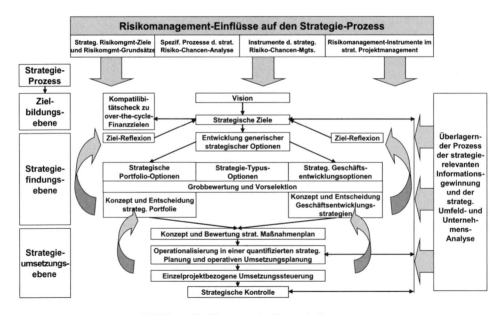

Abbildung 69: Elemente des Strategie-Prozesses

3.32 Risikomanagement und strategische Zielbildung

Für jede Führungsfunktion existieren gewisse Grundvoraussetzungen, ohne deren Etablierung unternehmerisches Gestalten und Steuern nicht zielgerichtet möglich ist. Auf der Grundlage einer controllingorientierten Ausrichtung aller Führungsfunktionen ist die Etablierung von autorisierten Zielsystemen eine dieser Grundvoraussetzungen, ohne die der controllingorientierte Regelkreis nicht funktionstüchtig ist.

Für das strategische Risikomanagement stellen sich im Zusammenhang mit der Zielbildung mehrere Fragen und Aufgabenstellung, schwerpunktmäßig wie folgt:

▲ Explizite Verankerung risikopolitischer Ziele in den strategischen, operativen und finanziellen Zielen,
▲ Transparentmachen risikopolitischer Hintergründe und „versteckter" Zielsetzungen im bestehenden Zielsystem,
▲ Kompatibilitäts-Check
  ▲ risikopolitischer Ziele untereinander sowie
  ▲ risikopolitischer Ziele und strategischer und operativer Geschäftsziele und finanzieller Ziele.

Für eine mit personellen Verantwortlichkeiten ausgestattete Zielstruktur bedürfen die in Kapitel 3.1 dargestellten strategischen Risikomanagement-Ziele einer Konkretisierung und Operationalisierung. Diese könnte beispielhaft wie folgt aussehen:

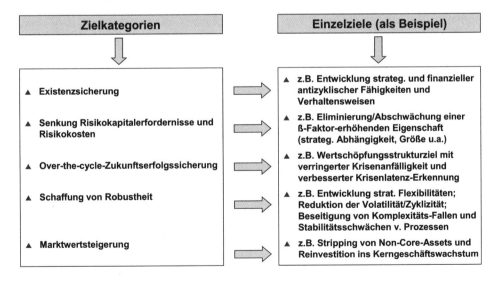

Abbildung 70: Operationalisierung strategischer Risikomanagement-Ziele

Sind Risikomanagement-Ziele in derartiger Form konkretisiert und operationalisiert und gilt dies auch für strategische, operative und finanzielle Zielsetzungen, so ergibt sich – wie erwähnt – das Erfordernis nach einem Kompatibilitätscheck. Ein einfaches praktisches Beispiel soll die sich dabei ergebenden Problemstellungen veranschaulichen (vgl. Abbildung 71):

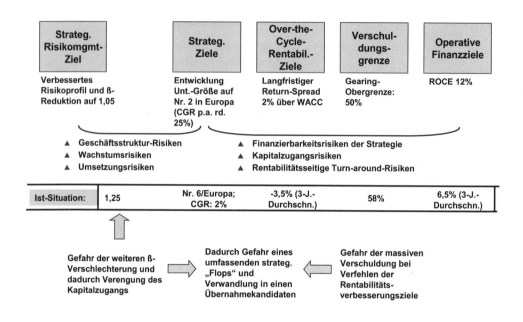

Abbildung 71: Beispiel für einen notwendigen Zielkoordinierungsbedarf

Der in der Abbildung skizzierte Fall beschreibt eine typische Ausgangslage, in der die Verfolgung eines formulierten strategischen Wachstumsziels nicht ohne weiteres und nicht unverzüglich realisiert werden kann. Die Situation des hier extrem kompakt dargestellten Unternehmens kann wie folgt interpretiert werden:

▲ Das Wachstumsziel ist extrem aggressiv und ambitioniert.

▲ Das Unternehmen präsentiert sich gegenüber dem Branchendurchschnitt in einer extrem riskanten Struktur mit einem signifikant höheren Beta-Faktor. Bevor ein derart aggressives, deutlich weiter risikoerhöhendes Wachstum realisiert wird, sollte das Risikoprofil des Unternehmens so eingestellt werden, dass hohes Wachstum risikopolitisch „verdaulich" wird.

▲ Das Unternehmen besitzt auch von seiner finanziellen Basis her keine solide „platform for growth". Zwar liegt die Gearing Ratio nicht wesentlich über der vom Wettbewerb abgeleiteten Benchmark, bei Umsetzung des Wachstumsprogramms und der damit verbundenen verstärkten Fremdfinanzierung würde die Verschuldung aber voraussichtlich explodieren. Dies umso mehr, als die Rentabilität des Unternehmens deutlich unter der Rentabilität der Wettbewerber liegt und die marktorientierten Kapitalkosten historisch nicht verdient wurden. Allein mit einer Politik des „growing-out-of-the-cost-problem" wird der Wachstumsweg nicht erfolgreich beschritten werden können. Ganz im Gegenteil: Die Kapitalkosten werden – im Verbund mit Markt- und Kostenstrukturrisiken (siehe nachstehende Graphik) die Performance des Unternehmens schwächen.

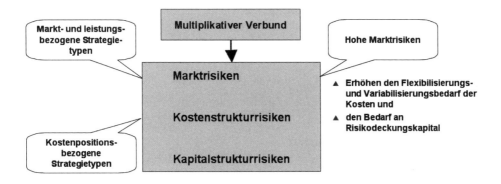

Abbildung 72: Multiplikativer Risikoverbund

Die Zielsetzungen des Unternehmens sind offensichtlich nicht untereinander koordiniert und widerspruchsfrei. Die einfach zu verstehende Kette des multiplikativen Risikoverbundes, nämlich

▲ Hohe Marktrisiken erfordern hohe Kostenstruktur-Flexibilität.
▲ Letztere kann zumeist nur Teile der Marktrisiken abpuffern.
▲ Je geringer die Gestaltungsflexibilität der Kosten, desto höher wird das Kapitalstrukturrisiko.

Dieses bewusst einfach gehaltene Beispiel zeigt doch recht anschaulich, dass im Rahmen der Zielkoordinierung sehr komplexer Abstimmungsbedarf auftritt. Um einerseits diese Fragen technisch beherrschbar zu machen, andererseits nicht an der potenziellen Modell-Komplexität zu ersticken, erweist es sich in der praktischen Umsetzung als sehr hilfreich, Zielbildungsprozesse durch kompakte, einfach ausgelegte und simulationsfähige Unternehmensmodelle zu unterstützen. Das markt- und wettbewerbsbezogen entwickelte und vom Vorstand durchgängig autorisierte Zielsystem des OMV-Konzerns etwa wurde durch den Einsatz eines recht einfachen, aber die Geschäftsbereichsstrukturen abdeckenden Unternehmensmodells unterstützt.[109] Das Wesentliche in einem derartigen Modell ist,

▲ dass die wesentlichen Key Performance Indicators und die strategischen Erfolgsfaktoren als Geschäftsmodell-Bausteine enthalten sind,
▲ dass die wesentlichen Zielsetzungen klar definiert und quantifiziert sind und
▲ dass die Interaktion der Zielsetzungen untereinander in ausreichender Genauigkeit abgebildet ist.

Derartige Modelle dienen nicht nur zur Absicherung der Stimmigkeit von Zielsystemen, sie sind selbst auch ein Generator von wichtigen Indikatoren für strategischen und strukturellen Gestaltungsbedarf, ein Instrument der „financial & strategic gap analysis" und damit auch ein Instrument des strategischen Risikomanagements.[110]

---

[109] Vgl. Denk (2002), S. 67ff.
[110] Vgl. Denk (2004), S. 74ff.

Hinsichtlich der Risiken im Zielbildungsprozess sind aber nicht nur die inhaltlichen Koordinierungsrisiken anzusprechen, Risiken liegen schon in der ausgewählten Methodik der Zielbildung. Die Entwicklung von Zielsetzungen und Zielsystemen kann grundsätzlich über drei alternative Wege erfolgen, was die folgende Abbildung veranschaulicht:

Synoptischer Ansatz	Empirischer Ansatz	Inkrementeller Ansatz
Top-down-Ansatz		**Bottom-up-Ansatz**
Innenorientierte Formulierung von Planzielen	Markt- und wettbewerbsorientierte Formulierung von Planzielen	Analyse der gegenwärtigen Strategien
		SWOT-Analyse
Erzeugen von Strategiealternativen		Überarbeitung der bestehenden Strategie
Bewertung von Strategiealternativen		Ableitung der strategiekonformen Geschäfts- und Finanzziele
Entscheidung und Umsetzungsplanung		

Abbildung 73: Entstehung von Zielsystemen

Synoptische Zielbildungsprozesse mit innenorientierter Formulierung von Zielsetzungen sind in vielen Fällen nicht geeignet, die Grundlage für die Wettbewerbsposition verbessernde Strategien zu liefern. Die Verbesserung der Kostenposition um z.B. 15 % in einem 3-Jahres-Programm kann faktisch in einem „Aus" für das Geschäft münden, wenn die bereits heute erkennbaren Technologieveränderungen, Wachstumsraten, Scale- und Synergieeffekte der Marktführer und deren Kostenflexibilisierungs-Strategie die Stückkosten in den nächsten Jahren um 50 % reduzieren werden. Die Formulierung von Zielsetzungen ohne außenorientierte Grundlage stellt somit per se einen erheblichen Risikofaktor dar.

Abschließend zu diesem Abschnitt soll noch gezeigt werden, dass neben den Auswirkungen risikopolitischer Ziele auf die Ebene der quantifizierten strategischen, operativen und finanziellen Ziele Risikomanagement potenziell auch erheblichen Einfluss auf verhaltensorientierte Zielsetzungen hat, vor allem durch:

▲ Beeinflussung der Risikoneigung,
▲ Steuerung der Risiko-Chancen-Balanciertheit durch Förderung eines offensiv chancensuchenden Verhaltens,
▲ Klarstellung und Supervising der „off limits" zum Schutz vor überzogenem Risiko-Appetit,
▲ Förderung netzwerkorientierten Denkens und Handelns zum Schutz vor Koordinierungsrisiken sowie
▲ Förderung ganzheitlicher, systemorientierter Sicht- und Verhaltensweisen zur Stärkung strategischen und strukturbezogenen Risikoverhaltens, Eindämmung opportunistischer Verhaltensweisen sowie Kulturpflege hinsichtlich: „Unternehmensinteresse geht vor Bereichsinteresse".

3.33 Risikomanagement in der Strategiefindung

Um auf nur knappem Raum einen konzentrierten Fokus auf Risiken im Strategiefindungsprozess richten zu können, sind einige Vorbemerkungen zu strategischen Konzepten und zur strategischen Planung erforderlich.

Grundsätzlich unterscheidet man in der Strategieentwicklung zwei grundlegende, sich historisch nicht parallel entwickelnde Richtungen, die sich in einem „idealen" Strategiefindungsprozess zu ergänzen haben und einander nicht alternativ gegenüberstehen, nämlich[111]

▲ den sogenannten „market based view", auf dem strategische Produkt-Markt-Konzepte (P/M-Strategien) basieren, sowie

▲ den sogenannten „resource based view", auf dem Ressourcen- und Potenzial-Konzepte (R-Strategien) aufbauen.

Beide Ansätze sind – wie in der folgenden Abbildung zusammengefasst – geeignet, Potenziale für nachhaltige strategische Wettbewerbsvorteile (strategische „Renten") zu identifizieren und in strategische Vorgehensmodelle umzusetzen.

	Market Based View	Resource Based View
Fokus	Extern: Branchenattraktivität	Interne Ressourcenausstattung
Wettbewerbsvorteil	Günstige Positionierung im Wettbewerbsumfeld	Überlegene Ressourcenaustattung und Kernkompetenzen
Wertschaffung	Schaffung von Marktunvollkommenheiten in den Absatzmärkten: Monopolrenten	Schaffung von Marktunvollkommenheiten in den Ressourcenmärkten: Ricardianische (Seltenheits-)Renten

Abbildung 74: Market Based View vs. Resource Based View

Im Strategiefindungsprozess sind im Wesentlichen zwei Analyse- und Entscheidungsebenen abzuarbeiten, nämlich

▲ der gesamtunternehmensbezogene strategische Überbau über die einzelnen Geschäftsbereiche, der

　▲ die Portfolio-Strategie und -Struktur,

　▲ die horizontale Verflechtungs-Strategie und -Struktur sowie

　▲ die Identifikation neuer Geschäftsfelder betrifft,

---

[111] Vgl. z.B.: Hinterhuber (1997), S. 121 ff; Baum/Coenenberg/Günther (2004), S. 24 ff; Denk (2002), S. 56 f.

und

▲ die Entwicklung von in definierte Portfolio- und Verflechtungsstrukturen eingebetteten Geschäftsbereichsstrategien, für die sich Auswahl- und Entscheidungsfragen hinsichtlich

  ▲ der zu verfolgenden generischen Wettbewerbsstrategie bzw.
  ▲ der zu entwickelnden Hybrid-Strategie als sequentiell oder simultan konzipierte Koppelung generischer Strategien sowie
  ▲ der Klärung der zu verfolgenden Entwicklungsrichtung von Strategien (Wachstum, Restrukturierung, Schrumpfung, Exit) stellen.

Die Einbettung dieser Auswahl- und Entscheidungsprobleme in den gesamten Strategie-Prozess ist in der nachstehenden Abbildung veranschaulicht.

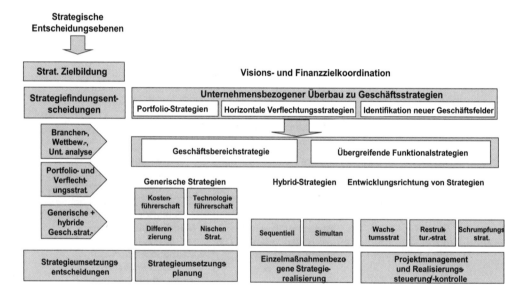

Abbildung 75: Analyse- und Entscheidungsebenen im Strategiefindungsprozess

Auf die Vielzahl von Analyse- und Gestaltungsfragen für das strategische Risikomanagement kann hier im Detail nicht eingegangen werden, vielmehr sollen Antworten zu einigen wichtigen Grundfragen geliefert werden, und zwar:

▲ Welche Meta-Risiken bedürfen im Strategiefindungsprozess eines besonderen Fokus, vor allem weil sie in der praktischen Strategiearbeit in Relation zu ihrer grundlegenden Bedeutung für die Gestaltung der strategischen Risikoposition erfahrungsgemäß zu wenig beachtet werden?

▲ Gibt es instrumentelle Möglichkeiten zur Sicherung/Absicherung ganzer Strategien?

Meta-Risiken des Strategiefindungsprozesses (Risiken, die die Strategie-Entwicklungsarbeit hinsichtlich ihres Ziels als Ganzes gefährden können) sind in der folgenden Abbildung zusammengefasst:

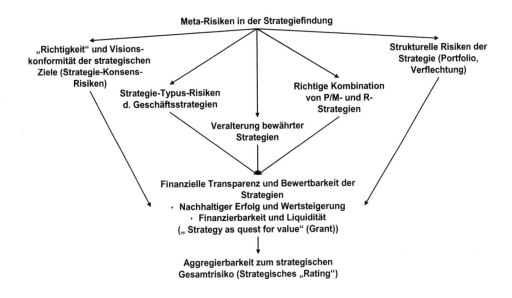

Abbildung 76: Meta-Risiken im Strategiefindungsprozess

Sie betreffen insbesondere

▲ Strategie-Konsens-Risiken (Ziel-Koordinierung und Zielkompatibilität; hierarchiedurchgängiges Strategie-Verständnis und -Akzeptanz; Realisierungs-Commitment),

▲ Strategie-Typus- und Strategie-Mix-Risiken,

▲ Ganzheitlichkeit des Strategieansatzes hinsichtlich Asset- und Markt-Orientierung,

▲ Strukturelle strategischen Risiken aus dem notwendigen unternehmensbezogenen Überbau über Geschäftsbereichsstrategien (Portfolio- und Vernetzungsstruktur),

▲ Klarheit und Verbindlichkeit der finanziellen Ausrichtung von Strategien (finanzielles Bewertungs-Commitment, wertorientierte Strategie-Entscheidungen und Strategie-Umsetzungssteuerung), sowie

▲ Aggregation zu strategischen Gesamtrisikopositionen und bewerteten, zeitraumbezogenen (z.B. Zeithorizont des Strategie-Umsetzungsplans) strategischen Risiko-Trends.

Eine in großer Zahl beobachtbare, besonders schmerzliche Schwachstelle von Strategiefindungs- und -entscheidungsprozessen ist das Fehlen von finanzieller Bewertung und Vernetzung zum finanziellen Zielsystem. Der damit verbundene „finanzielle Blindflug" in der strategischen Führungsarbeit trägt potenziell letale Risiken in sich. Ohne Basisbelege über die ökonomische Attraktivität von Strategien sind die einzelnen Strategie-Umsetzungsschritte, auch wenn für diese isoliert eine Projektbewertung nach wertorientierten Grundsätzen durchgeführt wird, nicht gesichert in die Gesamtstrategie einordenbar.[112]

---

[112] Zum zwingenden Erfordernis der finanziellen Bewertung von Strategien und des Verbindens von Strategien und Finanzzielen vgl. u.a.: Grant (2005), S. 39 ff; Denk (2002), S. 54 ff.

Zur zweiten, oben gestellten Frage (Gibt es instrumentelle Möglichkeiten zur Sicherung/ Absicherung ganzer Strategien?) ist grundsätzlich anzumerken, dass am Kapitalmarkt derzeit keine Sicherungsinstrumente für das Absichern ganzer Strategien existieren, wenngleich es neben den Kapitalmarktinstrumenten für das operative Risikomanagement bereits Instrumente für die Absicherung ganzer Projekte (Hedge- und Options-Modelle sowie kreative Finanzierungsinstrumente) gibt. Das „Absichern" ganzer Strategien bleibt daher der unternehmerischen Eigengestaltung vorbehalten. Die wichtigsten Ansätze sind in Abbildung 77 zusammengefasst:

Gezielte Herausnahme von Risiken aus den bestehenden Geschäften zur Erhöhung der Risikotragfähigkeit für neues Wachstum	Gezielter Aufbau von strat. Flexibilitäten unter anderem in folgenden Bereichen: ▲ Unternehmens- und Geschäftsstruktur ▲ Geschäftsmodell ▲ Vertragslandschaft im Beschaffungs- und Absatzmarkt ▲ Make or Buy-Struktur ▲ Strat. Allianzen ▲ Langfristige Finanzierungssicherungen in Eigen- und Fremdkapital (Rating, genehmigtes Kapital u.a.) ▲ Kooperation mit „lead users"	Gezielte Suche und Aufbau von ▲ strategischen Operationen und ▲ sequentiellen Strategien mit definierten Anpassungs- oder Umstiegsoptionen an kritischen Punkten	Identifikation und risikopolitische Nutzung interner risikomindernder horizontaler Vernetzungen und interner Hedgepositionen	Aufbau eines projektorientierten Sicherungsinstrumentariums für große Strategie-Umsetzungsschritte ▲ Langfristige Cash-flow-Absicherungsinstrumente ▲ Sicherung durch kreative Finanzierungsinstrumente (z.B. non-recourse-financing) ▲ Risiko-orientierte margin- oder cost-sharing-agreements mit Kunden oder Lieferanten

Abbildung 77: Ansätze zur Absicherung ganzer Strategien

Die wesentlichen risikoorientierten Verhaltensweisen und zu entwickelnden Risikomanagement-Fähigkeiten ergeben somit vergleichsweise einfache, aber wirksame Botschaften:
▲ Entstehen im Rahmen der Strategiefindung, -überarbeitung oder -umsetzung wesentliche belastende Veränderungen der Risikostruktur, so müssen neben risikoreduzierenden Maßnahmen in den neuen strategischen Aktivitäten auch die Risikostrukturen des Bestandes an „Altgeschäften" verändert werden, um große neue „stakes & uncertainties" im Rahmen des Gesamtrisikoprofils tragfähig zu machen.[113]

---
[113] Vgl. Hamel/Prahalad (1995), S. 186.

▲ Der gezielte Aufbau von strategischer Flexibilität und strategischen Optionen bzw. der gezielte Abbau strategischer Abhängigkeiten ist eine der wichtigsten Maßnahmen, die das Unternehmen befähigen kann, die strategische Grundlinien und Visionen bei allen schwerwiegenden Diskontinuitätspotenzialen nicht verlassen zu müssen. Zu den größten strategischen Schwachpunkten und Gefahren einer Vielzahl von Unternehmen gehört, dass sie im business-downcycle die strategische Grundlinie nicht durchzuhalten in der Lage sind (z.B. fehlende finanzielle „platform for growth") und/oder auf das Abfedern schwerwiegender Diskontinuitäten nicht durch strategische Optionen und Flexibilität vorbereitet sind, und daher vom intelligenteren und rascheren Wettbewerb überrollt werden. Die Unternehmen sind gezwungen, ihre Strategien „umzuschreiben", bzw. ihre Strategien werden von dem sie übernehmenden Wettbewerber umgeschrieben.

▲ In Bezug auf die die großen, entscheidenden Strategie-Umsetzungsschritte sollte für die strategischen und finanziellen Schlüsselrisiken das verfügbare Kapitalmarkt-Instrumentarium identifiziert und evaluiert werden. Es muss aber immer wieder betont werden, dass für eine gleichgewichtige, von den finanziellen Zielen her mitbestimmte „Risk-Return"-Struktur in vielen Branchen auch Hochrisiko-Geschäfte bewusst etabliert werden müssen, da sonst die für eine Branche typische und vom Kapitalmarkt erwartete finanzielle Performance nicht realisierbar sein wird.

Als passender Abschluss zu diesem Kapitel bietet sich eine – mit den beschriebenen Meta-Risiken des Strategie-Findungsprozesses in engem Zusammenhang stehende – Analyse an, die das Potenzial für das strategische Scheitern auch der besten Unternehmen anspricht (vgl. Abbildung 78):[114]

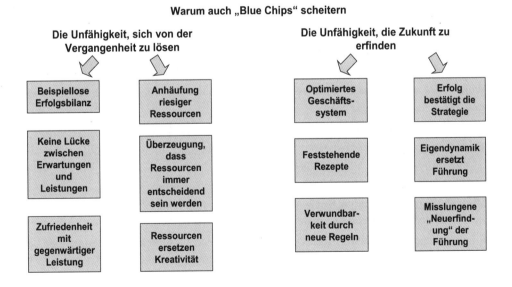

Abbildung 78: Gründe für das Scheitern von Blue Chips

---

[114] Vgl. Hamel/Prahalad (1995), S. 186ff.

3.34 Risikomanagement in der Strategie-Umsetzung

Strategie-Umsetzungsprozesse stellen sich überwiegend als projektorientiertes Vorgehen dar. Analysen, Instrumente und Entscheidungsmethoden des strategischen Risikomanagements einerseits sowie dessen Prozessabläufe, Verhaltensweisen und Regulative andererseits sind auf der Projekt- und damit auf der Umsetzungsebene in wesentlich stärkerem Umfang in der Unternehmenspraxis eingeführt und angewandt, als dies für die Strategiefindungs- und Zielbildungs-Ebene gilt.

Die strategischen Risiken auf der Umsetzungsebene betreffen – ähnlich wie im Prozess der Strategiefindung – zwei Ebenen:

▲ Einerseits – und das ist der in der praktischen Übung vor allem in größeren Unternehmen relativ gut ausgeprägte Risikomanagement-Bereich – betreffen sie die Ebene der Einzelprojekte. Hier hat man es dominant mit inhaltlichen Fragen strategischer Risiken zu tun sowie mit Führungsrisiken im Projekt, d.h. Projekt-Management-Risiken.

▲ Andererseits liegt über der Einzelprojekt-Ebene zumeist ein zeitlich begrenzter, aber recht detailliert in Einzelschritte zerlegter „Umsetzungsfahrplan" für Teile der Gesamtmaßnahmen einer Strategie. Dieser Umsetzungsfahrplan ist praktisch sehr häufig konkret in mittelfristigen operativen Planungen hinterlegt. Diese Fahrpläne indizieren nicht nur die projektbezogenen Einzelschritte der Strategie-Umsetzung, sondern für die Strategie gesamthaft Themen wie

▲ Wachstumsgeschwindigkeit,

▲ Wachstumsqualität,

▲ zeitraumübergreifendes „Risk-Return"-Gleichgewicht im Portfolio und

▲ Strategie- und Finanzziel-Koordinierung im Umsetzungsprozess.

Mit diesen Themen wird eine Umsetzungsebene angesprochen, die nicht das Einzelprojekt, sondern gesamtgeschäftsbezogene Umsetzungssteuerung anspricht. Unabhängig von der ökonomischen Qualität und den Risiken von Einzelprojekten werden hier häufig Paket- und Programm-Fragen angesprochen, die beispielsweise zu folgender Differenzierung führen: Welchen ökonomischen Kriterien (unter Einschluss der risikopolitischen Zielsetzungen) müssen

▲ das Einzelprojekt im Vertriebsnetz-Aufbau, und

▲ das Netzprogramm (bestehend aus einer größeren Anzahl von Einzelprojekten) für eine bestimme Europa-Region und

▲ das Netzprogramm des gesamten Geschäftsbereichs genügen?

Die dabei anzuwendenden Entscheidungskriterien (auch in der Risikopolitik) können sich – je nach Entscheidungsebene – erheblich unterscheiden.

Eine ähnliche Fragestellung ergibt sich beispielsweise auch beim Umsetzungsplan eines aus vielen Einzelprojekten bestehenden Explorationsprogramms einer Ölgesellschaft oder bei dem Forschungsprogramm eines pharmazeutischen Konzerns. Vielfältige andere Beispiele wären denkbar.

Des Weiteren ergibt sich in der Umsetzungssteuerung die Besonderheit der Timing-Steuerung und der darin eingeschlossenen Timing-Risiken, sowohl auf der Einzelprojekt- als auch auf der Programmebene.

Die mehrperiodige Gesamtprogrammsteuerung ist damit der instrumentelle Überbau über den einzelprojektbezogenen Strategie-Umsetzungsprozess. Die Natur der strategischen Risiken auf der Programmebene ist durchaus anders gelagert als jene auf der Einzelprojektebene.

Die nachfolgenden beiden Abbildungen sollen einen knappen Leitfaden für die Typologie strategischer Risiken auf der Strategie-Umsetzungsebene zur Verfügung stellen:

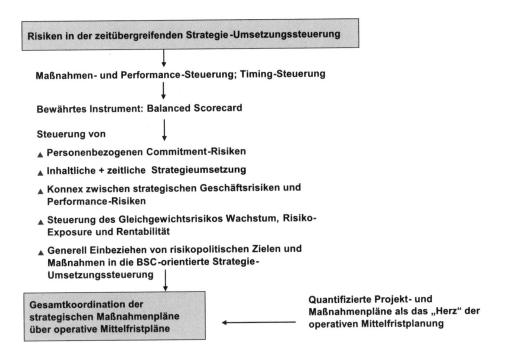

Abbildung 79: Typologie der Strategieumsetzungsrisiken (1)

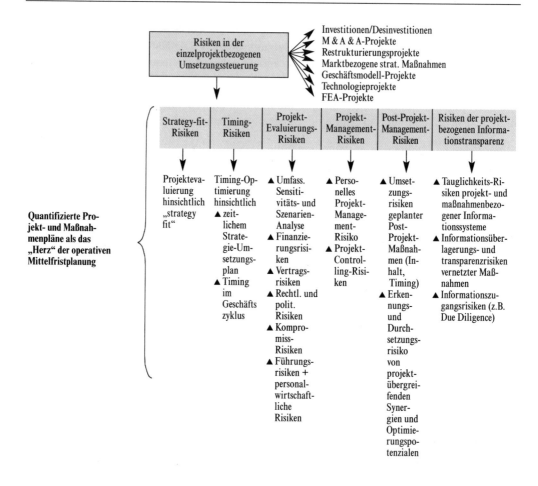

Abbildung 80: Typologie der Strategieumsetzungsrisiken (2)

Schon in dieser Typologie sind in Einzelpunkten Risiko-Themen mit starkem Führungs- und Verhaltensbezug angesprochen. In der folgenden „Strategy Implementer's Action Agenda"[115] ist die Bedeutung der personellen Komponente im Umsetzungsprozess sehr umfassend angesprochen.

---

[115] Vgl. Thompson/Strickland (1998), zitiert nach Welge/Al-Laham (2003), S. 531.

Abbildung 81: Strategy Implementer's Action Agenda

Da hier nicht auf Details eingegangen werden kann, sei beispielhaft der Punkt „Gestaltung strategieorientierter Anreiz-Systeme" herausgezogen, der zeigt, dass in vielen Unternehmen Handlungsbedarf für die Erhöhung von Effizienz und Effektivität der Strategieumsetzungssteuerung besteht.

Die Mehrzahl der heute existierenden MbO-Systeme baut praktisch ausschließlich auf operativen und kapitalmarktbezogenen Steuerungsgrößen auf. Das Thema der Strategie-Entwicklung und -Umsetzung ist im besten Fall stark unterbelichtet, im schlimmsten Fall ist die Thematik im MbO-System nicht abgebildet. Triebkräfte für erfolgreiche Strategie-Entwicklung und -Umsetzung sind daher in den meisten Unternehmen in Incentive-Systemen nicht etabliert. Dies kann für die langfristige Überlebenssicherung und für die Sicherung einer wertorientierten strategischen Führung ein erhebliches Risiko darstellen, weil das Sanktionssystem primär den kurzfristigen Erfolg honoriert und Vorlaufkosten für den Aufbau langfristiger Erfolgspotenziale bestraft.

Für die Umsetzungssteuerung von Strategie und die dabei zu lösenden Aufgaben des Risikomanagements ist auch die Geschlossenheit und Effektivität des Controllingsystems von hoher Bedeutung. Dabei sind insbesondere die Maßnahmenplanung sowie die Instrumentalisierung des Maßnahmen-Controllings von hoher Bedeutung. Einen Überblick über die Instrumente des Maßnahmen-Controllings soll die folgende Abbildung bieten.

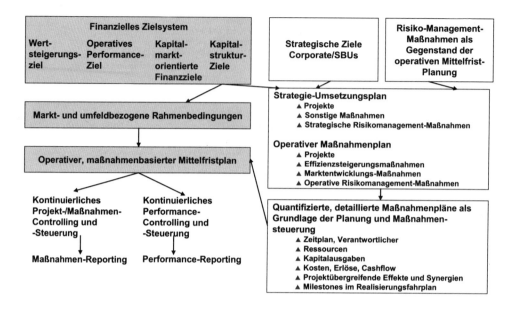

Abbildung 82: Instrumente des Maßnahmen-Controllings

Einblicke in die diesbezügliche Unternehmenspraxis lassen allerdings erkennen, dass gerade im Bereich der Maßnahmenplanung und -steuerung, beginnend von der Maßnahmenquantifizierung und -dokumentation bis hin zur Erfolgstransparenz von Maßnahmen, erhebliche System- und Prozess-Lücken bestehen. Dies stellt eine bedeutende Risiko-Ursache für die Strategie-Umsetzungssteuerung dar.

Zusammenfassend lassen sich die Risikomanagement-Schwerpunkte in der Strategieumsetzung hinsichtlich der Elemente:

▲ Prozesse,

▲ Planungsobjekte,

▲ Instrumente,

▲ Organisation und

▲ Risiko-Verhalten/-Kultur

wie folgt zusammenfassen:

Element der Strategieumsetzung	Risikomanagement-Schwerpunkte
Prozesse	Einfließen der Risikostrategie und der risikopolitischen Ziele in die Strategie-Umsetzungsprojekte
	Involvierung in das Beantragungs- und Genehmigungsprozedere von Strategieumsetzungsprojekten
	Involvierung in die Maßnahmenplanung und die Maßnahmensteuerung von Risikomanagement-Zielen

Element der Strategie-Umsetzung	Risikomanagement-Schwerpunkte
	Involvierung in die Risiko-Chancen-Analyse von Strategie-Umsetzungsprojekten sowie die Festlegung von Sicherungs- bzw. Absicherungsmaßnahmen
	Risikomanagement-Supervising im Projektablauf von strategischen Schlüsselvorhaben
Planungsobjekte	Investitionen/Desinvestitionen
	M & A & A-Projekte
	Restrukturierungsprojekte mit erheblichen strategischen Risikopotenzial sowie übergreifenden Synergiepotenzialen
Instrumente	Instrumentarium der projektbezogenen Risikoanalyse
	Instrumentarium der strategischen Risikoabsicherung
	Instrumentarium der operativen Performance-Sicherungsmaßnahmen (Budget-Ziel-Sicherung)
	Modellierung Geschäftsrisiko-Netzwerk (Verbund-, Verstärker- und Kompensationseffekte)
	Risikomanagement-bezogenes Unternehmensmodell zur Wirkungsanalyse von Risikomanagement-Maßnahmen
	Instrumentarium des Maßnahmencontrollings im Risikomanagement
Organisation	Koordinierung projektbezogener Risikomanagement-Maßnahmen im Gesamtkontext der Risikopolitik und der strategischen und operativen Performance-Ziele
	Ablaufsicherung von Risikomanagement-Procedures in Projektevaluierungen, -anträgen und -genehmigungen
Risiko-Verhalten/-Kultur	Moderation der Risiko-Chancen-Thematik eines Projektes im Planungs- und Evaluierungsstadium zur Sicherung der Risiko-Chancen-Transparenz
	Einschaltung in das projektbezogene Risiko-Chancen-Reporting
	Manager-Support für die Kommunikation der Risiko-Chancen-Thematik von Geschäfts- und Unternehmensplänen (Geschäftsbereichsleiter an Vorstand, Vorstand an Aufsichtsrat, Eigentümer und Kapitalmarkt)

Abbildung 83: Risikomanagement-Schwerpunkte in der Strategie-Umsetzung

3.35 Investitionsrisiken und Realoptionen

Unter der Vielzahl strategieumsetzungsbezogener Risiken steht das Bewertungsrisiko von Projekten, insbesondere von M&A-Transaktionen, in vorderster Reihe. Der Methodenkasten der dynamischen Investitionsprojekt-Bewertung hat 50 Jahre benötigt, um sich zu hoher Akzeptanz mit einem Verbreitungsgrad von rd. 90% in den Unternehmen hochzuarbeiten.[116] Die jüngeren Entwicklungen in der Investitions- und Finanzierungstheorie sowie verschiedene empirische Befunde weisen jedoch darauf hin, dass zumindest unter dem heutigen strategischen Entscheidungsumfeld vieler Unternehmen die DCF-orientierten Methoden der Investitionsbewertung nicht nur nicht ausreichen, sondern in gewissen Fällen sogar gefährliche Fehlsteuerungen verursachen können. Dabei sind keineswegs die vielfach diskutierten formalen methodischen Schwachpunkte der DCF-Methoden angesprochen, sondern primär der strategische Ansatz der Projektanalyse und -begründung.

Empirische Befunde[117] zeigen, dass hohe „acquisition premiums" keineswegs ein genereller Indikator für „strategische und finanzielle Flops" sind. Hohe Akquisitionsprämien scheinen ganz im Gegenteil ein Wegweiser zu attraktiven Wertsteigerungsoptionen zu sein. Zwischen niedrigen/hohen Akquisitionsprämien und anschließendem operativem Erfolg/Misserfolg besteht in der genannten Studie keine signifikante Korrelation. Andere Studien zeigen, dass die strategischen Motive für den Wettbewerb um ein Akquisitionsobjekt extrem unterschiedlich sein können und daher hohe Unterschiede in der Zahlungsbereitschaft der Wettbewerber um ein Projekt auslösen können.[118]

Sollte – gemäß obiger Indikationen – die DCF-Methodik in gewissen Fällen tatsächlich eine Fehlsteuerung für strategische Investitionsprojekte auslösen können, so liegt in der Methode tatsächlich ein sehr bedeutendes strategisches Risiko. Fehlschläge – vielleicht sogar in wiederholten Fällen – bei strategisch wichtigen Projektwettbewerben können die Strategierealisierung inhaltlich und zeitlich derart behindern, dass die strategischen Ziele und die darauf aufbauenden Strategien obsolet werden.

Ein wesentlicher Grund für die genannten Fehlsteuerungseffekte liegt im Vernachlässigen von mit einem strategischen Investitionsprojekt verbundenen Realoptionen, sowohl hinsichtlich der strategischen Analyse und Projektbegründung als auch hinsichtlich der Projektbewertung. Methodisch ist der Themenbereich Realoption ein höchst anspruchsvolles Gebiet, das hier nicht im Detail abgehandelt werden soll. Zur Vertiefung wird auf anwendungsorientierte Einstiegsliteratur verwiesen.[119] Die folgenden Betrachtungen sollen lediglich dem grundsätzlichen Verständnis und der Darstellung des strategischen Risikofaktors dienen, der sich aus der Nicht-Berücksichtigung von Realoptionen in der Strategiebewertung ergibt.

Die nachstehende Abbildung fasst die Argumente über die potenziellen Schwachstellen der DCF-Bewertung aus strategischer Sicht zusammen:

---

[116] Vgl. Pritsch/Weber (2003), S. 161.
[117] Vgl. Eccles/Lanes/Wilson (2000), S. 80ff.
[118] Vgl. Leithner/Liebler (2003), S. 232f.
[119] Als anwendungsorientierte Einstiegsliteratur empfiehlt sich z.B.: Hommel, U./Scholich, M./Baecker, Ph. (Hrsg.): Reale Optionen. Konzepte, Praxis und Perspektiven strategischer Unternehmensfinanzierung, Berlin – Heidelberg – New York 2003.

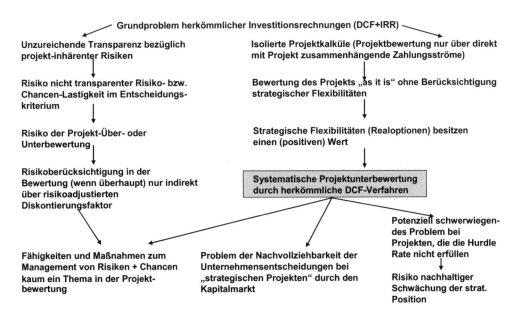

Abbildung 84: Schwachstellen der DCF-Bewertung

Als Nächstes soll in knapper Form das Wesen von Realoptionen beschrieben werden. Realoptionen sind strategische Handlungsoptionen, die ihre Entstehungsursache in einem strategischen Basisprojekt haben und ohne dieses einem Unternehmen gar nicht zur Verfügung stehen würden. Strategie relevante Fragestellungen in diesem Zusammenhang sind z.B.:

▲ Was kann das Unternehmen aus einem Projekt – über sein primäres strategisches Anliegen hinaus – noch machen?

▲ Welche Wege kann das Unternehmen optional einschlagen, sollten die wesentlichen strategischen Umfeldannahmen für ein – lebenszyklusbezogen – erfolgreiches Projekt nicht halten?

▲ Kann das Unternehmen ein strategisches Projekt, das sich ökonomisch selbständig rechtfertigen muss, als zeitraumbeschränkte Vorstufe für das Erreichen des eigentlichen strategischen Anliegens zwischenschalten?

▲ Muss das Unternehmen zur Erreichung seines strategischen Ziels riskante Kapitalengagements sofort eingehen oder gibt es „Warte- und Lernoptionen" oder das Kapitalrisiko begrenzende Zwischenlösungen mit optionalen Umstiegsmöglichkeiten?

▲ Welche Projekte können als Vorstufe für die Erweiterung des strategischen Aktionsradius (z.B. Erweiterung des relevanten Marktes) identifiziert werden?

Ergänzt um weitere wesentliche Charakteristika lassen sich Realoptionen wie folgt definieren:

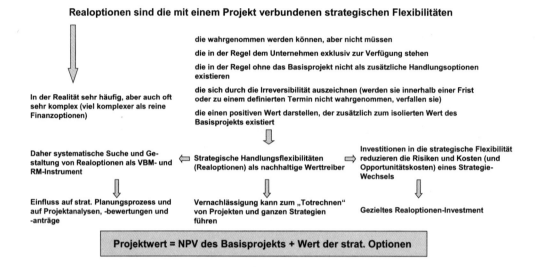

Abbildung 85: Realoptionen – Definition

Besonders herauszustellen ist,

▲ dass Realoptionen immer einen positiven Wert, schlechtestenfalls einen Wert von null besitzen (Basisprojektentscheidung erfolgt unter Sicherheit),

▲ dass der Projektwert aus dem Wert des Basisprojekts und – additiv – dem Wert der strategischen Option besteht, und

▲ dass somit bei Vorliegen strategischer Optionen in allen Fällen die DCF-Methode zu einer systematischen Projekt-Unterbewertung führt.

Für die Höhe des Wertes von Realoptionen gibt es schon in einer qualitativen Argumentation gute Wertindikatoren. Die wesentlichen Wertindikationen lassen sich wie folgt zusammenfassen:

▲ Ein den Optionswert stark prägendes Element sind die die Handlungsoption beschreibenden Geschäftsmodellparameter.

▲ Eine Option hat immer ein höheres Risiko als das Bezugsobjekt.

▲ Je länger der Ausübungszeitraum, umso höher der Wert.

▲ Je höher das Planungsrisiko in der Investitionsentscheidung, umso höher der Optionswert, bei Sicherheit ist eine Option wertlos.

▲ Hohe Unsicherheit ist daher aus Realoptions-Sicht nicht eine wertreduzierende, sondern eine wertsteigernde Eigenschaft.

▲ Der Wert einer Option ist umso höher, je mehr im Zeitablauf mit einer Verbesserung der Informationsbasis gegenüber der Ausgangssituation zu rechnen ist.

▲ Je klarer die Exklusivität des Optionsrechts, umso höher ihr Wert.

Für die Frage, ob und inwieweit der komplizierte und höchst anspruchsvolle Methodenkasten der Realoptionenbewertung in die Evaluierungstools von Investitionsprojekten eingearbeitet werden soll oder nicht, gibt es grundsätzliche Verfahrensindikationen, die die Verfahrensempfehlung von der ökonomischen Bedeutung einer strategischen Flexibilitätsoption und dem Unsicherheitsniveau des Basisprojekts abhängig macht. Diese Empfehlungen sind wie folgt systematisierbar:

Unsicherheit \ Strategische Flexibilität	Niedrig	Hoch
Hoch	Sensitivitätsanalyse Monte-Carlo-Simulation	Optionspreismethode, Entscheidungsbaumverfahren
Niedrig	Statische Kapitalwertmethoden	Dynamische Kapitalwertmethoden, Optionspreismethode, Entscheidungsbaumverfahren

Dynamische Kapitalwertmethode = Vollständige Modellierung von Projekt-Cashflows im Zeitablauf unter Verwendung komplexer Entscheidungsbäume

Abbildung 86: Verfahrensempfehlungen für Investitionsprojektbewertungen

In dieser Verfahrensempfehlung fällt auf, dass der „Stand der Technik" den Einsatz von Methoden vorsieht (z.B. Monte-Carlo-Simulation, Entscheidungsbaumverfahren und „Expected-Monetary-Value"-Ansätze), die heute noch keineswegs zum standardmäßigen Methodenvorrat der risikoorientierten Projektbewertung in Unternehmen zählen. Insofern ist hervorzuheben, dass das „Berechnen" von Realoptionswerten allein nicht die entscheidende Frage ist, wenngleich dies in letzter Konsequenz anzustreben ist. Es ist schon viel gewonnen, wenn die Strategiefindungs- und -Review-Prozesse sowie die Projektanalysen im Strategieumsetzungsprozess systematisch auf das Identifizieren und handlungsbezogene Aufarbeiten von strategischen Realoptionen ausgerichtet werden:[120] Die folgende Abbildung zeigt, welche Konsequenzen sich daraus für den strategischen und operativen Planungsprozess ergeben:

---

[120] Vgl. Pritsch/Weber (2003), S. 156f.

Risikomanagement im Unternehmen

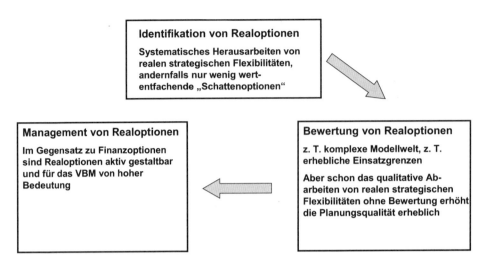

Abbildung 87: Veränderung des strategischen und operativen Planungsprozesses

Betrachtet man die in der Praxis oft anzutreffenden Widersprüche zwischen formaler Handlungsempfehlung aus Investitionsevaluierungen und tatsächlichem Entscheidungsverhalten, so drängt sich jedenfalls die Vermutung auf, dass strategische Realoptionen schon bisher in so manchen Fällen, wenngleich nur grob qualitativ argumentiert und in keiner Weise systematisch quantifiziert, den letztendlichen Entscheidungsausschlag gegeben haben, was nachstehende Grafik veranschaulicht:

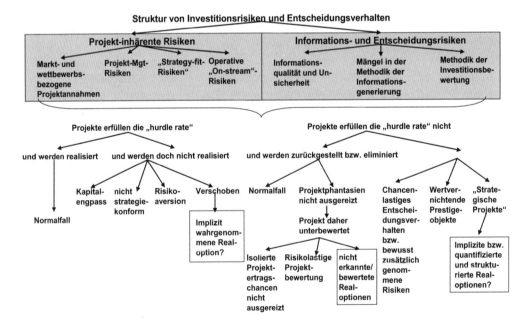

Abbildung 88: Investitionsrisiken und Entscheidungsverhalten

Diesen Abschnitt abschließend werden noch die wesentlichen Grundtypen von Realoptionen sowie einige praktische Fälle beschrieben.

▲ Projektabbruch- oder Verkaufsoptionen, Rücktrittsrechte
▲ Projektverzögerungs(-verschiebungs-) und Lern-Optionen (Kaufoptionen)
▲ Erweiterungs- und Wachstumsoptionen
▲ Wechseloptionen (Optionen auf Rohstoff-, Lieferanten-, Technologie- und Verfahrenswechsel, Absatzkanalwechsel)
▲ Konsolidierungsoptionen (Verkaufsoptionen i. d. Form z.B. fehlender Mindestabnahmemengen bei langfristigen Lieferverträgen, Rückzugsmöglichkeiten aus Projekten)
▲ Earn-out-Options (Besserungsscheine und verwandte Instrumente; verbesserte Beherrschung der Informationsasymmetrie)
▲ Compound Options (mehrstufiger Optionenaufbau)
▲ Rainbow Options (Kombination mehrerer Unsicherheitsfaktoren, z.B. Technologie und Marktakzeptanz)

Abbildung 89: Typen von Realoptionen

Akquisition eines strategischen Tauschobjekts

Erwerb eines – sich selbständig wirtschaftlich rechtfertigenden – Assets, um es später als Tauschobjekt für ein strategisch hochwertigeres Wachstumsobjekt (mit finanziellem Ausgleich oder Anteilsverdünnung) einsetzen zu können

Investition in eine Fertigungsanlage

Spezialanlage ohne alternative Einsatz- und Wiederveräußerungsmöglichkeit vs. Universalanlage mit alternativen Einsatz- und Wiederveräußerungsmöglichkeiten, jedoch schlechterer operativer Kostenstruktur

Investition in einen neuen Standort

Heute, bei erheblichen, nicht beherrschbaren Unsicherheiten vs. in zwei Jahren bei zu erwartenden wesentlich verbesserten Rahmenbedingungen

Akquisition einer Gesellschaft in einem neuen Markt

Stand-alone-Bewertung für den spezifischen Markt vs. Bewertung als Wachstumsplattform für später folgende Markterweiterungen in angrenzenden Regionen

Akquisition eines Erdgasfeldes

Stand-alone-Bewertung auf Grundlage definierbarer Gasreserven vs. Bewertung zusätzlicher möglicher Nutzung als zukünftigen Erdgasspeicher im internationalen Gastransit, falls sich der Speicher im Rahmen zukünftiger Transitrouten als ökonomisch und logistisch aktiv anbietet

Neuaufbau eines Marktes

Stand-alone-Aufbau eines eigenen Vertriebsnetzes vs. Start von Marktaktivitäten im Rahmen eines Joint-Ventures bzw. eines Beteiligungserwerbs

Abbildung 90: Beispiele für Realoptionen

3.36 Instrumente des strategischen Risikomanagements und -Controllings

Um die beschriebenen strategischen Prozesse und die darin einzubettenden strategischen Risikomanagement-Prozesse wirkungsvoll zu unterstützen, sind geeignete Instrumente der Dokumentation, Analyse und Entscheidungsunterstützung zu entwickeln und anzuwenden. Der potenziell nutzbare Methodenvorrat ist sehr weitreichend und einer eigenständigen Publikation würdig. Die folgende Übersicht soll für die einzelnen Prozessebenen zumindest Anstöße für die am weitest verbreiteten Methoden liefern, von denen zur Veranschaulichung in der Folge einige wenige herangezogen werden. Für mehr Tiefgang und Detaillierung wird auf die einschlägige Literatur verwiesen:[121]

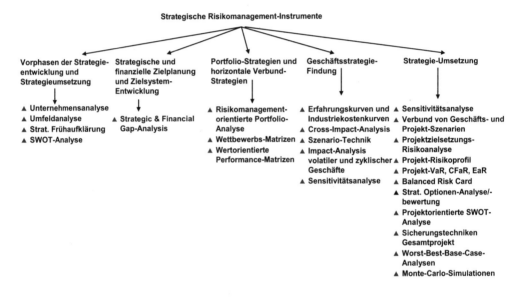

Abbildung 91: Instrumente des strategischen Risikomanagements

3.361 Kombination von SWOT-Analyse und GAP-Analysis

Eine bewährte Instrumenten-Kombination

▲ zur Plausibilisierung strategischer und finanzieller Zielsetzungen,

▲ zum Kompatibilitäts-Check von Zielen,

▲ zur Identifikation der wesentlichen strategischen Defizite und strategischen Fundamental-Risiken, und daraus abgeleitet

▲ zur Offenlegung der langfristigen Erreichbarkeitsrisiken finanzieller Ziele

ist die verknüpfte Nutzung von SWOT-Analyse und „strategic & financial gap analysis".

---

[121] Vgl. z.B.: Baum/Coenenberg/Günther (2004); Günther (1997); Jansen (2000); Grube/Töpfer (2002).

Die SWOT-Analyse – wie in den folgenden zwei Abbildungen veranschaulicht – ist eine handlungsorientierte Aufbereitung von Ergebnissen aus Unternehmens- und Umfeldanalyse.[122] Sie beschreibt den Deckungsgrad von Chancen und Risiken im Vergleich von Unternehmens- und Umfeld-Analyse.

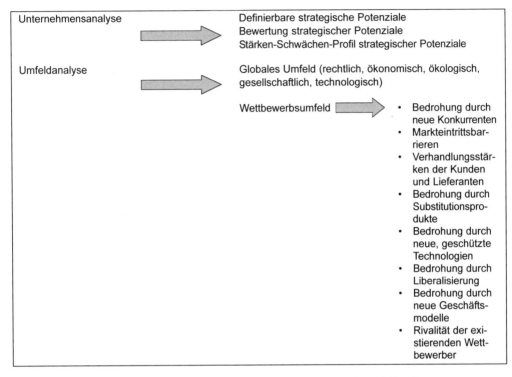

Abbildung 92: Ergebnisse von Unternehmensanalyse und Umfeldanalyse

		Ergebnis der Unternehmensanalyse	
		Stärken (Strenghts)	Schwächen (Weaknesses)
Ergebnisse der Umfeldanalyse	Chancen (Opportunities)		
	Risiken/Bedrohungen (Threats)		

Abbildung 93: SWOT-Analyse

Die „strategic gap analysis" zeigt einerseits die wesentlichen strategischen Defizite und Wettbewerbsstärken und liefert im Zusammenspiel mit der Umfeldanalyse die daraus resultierenden Chancen und Bedrohungen. Upside- und Downside-Risiken sind somit zentra-

---

[122] Vgl. Baum/Coenenberg/Günther (2004), S. 52ff.

ler Analyse-Gegenstand der SWOT-Analyse. Die Ergebnisse stoßen auch direkt die Handlungserfordernisse und -möglichkeiten an, die in der Strategieentwicklungs- und -umsetzungsplanung aufzugreifen sind.

Die performance-orientierte Bewertung der „strategic gaps" ermöglich, nachhaltige und strukturelle Performance-Defizite zum Wettbewerb über die wesentlichen strategischen Defizite zu erklären und damit auch den Zusammenschluss von strategischer Unternehmensplanung, strategischen Risikomanagement-Maßnahmen und langfristiger Performance- und Wertsteigerungsplanung zu ermöglichen. Eine mit der „strategic & financial gap analysis" vernetzte finanzielle Unternehmensplanung ermöglicht in der Folge Aussagen über die Erreichbarkeit langfristiger Finanzziele und über die Performance-Stabilisierbarkeit durch die Gestaltung der fundamentalen strategischen Erfolgsfaktoren. Die prinzipielle Vorgehensweise veranschaulichen die beiden folgenden Abbildungen:[123]

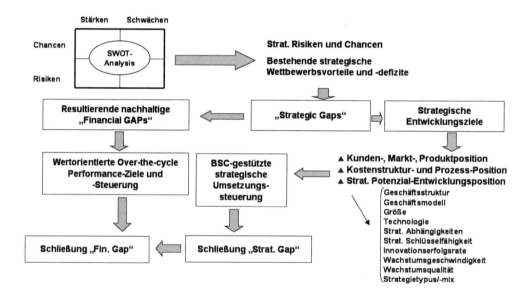

Abbildung 94: Strategic Gap Analysis – Vorgehensweise (1)

---

[123] Vgl. Denk (2004a), S. 78ff.

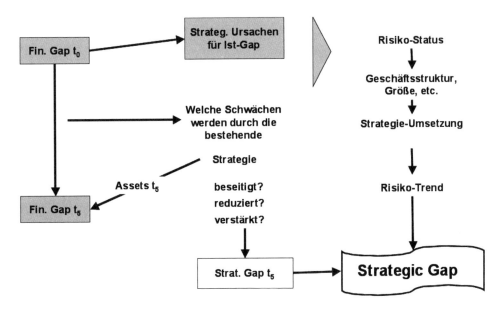

Abbildung 95: Strategic Gap Analysis – Vorgehensweise (2)

3.362 Kombination von Erfahrungskurven und Industriekostenkurven

In der kombinierten Anwendung von Erfahrungs- und Industriekostenkurven liegt ein höchst schlagkräftiges, empirisch untermauertes Instrument zur Identifikation langfristiger Markt-, Investitions-, Kosten- und Performance-Risiken sowie zur Schaffung der dafür notwendigen Evaluierungsgrundlagen.

Erfahrungskurven[124] sind langfristige Kostentrends mit impliziten Aussagen über die langfristige Preis- und Wettbewerbsentwicklung. Die Grundlage der Erfahrungskurven sind empirische Beobachtungen, dass sich mit jeder Verdoppelung der kumulierten Produktionsmenge die Stückkosten potenziell, d.h. nicht automatisch, sondern unter Einsatz bestimmter Methoden und Maßnahmen und bei Schaffung bestimmter strategischer und operativer Voraussetzungen, um 20% bis 30% reduzieren lassen. Ursachen für diesen „Erfahrungskurven-Effekt" sind

▲ Größendegressionen in Form von Fixkostendegression (stückzahlabhängige Mengeneffekte) und Economies of scale (stückzahlabhängige Betriebsgrößeneffekte) sowie

▲ Erfahrungs- und Innovationseffekte wie Technologie und technischer Fortschritt, Schöpfung von Rationalisierungs- und Restrukturierungspotenzialen, Lern- und Wissenseffekte (Optimierungs-Know-how, Organisationsintelligenz, Marketing-Knowhow, Geschäftsmodell-Innovationen u.a.m.)

Demgegenüber stellt die Industriekostenkurve den Status von Stückkosten, Cash-Stückkosten bzw. Investitions-Stückkosten (CAPEX/unit) und gegebenenfalls die Zukunftsprojektion für jeden einzelnen Anbieter einer Branche unter Einbindung von Kapazitätsinformationen dar.

---

[124] Vgl. Baum/Coenenberg/Günther (2004), S. 89ff.

In manchen Fällen wird die Differenzierung so weit getrieben, dass die Kosteninformationen jeder einzelnen Anlage und jedes einzelnen Standorts in die Analyse eingehen. Für manche Branchen sind auch Stückpreise und -margen in derartigen Analysen aufbereitet, womit nicht nur auf die Kostenposition, sondern auch auf die Ertragslage und diverse strategische Grundlagen der Angebotspolitik (z.B. Nischenbildung und strategische Produkt- und Kunden-Differenzierung) geschlossen werden kann.

Die Zusammenschau von Erfahrungskurven und Industriekostenkurven ergeben für das strategische Risikomanagement folgende Einblicke und Entscheidungsgrundlagen:

▲ Historie und Langfrist-Projektion der Branchen-Kosten- (und gegebenenfalls Preis-/Margen-)Entwicklung,

▲ Projektion der Preisentwicklung als Spiegel der Erfahrungskostenkurve bei aufrechtem bzw. intensiviertem Wettbewerb,

▲ Spiegelung der eigenen Kostenhistorie und der aktuellen Position in Relation zur Erfahrungskurve,

▲ Spiegelung der eigenen Strategie und der aus dieser resultierenden zukünftigen eigenen Kostenposition,

▲ Identifikation eigener Kosten-, Preis-, Margen-, Investitions-, Ergebnis- und Cashflow-Risiken,

▲ Projektion von Technologieentwicklungs-Szenarien und Anlagengrößen-Szenarien und Simulation der Veränderung von daraus resultierenden Risikoprofilen.

Die folgenden drei Abbildungen zeigen anhand einfacher Beispiele die potenziell hohe Bedeutung für die strategische Risiko-Analyse und -Steuerung:

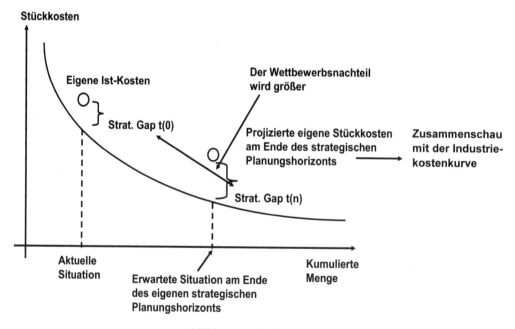

Abbildung 96: Erfahrungskurve

Industriekostenkurve/Annahmen:

Fünf Wettbewerber
Aktuelle Nachfrage: 900.000 t
Gesamtkapazität des Markts: 1 Mio. t
Aktueller Marktpreis: 700,- Euro/t

Stückkosten und Kapazitätsposition der Anbieter (in aufsteigender Stückkostenhöhe):

Reihenfolge	Anbieter	Stückkosten	Kapazität	Kumulierte Kapazität
1	D	420,-	290.000 t	290.000 t
2	B	445,-	300.000 t	590.000 t
3	E	505,-	205.000 t	795.000 t
4	A	680,-	125.000 t	920.000 t
5	C	770,-	80.000 t	1.000.000 t

Abbildung 97: Industriekostenkurve – Annahmen

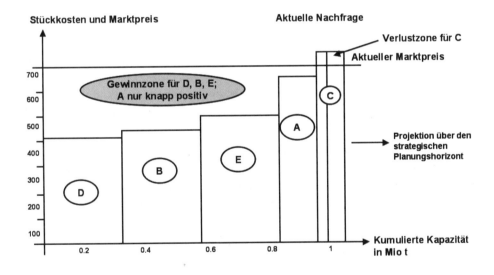

Abbildung 98: Industriekostenkurve

3.363 Sensitivitätsanalysen als Grundlage der Szenario-Arbeit und der Monte-Carlo-basierten Risikobewertung

Sensitivitätsanalysen sind in entwickelten Systemen strategischer und operativer Planung, im kurzfristigen Forecasting wie auch der Investitionsprojekt-Evaluierung standardmäßig eingesetzte und bewährte Instrumente der Erfolgsanalyse und der Risikoabschätzung. Sensitivitätsanalysen untersuchen Hebelwirkungen in Form der Variabilität von Entscheidungskriterien in Abhängigkeit von variierten Niveaus von Einflussgrößen. Die herkömmliche Anwendung wird in der folgenden Abbildung skizziert.

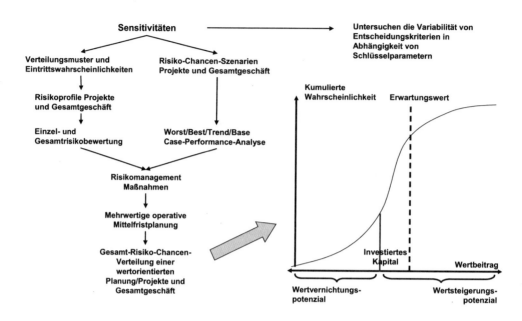

Abbildung 99: Sensitivitätsanalyse

Erfolgt die Variation der Einflussgrößen basierend auf historischen und angenommenen zukünftigen Volatilitäten, und werden die Werte dieser Streubereiche mit subjektiven oder – so verfügbar – objektiven Eintrittswahrscheinlichkeiten verknüpft, so stellt die Sensitivitätsanalyse den Informationsgenerator für Monte-Carlo-basierte Risikobewertungen dar.

Darüber hinaus lassen sich bei entsprechender Differenzierung und Kombination der mittels der Sensitivitätsanalyse gezeigten Abhängigkeiten Zusammenhänge analysieren, die bei isolierter, auf einen Parameter beschränkter Analyse oft keine brauchbaren Entscheidungs- und Bewertungsgrundlagen liefern. Als Beispiel für solche Situationen mögen dienen:

▲ Kombinierte Preis-Mengen-Sensitivitäten auf der Grundlage von bestehenden Preis-Elastizitäten

▲ Preis-Sensitivitäten, die sich entlang der Wertschöpfungskette nicht linear fortpflanzen, sondern

   ▲ entweder abschwächen oder verstärken, oder

   ▲ auf eine Wertschöpfungsebene keinerlei Einfluss auslösen, oder

   ▲ sich auf einer Wertschöpfungsebene in die Gegenrichtung bewegen („Effekte kommunizierender Gefäße" in der Performance-Struktur der Wertschöpfungskette).

Das in den folgenden zwei Abbildungen präsentierte Beispiel zeigt die Sensitivitätsanalyse eines sehr performance-robusten Investitionsprojekts, in dem die isolierten Preis- und Mengen-Sensitivitäten extrem deutlich, aber ökonomisch insignifikant sind, weil ihr Volatilitätspotenzial durch die überlagernde Preiselastizität abgefangen wird:

Strategie und Risikomanagement

	t0	t1	t2	t3	t4	t5	t6	t7	t8
Investitionsausgaben	70.000.000								
Menge		10.000	13.000	15.000	15.000	16.000	16.000	16.000	16.000
Stückpreis		2.400	2.400	2.300	2.300	2.300	2.000	1.800	1.800
Variable Cash-Kosten		600	600	500	500	400	400	300	300
Fixe Cash-Kosten		4.000.000	3.800.000	3.600.000	3.500.000	3.200.000	3.200.000	3.000.000	3.000.000
Laufende Erhaltungsinvest.		800.000	2.500.000	1.700.000	1.000.000	500.000	500.000	0	0
Cashflow vor Steuern	-70.000.000	13.200.000	17.100.000	21.700.000	22.500.000	26.700.000	21.900.000	21.000.000	21.000.000

WACC vor Steuern	14%
Hurdle-Rate vor Steuern	18%

On-Stream-Zeit: 8 Jahre, danach infolge technologischen und marktseitigen Wandels kein herkömmlicher Ersatz

Base-Case:	IRR	22,20%
	NPV (14%)	19.565.038

Abbildung 100: Investitionsprojekt – Basisannahmen

Menge	80%	85%	90%	95%	100%	105%	110%	115%	120%
IRR	13,85%	16,03%	18,14%	20,19%	22,20%	24,16%	26,07%	27,95%	29,80%
NPV	-340.567	4.635.834	9.612.235	14.588.636	19.565.038	24.541.439	29.517.840	34.494.241	39.470.643

Stückpreis	-200	-150	-100	-50	0	50	100	150	200
IRR	17,52%	18,72%	19,90%	21,06%	22,20%	23,32%	24,43%	25,52%	26,60%
NPV	8.094.299	10.961.984	13.829.668	16.697.353	19.565.038	22.432.722	25.300.407	28.168.092	31.035.776

Kombinierte Sensitivitäten aus Preis und Menge (die Sensitivitätsparameter repräsentieren auch annähernd die Preiselastizität der Nachfrage, d.h. 200 Euro/St. Preissenkung führen zu rd. 20% Mengensteigerung)

Stückpreis	-200	-150	-100	-50	0	50	100	150	200
Menge	120%	115%	110%	105%	100%	95%	90%	85%	80%
IRR	24,66%	24,22%	23,66%	22,99%	22,20%	21,29%	20,26%	19,10%	17,80%
NPV	25.705.756	24.600.729	23.208.934	21.530.370	19.565.038	17.312.937	14.774.068	11.948.430	8.836.024

Das Projekt ist bei angenommener Preiselastizität der Nachfrage äußerst Mengen-Preis-robust.

CAPEX	120%	115%	110%	105%	100%	95%	90%	85%	80%
IRR	16,66%	17,91%	19,24%	20,66%	20,20%	23,86%	25,66%	27,63%	29,79%
NPV	7.284.336	10.354.511	13.424.687	16.494.862	19.565.038	22.635.213	25.705.389	28.775.564	31.845.739

Cash-Fixkostensenkungspotenzial	Wegfall	Base Case	Verdoppelung
IRR	21,48%	22,20%	22,90%
NPV	17.591.281	19.565.038	21.538.794

Abbildung 101: Investitionsprojekt – Sensitivitätsanalyse

3.37 Strategische Risikobewertung und -aggregation

Die Instrumente der Risikobewertung und -aggregation sind an anderer Stelle dieses Buches ausführlich dargestellt. Für diese Thematik stellt sich, abgesehen von den folgenden Argumenten, keine prinzipiell neue Herausforderung, sieht man einmal von dem grundsätzlichen Problem ab, dass mit zunehmendem Zeithorizont und steigender Komplexität sich die Bewertungsschwierigkeiten überproportional verstärken.

Das eigentlich herausfordernde Thema ist, dass strategische Risiken und die im strategischen Entscheidungsfeld liegenden Komplexitäten und Verbundeffekte nicht ohne weiteres die Übertragung finanzieller Bewertungsmethoden auf Einzelrisikoebene auf die strategische Risikoebene zulassen.

Diese Thematik ist in Forschung, Beratung und Unternehmenspraxis – wenn überhaupt – nur ansatzweise aufgearbeitet und bedarf noch erheblicher innovativer Entwicklungsarbeit.

Grundsätzlich wäre die Entwicklung einer dem „finanziellen Rating" sinngemäß entsprechenden Methodik des „strategischen Rating" vorstellbar. Zu lösen wäre in einem solchen Ansatz aber auch die Evaluierung der Kultur- und Verhaltensebene des Risikomanagements.

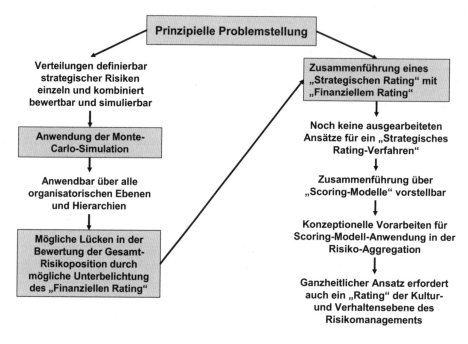

Abbildung 102: Problemstellungen der strategischen Risikobewertung und -aggregation

Einen ersten, aber sehr rudimentären Ansatz in diese ganzheitliche strategische Bewertungsrichtung unter besonderer Berücksichtigung der verhaltensorientierten „hidden risks" hat Robert Simons mit seinem – auf einem Scoring-Modell basierenden – „risk exposure calculator" vorgestellt.[125]

Ein an Simons angelehntes Beispiel zeigt nachstehende Abbildung. Die an ein „strategisches Rating" zu stellenden methodischen und inhaltlichen Anforderungen können mit diesem Ansatz aber zweifellos nicht erfüllt werden.

---

[125] Vgl. Simons (1999), S. 85–94.

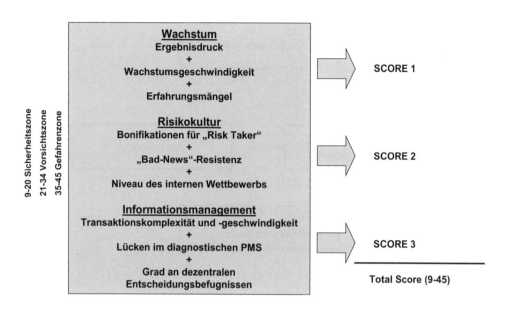

Abbildung 103: Scoring-Modell zur Bewertung des strategischen Risikos eines Unternehmens

3.4 Die Verbindung von Risikomanagement und wertorientiertem Führungsansatz

3.41 Zur Klärung des Zusammenhangs zwischen Risikomanagement und Value-Based-Management

Wertorientierte Unternehmensführung ist mittlerweile ein in Zielsetzung, Prozessen und Instrumenten umfassend aufgearbeiteter Führungsansatz, der hier keiner tiefer gehenden Vorstellung bedarf.[126]

Im Folgenden soll der Ansatz der wertorientierten Führung lediglich kurz vorgestellt werden, um darstellen zu können,

▲ an welchen wesentlichen Vernetzungsstellen und in welcher Weise ein integrierter Ansatz von Wert- und Risikomanagement entwickelbar ist und

▲ welche Systemfragen in der praktischen Anwendung noch unbefriedigend gelöst sind, sofern dies mit Konsequenzen für die Entwicklung eines ganzheitlichen und strategieorientierten Risikomanagements verbunden ist.

Ein ganzheitlich ausgelegtes Wert-Management[127] vernetzt die strategische Wertschaffungsebene („value creation") mit der operativen Potenzial-Nutzungsebene („value skimming") und der Transformation intrinsischer Unternehmenswertsteigerungen auf die Kapitalmarkt-Ebene bzw. die eigentümerorientierte Wertsteigerung („transition to shareholder value").

---

[126] Als vertiefende Literatur vgl. z.B.: Denk, R.: 13% Company. Value Management im OMV Konzern, Wien 2002; Günther, Th.: Unternehmenswertorientiertes Controlling, München 1997.
[127] Vgl. Denk (2002), S. 21ff.

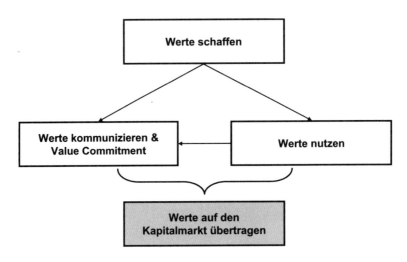

Abbildung 104: Ebenen eines ganzheitlichen Wertmanagements

Für diese drei Ebenen existieren unterschiedliche finanzielle Mess- und Steuerungsinstrumente, die aber in einem pragmatisch operationalisierten Ansatz unschwer unter einem Dach zu vereinen sind. Bekannte und praktisch vielfach genutzte, zentrale Mess- und Steuerungsgrößen dieser drei Ebenen sind

▲ der Cashflow-Return-on-Investment (mit der Rate of Return verwandtes Instrumentarium zur dynamischen Rentabilitätsmessung ganzer Strategien, Geschäfte und Unternehmen) für die Wertschaffungs-Steuerung,

▲ der Economic Value Added und die Return-Spread-Konzeption (operatives Rentabilitäts-Mess-Konzept, üblicherweise ROCE-basiert) für die Wert-Nutzungs-Steuerung, und

▲ der Total Shareholder Return (Dividenden und Kurssteigerungen vereinendes Instrument zur aktionärsorientierten Erfolgsmessung) für die Wert-Steuerung am Kapitalmarkt.

Das besondere Markenzeichen des Value-based-Management-Ansatzes ist die „Neudefinition" des ökonomischen Gewinns bzw. der Soll-Renditen eines Geschäftes oder eines Unternehmens. In dieser Konzeption, den marktorientierten Kapitalkosten (WACC = weighted average cost of capital), liegen auch weit reichende Vernetzungen zum operativen und strategischen Risikomanagement begründet. Ein Kennzeichen des wertorientierten Führungsansatzes ist unter anderem, dass in Performance-Maßstäben und in Entscheidungskriterien für Kapitalallokationsentscheidungen unterschiedliche Risikobelastungen von Geschäften und Projekten systematisch und differenziert berücksichtigt werden.

Das gesamte unternehmerische Handeln auf der strategischen wie operativen Ebene ist hinsichtlich seines ökonomischen Erfolgs oder Erfolgspotenzials aus dem Blickwinkel des wertorientierten Führungsansatzes an den marktorientierten Kapitalkosten zu spiegeln und zu relativieren. Die Höhe der Kapitalkosten – sowohl auf der Eigen- als auch auf der Fremdkapital-Ebene typischerweise als „Nach-Steuer"-Größen zu verstehen – eines Unternehmens, eines Geschäfts oder eines Projekts weist dabei eine erhebliche Anzahl von Einflussgrößen auf, von denen die wesentlichen sind:

- ▲ Bestimmungsfaktoren der Fremdkapitalkosten (nach Steuern)
  - ▲ Gesamtkapitalmarktlage und Leitzinsniveau
  - ▲ Rating-Position des Unternehmens
  - ▲ Strategiebedingter Risiko-Trend des Unternehmens
  - ▲ Gegebenenfalls projektbezogene Risikofaktoren in der Großprojektfinanzierung
  - ▲ Konditionen-Mix der Fremdfinanzierung
  - ▲ Effektive tax rate
- ▲ Bestimmungsfaktoren der marktbezogenen Eigenkapitalkosten (nach Steuern)
  - ▲ Risikoprämie für das allgemeine, nicht branchenspezifische Marktrisiko für Risikokapital-Einsatz
  - ▲ Risikoprämie für das systematische Risiko einer spezifischen Branche (Beta-Faktor einer Branche)
  - ▲ Spezifisches Risikoprämien-Differenzial eines Unternehmens in Relation zum „industry beta", resultierend aus Vorteilen/Nachteilen in der unternehmensspezifischen Risikoposition und -struktur
  - ▲ Nachhaltige Renditenerwartungen für eine spezifische Branche
- ▲ Kapitalstruktur und „financial leverage"
  - ▲ Aktueller Status
  - ▲ Zukunftsprojektion auf der Grundlage der eingeschlagenen Strategie, deren Finanzierungsbedarf und des resultierenden strukturellen Risiko-Trends
- ▲ Rentabilitätslage
  - ▲ Aktuelle und historische Performance
  - ▲ Zukunftserwartungen
  - ▲ Performance-Profil (Volatilitätsprofil, Berechenbarkeit) und zukünftige Veränderungstrends
- ▲ Portfoliostruktur und Portfolio-Risiken

In ein einfaches Schaubild zusammengefasst ergeben sich zwischen Risikomanagement und Value-Based-Management somit folgende Nahtstellen:

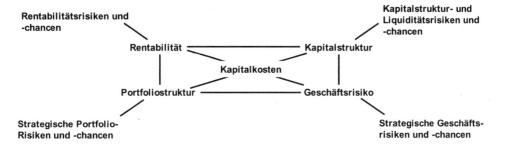

Abbildung 105: Nahtstellen zwischen Risikomanagement und Value-Based-Management

3.42 Die potenziellen Wertsteigerungs- und Wertsicherungsbeiträge des Risikomanagements

Führt man die wesentlichen Zielsetzungen und Aktivitätsfelder des Value-Based-Managements (VBM) einerseits und die Einflussfaktoren auf die Kapitalkosten sowie die daraus resultierenden Nahtstellen zwischen VBM und Risikomanagement andererseits zusammen, so ist das direkte Ableiten von Risikomanagement-Gestaltungsfeldern im Rahmen des VBM leicht möglich. Die Gestaltungsfelder sind in der folgenden Abbildung zusammengefasst:

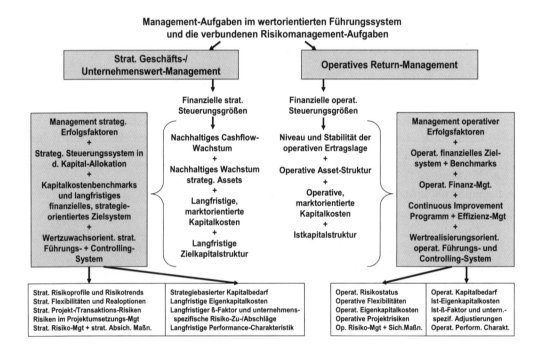

Abbildung 106: Risikomanagement-Gestaltungsfelder im VBM

Neben diesen unmittelbaren Gestaltungsfeldern ergeben sich auch vier – statisch wie dynamisch zu verstehende – wesentliche, strategienahe Themen der Gleichgewichtsschaffung und -sicherung (vgl. Abbildung 107), nämlich

▲ Gleichgewicht von Risikopotenzial und Risikodeckungsmassen,

▲ Gleichgewicht von Wachstum, Kapitalstruktur, Liquidität und Rentabilität,

▲ Leverage-Effekt-bezogene Gleichgewichtsanliegen,

▲ Gleichgewicht von investiertem Kapital und Kapitalverzinsung.

Strategie und Risikomanagement

Abbildung 107: Strategisches Risikomanagement zur Sicherung strategischer Gleichgewichte

Mit diesen Gleichgewichts-Themen vervollständigt sich das Handlungsprogramm eines in den VBM-Ansatz integrierten strategischen Risikomanagements. Von der so verstandenen Risikomanagement-Stoßrichtung lässt sich nun auch direkt auf die wesentlichen Wertsteigerungs- und Wertsicherungsbeiträge eines strategischen Risikomanagements schließen, die kompakt in der nachstehenden Übersicht zusammengefasst sind:

Abbildung 108: Wesentliche Wertbeiträge des strategischen Risikomanagements

In diesem Verständnis eines strategischen Risikomanagements wird sowohl seine
▲ strategisch-offensive Rolle (wertsteigerungsorientiertes „risk exploring"; Risiken als „strategisches Asset" begreifend), wie auch
▲ sein wertsteigerungs- und -sicherungsorientiertes Element

offensichtlich.[128]

Ist dieses Verständnis in einem Unternehmen auch kulturell und verhaltensbezogen angenommen und umgesetzt, und ist Risikomanagement vor allem als strategischer Entwicklungshelfer und nicht als System-Bürokratie ausgelegt, so kann sehr leicht mit dem verbreiteten Vorteil, Risikomanagement sei eine potenzielle strategische Entwicklungsbremse, aufgeräumt werden, was sich in der folgenden Abbildung zusammenfassen lässt:

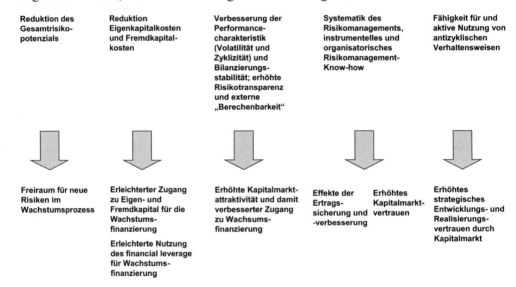

Abbildung 109: Argumente gegen das Vorurteil, Risikomanagement sei eine Wachstumsbremse

3.43 Ausgewählte Grundfragen der risikoadjustierten, wertorientierten Performance-Messung und -Steuerung

Im Zuge der Umsetzung von strategischen und operativen Zielsetzungen des Risikomanagements stößt man unweigerlich auf die Ebene der Risikoberücksichtigung in der Performance-Messung und -Steuerung vor. In einem strukturierten Zugang zu diesem Thema sieht man sich dabei folgenden methodischen Gestaltungsfragen gegenüber (vgl. Abbildung 110):

▲ Soll die Risiko-Berücksichtigung dominant an den absoluten oder an den relativen Performance-Messgrößen ansetzen?

▲ Soll die Risiko-Berücksichtigung in direkter Form, d.h. in finanziellen Stromgrößen (Cashflow, Ergebnis) bzw. finanziellen Bestandsgrößen (Kapital, Vermögen), oder in indirekter Form, d.h. über risikoadjustierte Zinssätze, erfolgen?

---

[128] Vgl. Coombe (2001), S. 136ff.

▲ Soll die Risikoberücksichtigung bei relativer Performance-Messung (insb. Return-Kennzahlen) in der Rückflussgröße (d. h. im Zähler), der Bezugsgröße (im Nenner) oder in integrativer Form erfolgen?

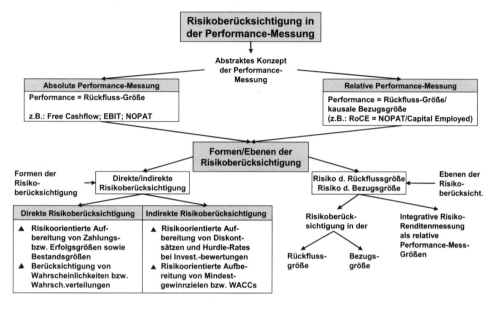

Abbildung 110: Gestaltungsfragen der Risikoberücksichtigung in der Performance-Messung

In der Differenzierung nach direkter bzw. indirekter Risiko-Adjustierung einerseits und Risikoberücksichtigung auf den Ebenen der Performance-Größen bzw. absoluten Bezugsgrößen bzw. relativen Performance-Maßstäben andererseits lässt sich folgende Methodenübersicht herausarbeiten.

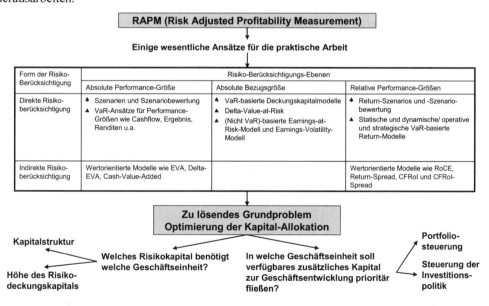

Abbildung 111: Methoden der risikoadjustierten Performance-Messung

Um hier nicht in eine zu breite und aus pragmatischer Sicht auch nicht allzu ergiebige Methodendiskussion abzugleiten, sollen im Folgenden lediglich wichtige praktische Anwendungsbeschränkungen beschrieben werden:

▲ Für die direkte Risiko-Adjustierung absoluter Performance-Messgrößen (Ergebnis, Cashflow) stehen Methoden wie die Monte-Carlo-Simulation, „Expected-Monetary-Value"-Konzeptionen sowie VaR-Ansätze zur Verfügung. Für die praktische Anwendung sind folgende Argumente zu beachten:

  ▲ Die dabei erzielten Resultate sind im Endeffekt ein wahrscheinlichkeitsgewichtetes Zusammenführen von Upside- und Downside-Potenzialen. Die dadurch implizit entstehende finanzielle Risiko-Chancen-Saldierung hat aber nicht nur gewollten Informationswert, es entsteht auch ein Transparenzverlust. In der Praxis hat sich das Arbeiten mit Szenario-basierten „Trichter-Planungen" (best-worst-real-case) besser durchgesetzt.

  ▲ Wahrscheinlichkeitsgewichtete Performance-Größen können in der Regel nur im Rahmen von Planungen und Forecasts einen zusätzlichen Informationsnutzen bringen. Actuals bleiben Actuals, wenngleich nicht übersehen werden darf, dass sogenannte Ist-Daten in einer großen Anzahl von Fällen, sowohl in der Gewinn- und Verlust-Rechnung als auch in der Bilanz, nur erzeugt werden können, wenn sie durch Zukunftsannahmen untermauert sind. Neben Fragen nach der Werthaltigkeit von Assets spielt dies im operativen Reporting insbesondere in projektorientierten Unternehmen (z.B. Anlagenbau) eine große Rolle.

▲ Für die direkte Risiko-Adjustierung absoluter Bezugsgrößen, insbesondere der Risikoadjustierung des Eigenkapitals, haben sich zwar verschiedene Methoden herausgebildet (RoRAC, RaRoC), bei genauerer Betrachtung können diese aber nur im Bankenbereich eingesetzt werden.[129] Die bekannten Ein-Perioden-Modelle für bankbetriebliche Anwendungen würden – unmodifiziert – für viele Industrieunternehmen zu der – sicher nicht realitätskonformen – Aussage führen, dass sie mit zu viel Eigenkapital ausgestattet sind. Realitätskonforme Modelle müssten zumindest mehrperiodig aufgebaut sein und das Life-Cycle-Performance-Risiko berücksichtigen.

▲ Für die indirekte Risikoberücksichtigung steht vorrangig das VBM-Modell zur Verfügung, in dem die Risikoadjustierung durch Festlegung eines unternehmensspezifischen bzw. – wenn notwendig – von geschäftsbereichsspezifischen Eigenkapitalkosten erfolgt. Die daraus abgeleiteten WACCs sind als langfristige und kurzfristige Kenngrößen, als operative und strategie-orientierte Größen, als unternehmens- und geschäftsbezogene sowie auch projektbezogene Größen entwickelbar. Aber auch in diesem Modell liegt eine Reihe von Fallstricken versteckt, die dem Anwender zumindest bewusst sein müssen. In einigen Fällen stellen sich ganz konkrete System-Design-Anforderungen, wie anhand des im nächsten Abschnitt folgenden Beispiels aufgezeigt werden kann.

---

[129] Vgl. z.B.: Lister (1997).

3.44 Die „Fallstricke" des EVA-Ansatzes

Der heute am weitesten verbreitete und für alle wesentlichen Steuerungs- und Performance-Fragen genutzte wertorientierte Systemansatz basiert auf dem Modell des „Economic Value Added" (EVA).[130]

Dieses Modell definiert den „ökonomischen" (nicht bilanziellen) Gewinn neu:

> Ökonomischer Gewinn, d.h. wertsteigernde Performance und damit „economic value added", entsteht nur insoweit, als der bilanzielle Erfolg größer ist als der über die Verzinsung des eingesetzten verzinslichen Kapitals definierte Mindestgewinn. Messlatte für diesen Mindestgewinn sind die mit marktorientierten Kapitalkosten ermittelten „weighted average costs of capital" (WACC).

Nachhaltige Bilanzerfolge unterhalb dieses Mindestgewinns stellen „Kapitalvernichtung" dar. Der Risikokapital-Geber müsste sich dann für das Eigenkapital eine besser verzinsliche Investitionsoption suchen.

Der EVA ist ein Absolutbetrag und ist insoweit im Rahmen der zentralen Steuerungsgrößen von Geschäften und Unternehmen nur bedingt und jedenfalls nicht alleine in Anwendung zu bringen. EVA-Konzepte in Unternehmen werden daher häufig transformiert bzw. um wertorientierte relative Führungskennzahlen ergänzt. Diese sind häufig „Return-on-capital-employed"-basiert (ROCE-basiert). Das „Return"-Kennzahlen-Pendant zum EVA ist der sogenannte „Return spread". Es handelt sich dabei um jenen Teil der Kapital-Verzinsung (ROCE), der den WACC übersteigt. Die Definitionsmuster für EVA und Return-Spread lassen sich – alternativ als „Capital-Charge"-Formel oder „Value-Spread"-Ansatz – formal wie folgt darstellen:

Capital Charge Formel: $EVA_t = NOPAT - WACC * CE$

Value Spread Formel: $EVA_t = \left(\underbrace{\frac{NOPAT_t}{CE}}_{ROCE} - WACC_t \right) * CE$

$\underbrace{}_{Spread}$

- ▲ EVA = betrieblicher Übergewinn (absolut)
- ▲ NOPAT = adaptiertes, operatives Ergebnis vor Zinsen und nach Steuern
- ▲ WACC = Weighted Average Cost of Capital = Gesamtkapitalkosten
- ▲ CE = investiertes Kapital
  =
- ▲ NOA = eingesetztes Vermögen
- ▲ ROCE = Kapitalrendite
- ▲ Spread = relativer Übergewinn

Abbildung 112: Berechnung des EVA

---
[130] Vgl. Stewart (1990).

Dieser Ansatz weist sowohl in seiner – immer wieder argumentierten – Eignung als ganzheitlicher, integrativer und damit auch strategisch steuerungsfähiger Ansatz als auch aus Risikomanagement-Sicht eine beachtliche und inhaltlich sehr bedeutende Menge an „Fallstricken" auf, ein Fehlsteuerungspotenzial in sich zu tragen. Die wesentlichen Punkte werden nachstehend herausgearbeitet:

- ▲ EVA und Return Spread sind statische, einperiodige Erfolgsmaßstäbe und in dieser Form nur
  - ▲ für die Steuerung und Performance-Messung des operativen Geschäfts, sowie
  - ▲ als Kontrollgröße für aus der Strategieumsetzung resultierende Performance-Realisierung geeignet.
- ▲ Life-cycle bezogene bzw. mit gesamten Strategien oder großen strategischen Umsetzungsprojekten verbundene Performance-Potenziale sind mit anderen, dynamischen Tools der Performance-Messung zu beurteilen (z.B. CFRoI).[131]
- ▲ Ausschließlich EVA-basierte Performance-Messsysteme stellen daher ein erhebliches Evaluierungsrisiko für Strategien dar.
- ▲ Auch in ihrer Verwendung als operative Performance-Messgröße weisen EVA und Return Spread diverse „Fallstricke" auf. Im folgenden Zahlenbeispiel wird gezeigt, dass bei der Verwendung von – historisch entstandenen, nicht risikoorientiert gesteuerten – Ist-Kapitalstrukturen die Performance-Charakteristik ins Gegenteil umschlagen kann, wenn die Kapitalverzinsung auf der Grundlage einer risikoorientierten Zielkapitalstruktur erfolgt. Werden derartig verzerrte „Ist-Returns" oder kurzfristige „Plan-Returns" als wesentliche Entscheidungsgrundlage für Strategien und Strategie-Umsetzungsprojekte benützt, so kann dies durchaus gefährliche Fehlsteuerungseffekte zur Folge haben.

Das folgende Beispiel zeigt die Performance-Analyse und die dafür erforderlichen Grunddaten für ein in drei Divisionen bzw. Geschäftsbereiche gegliedertes Unternehmen. Geschäftsbereich 2 verdient unter Kapitalkosten, Geschäftsbereich 3 erwirtschaftet relativ zu seinem Ist-Kapitaleinsatz den höchsten Ertrag (Return-Spread, d.h. Verzinsung über WACC, von 2,7%).

---

[131] Vgl. Denk (2002), S. 54ff.

	Konzern	SBU-1	SBU-2	SBU-3
Kapitalkosten:				
Marktorientierte Eigenkapitalkosten nach Steuern	11,20%	11,80%	9,40%	13,00%
Davon: Allgem. Marktrisiko	6,00%	6,00%	6,00%	6,00%
Industriespezif. Beta	1,1	1,1	0,9	1,2
Unternehmens- bzw. SBU-spezif. Beta	1,2	1,3	0,9	1,5
Risikofreier Zinssatz	4,00%	4,00%	4,00%	4,00%
Fremdkapitalkosten vor Steuern	5,00%	5,00%	5,00%	5,00%
Effective Tax Rate	25,00%	25,00%	25,00%	25,00%
Fremdkapitalkosten nach Steuern	3,75%	3,75%	3,75%	3,75%
Kapitalstruktur und Kapital-Markt- und Buchwerte:				
Marktwert-Durchschnitt ((to+t1)/2) des Eigenkapitals	10.000	4.000	3.600	2.400
Financial-Net-Debt-Durchschnitt (Verzinsl. Fremdkapital abzügl. liquide Mittel)	5.000	2.000	1.800	1.200
Buchwert-Durchschnitt des Eigenkapitals	7.000	3.450	2.250	1.300
Marktwert-Durchschnitt Capital Employed	15.000	6.000	5.400	3.600
Buchwert-Durchschnitt Capital Employed	12.000	5.450	4.050	2.500
Gearing-Ratio	71,43%	57,97%	80,00%	92,31%
Marktwertorientierte WACC	8,72%	9,12%	7,52%	9,92%
Absolute Ergebniskennzahlen:				
Jahresüberschuss	1.050	540	231	279
Zinsensaldo	200	80	72	48
Steueradjustierter Zinsensaldo	150	60	54	36
NOPAT	1.200	600	285	315
Wertorientierte Performance-Ratios:				
RoCE (NOPAT/Buchwert Cap.Empl)	10,00%	11,01%	7,04%	12,60%
Return Spread (RoCE minus WACC)	1,28%	1,89%	-0,48%	2,68%
EVA (Cap.Empl. x Return Spread)	154	103	-19	67

Abbildung 113: Beispiel EVA – Basisdaten, RoCE, Spread und EVA

In einer Analyse dieser Situation ist vorerst festzuhalten, dass das Performance-Bild auf ein Geschäftsjahr bezogen ist und somit keine Rückschlüsse auf die life-cycle-bezogene Performance-Charakteristik des Unternehmens und seiner Geschäftseinheiten erlaubt.

Darüber hinaus ist anzumerken, dass das Geschäft mit den höchsten Kapitalkosten (SBU-3) im gegebenen Geschäftsjahr den höchsten Verzinsungsüberschuss über die Kapitalkosten erwirtschaftet hat, gleichzeitig aber auch den höchsten Beta-Faktor und damit die höchsten Eigenkapitalkosten und das höchste inhärente Geschäftsrisiko aufweist. Damit wäre dieser Erfolg besonders hoch zu werten.

Allerdings scheint die Risikokapitalausstattung in SBU-3 geradezu invers zum inhärenten Geschäftsrisiko zu sein. Das besonders positive Performance-Bild ergibt sich daher zu einem wesentlichen Teil aus der vergleichsweise geringen, möglicherweise nicht risikoadäquaten Ausstattung mit Eigenkapital. Ändert man an dieser „Stellschraube" Wesentliches in Richtung risikokonformer Finanzierung, so ergibt sich bei gleichem Gesamtkapitalbedarf und gleicher Performance ein ganz anderes Bild, was auf der Grundlage einer angenommen risikobestimmten Soll-Kapital-Struktur in der folgenden Abbildung zusammengefasst ist.

	Gearing-Ratios		
	SBU-1	SBU-2	SBU-3
Verschuldungsgrenzen und Risikokapitalerfordernis	70%	100%	30%

Abbildung 114: Soll-Kapitalstruktur der Geschäftseinheiten

SBU-1 überflügelt dann SBU-3 deutlich als stärkster Übergewinnbringer (Return-Spread SBU-1 bzw. SBU-3 von 2,1% bzw. 1,4%).

Als Schlussfolgerung ist jedenfalls festzuhalten, dass wertorientiertes Management zwingend die Zusammenhänge zwischen Kapitalstruktur, Kapitalkosten, Rentabilität, Portfoliostruktur und Geschäftsrisiken beachten, in den Zusammenhängen offen legen und quantifizieren und in ihren Beziehungen und Gestaltungshebeln beeinflussen muss.

Das skizzierte Problem wird dann noch verschärft, wenn die eingeschlagenen, nur mehr bedingt oder ohne großen ökonomischen Schaden gar nicht mehr revidierbaren Strategien und die daraus resultierenden Finanzierungsbedarfe zur Veränderung der Kapitalstruktur führen. In diesem Fall gibt die Verwendung der aus der Strategieumsetzung resultierenden Zielkapitalstruktur einen verlässlicheren Wertschaffungseinblick.

Werden im oben beschriebenen Beispiel einerseits das Eigen- und Fremdkapital betreffende, aus der Strategieumsetzung resultierende Finanzierungsbedarfe, andererseits das Realisieren von Kurssteigerungspotenzialen zum Erhalt der Kapitalmarkt-Attraktivität und damit des Zugangs zu Risikokapital berücksichtigt, so kann es sehr rasch zu einer Umkehrung der Aussagen kommen, d.h. dass – statisch gesehen – scheinbar wertschaffende Bereiche in einer dynamisierten Sicht die Kapitalkosten nicht mehr verdienen können.

Ein weiteres, in die gleiche Kerbe schlagendes Phänomen ist die potenzielle Veränderung des Risikoprofils eines Geschäfts im Zuge der Strategieumsetzung („Risiko-Trend"), was sich im finanziellen Zahlenwerk durch eine potenzielle Veränderung des Beta-Faktors und damit der Eigenkapitalkosten und der WACC ausdrückt und sich damit unmittelbar in einem risikoadjustierten Performance-Ausweis niederschlägt. In strategischen und operativen Unternehmensplänen, die Risikomanagement-Maßnahmen integrieren und mit ihren geplanten finanziellen Effekten abbilden, werden Verzerrungs- und Fehlsteuerungseffekte, die aus der Statik des Modells entstehen, unterdrückt.

Zusammenfassend lassen sich die „Fallstricke" des EVA-Konzepts wie folgt darstellen:

1) Identifikation und Bewertung der auf den strateg. Erfolgsfaktoren lastenden Bedrohungen Strategischer Planungsprozess/ Strategisches Controlling-Instrumentarium Bewertung strateg. Risiken	3) Die wertorientierten Effekte eines wirkungsvollen strategischen und operativen Risikomanagements Verbessertes Rating/reduziertes Beta Verringerte Informationsasymmetrien und Agency Costs, erhöhte Transparenz und Kapitalmarktvertrauen Verbesserte Kapitalkosten und verbesserter Kapitalzugang Niedrigere Hurdle Rates Verbesserte Wachstumschancen Erhöhter Unternehmenswert
2) Vom Eigenkapital-Status zum Risikokapital-BEDARF Von Risikostatus zum Risiko-Trend Vom statischen zum dynamischen Ansatz der WACC	4) Wie messen wir Performance unter Berücksichtigung ▲ unterschiedlicher Risiken in Geschäften ▲ von Differenzen zwischen Kapitalausstattung und Bedarf an Risikodeckungskapital ▲ der Dynamik des Risiko-Trends der Unternehmung richtig? WACC-Veränderungen durch ▲ Veränderung von Strategien ▲ Effekte des Risikomanagements

Abbildung 115: Fallstricke des EVA-Konzepts

Insgesamt soll hier aber zur Vernetzung von VBM und Risikomanagement festgehalten werden, dass es sicherlich nicht der Schaffung einer neuen Methoden-Welt bedarf, und dass die vorhandenen Performance-Mess- und Steuerungsinstrumente auch aus Risikomanagementsicht durchaus ausreichen. Den entscheidenden Beitrag zu einer wertorientierten Führung kann Risikomanagement vor allem in den wesentlichen Führungsprozessen (d.h. in der strategischen und operativen Steuerung) leisten, indem es kreative Antworten auf die nachfolgend zusammengestellten Fragen liefert bzw. sich in teamorientierten Prozessen als „challenger" zu diesen Fragen bewährt:

▲ Welchen nachhaltigen Bedrohungen sind die strategischen Erfolgsfaktoren des Unternehmens ausgesetzt?
▲ Welches Steuerungspotenzial für das Management dieser latenten Krise besitzt das Unternehmen?
▲ Welche inhärenten Risiken liegen in diesem Steuerungspotenzial?
▲ Welche Veränderung des Risikoprofils resultiert aus der Umsetzung einer Strategie und welche Auswirkung hat das auf die Zielkapitalstruktur?
▲ Kann der (Risiko-)Kapitalbedarf für die Umsetzung der Strategie (resultierend aus Wachstum und verändertem Risikoprofil) gedeckt werden?
▲ Welche strategischen Optionen sind mit einer Strategie und ihren einzelnen Umsetzungsprojekten identifizierbar und zur Werterhöhung sowie Risikoprofilsteuerung

nutzbar? Welchen Wert repräsentieren diese Optionen zusätzlich zu den strategischen Umsetzungsprojekten. Wie können werterhöhende Optionen zur Steuerung des Risikoprofils genutzt werden?

▲ Wie sind Strategie, Strategieumsetzung, strategischer Risikotrend und strategische Risikomanagement-Maßnahmen in eine Rating-Prognose umsetzbar?

▲ Wie können strategisches Rating und finanzielles Rating zu einem gemeinsamen Maßstab zur Herleitung einer Antwort auf die Frage „How risky is your company?" entwickelt werden?

▲ Wie viel Risiko muss aus einem Geschäft/einem Unternehmen herausgenommen werden, um die Risiken einer neuen Wachstumsstrategie tragfähig zu machen?

Abbildung 116: Kernfragen des strategischen Risikomanagements

3.5 Balanced Scorecards als Instrument der Umsetzungssteuerung des strategischen Risikomanagements

Versteht man Risikomanagement nicht nur als ein Methoden- und Organisations-Konzept, sondern als einen Handlungsauftrag zur Gestaltung von Risiko-Chancen-Strukturen, der sich mit Maßnahmenprogrammen in den wesentlichen strategischen und operativen Führungsprozessen etabliert, so stellt sich – wie für alle Gestaltungsaufgaben im Unternehmen – die Frage nach einer wirkungsvollen Umsetzungssteuerung von Risikomanagement-Maßnahmen.

Zur Unterstützung der Umsetzungssteuerung von Strategien hat in den letzten Jahren das von Kaplan und Norton[132] entwickelte Konzept der „Balanced Scorecard" (BSC) breite Akzeptanz gefunden, von der Industrie bis hinein in den Nonprofit-Bereich. Ziel und Zweck des Einsatzes von BSCs sind in der folgenden Übersicht zusammengefasst:

---

[132] Vgl. Kaplan/Norton (1996).

Ziele	Balanced Scorecards sind
	1) Instrumente der finanzziel-orientierten Strategie-Umsetzungssteuerung
	▲ indem sie Strategien in Maßnahmen
	▲ zur strategischen Potenzialentwicklung
	▲ zur Steuerung der Prozesseffizienz und
	▲ zur markt- und kundenbezogenen Effizienz-/Effektivitätssteigerung
	transformieren,
Maßnahmen	▲ das Netzwerk und die Hebelwirkungen dieser Maßnahmen auf die finanzielle Performance transparent machen, und
Steuerung	▲ somit eine quantifizierte, maßnahmenbasierte Finanzzielsteuerung sowie Strategieumsetzungssteuerung ermöglichen;
	2) Instrumente zur personellen zielorientierten Steuerung
Commitment	▲ durch Schaffung von persönlichem Commitment zur Strategie-Realisierung, und
Verantwortung	▲ durch Klarstellung der Verantwortlichkeit für Strategie-Realisierung und finanzielle Performance bei den Führungskräften.
Organisation	3) Instrumente zur hierarchischen Durchdringung des Konzepts zielorientierter, maßnahmenbasierter Steuerung

Abbildung 117: Ziele der Balanced Scorecard

Technisch versteht sich die BSC als hierarchisches Ursache-Wirkungs-Netzwerk

▲ von Zielen und Maßnahmen zur Entwicklung materieller und immaterieller strategischer Potenziale,

▲ über strategische Ziele und Maßnahmen im Markt- und Kundenbereich sowie im internen Prozessbereich

▲ bis hin zur maßnahmen-getriebenen finanziellen Performance-Steuerung.

Die BSC stellt insoweit auch ein operationalisiertes Konzept der Vernetzung von strategischer Planung, Strategieumsetzung und operativer finanzieller Steuerung dar. Für die Funktionstüchtigkeit eines solchen Konzepts ist finanzielle Strategiequantifizierung eine notwendige Voraussetzung.

Es finden sich mittlerweile empirische Beispiele für geglückte BSC-Einführungen in großer Zahl. Wenngleich die Einführungsmotive durchaus unterschiedlich sind, wurden vielfach folgende positiven Effekte erreicht:

▲ Steigendes Strategieverständnis von Führungskräften und Mitarbeitern,

▲ erhöhte Strategietransparenz intern und extern,

▲ stark erhöhter „drive" in der Strategieumsetzung in Geschwindigkeit und Qualität,

▲ massiv erhöhtes Strategieumsetzungs- und Performance-Commitment,
▲ BSC ist mit anderen Führungs- und Informationssystemen vernetzt (strategische und operative Planung, Reporting, MbO, Value Management, Risikomanagement, Prozess-Management, SCM, CRM),
▲ einheitliches Systemdesign und standardisierte Prozesse.

Abbildung 118: Positive Effekte der BSC bei konsequenten Anwendern

In nicht geringer Anzahl finden sich aber auch Fälle von typischen „me-too"-Anwendern, von denen die gesetzten Ziele und Erwartungen nicht erfüllt werden konnten, bis hin zu Entscheidungen, die BSC aus der Tool-Box der Führungsinstrumente wieder zu eliminieren. Typische Befunde in solchen Fällen sind:

▲ BSC bleibt weitgehend Stabsabteilungsarbeit ohne große Relevanz für den Führungsprozess.
▲ BSC degeneriert weitgehend zu einer modernisierten Berichtsoberfläche ohne große Bedeutung für die strategischen Führungsprozesse.
▲ Der Beitrag zum Strategieverständnis ist kaum wahrnehmbar.
▲ Das wesentliche Ziel der Commitment-Steigerung bei Führungskräften wird weitgehend verfehlt.
▲ BSCs werden mit oft teuren Systemlösungen mit „Pomp" installiert, in der technischen Lösung bleiben sie jedoch höchst unwirtschaftliche Insellösungen, teilweise mit dem Erfordernis einer Mehrfachdatenerfassung und hoher Individualisierung nach Anwendergruppen in Design und Prozess

Abbildung 119: Negative Erfahrungen mit der BSC bei Me-too-Anwendern

Das Aufzeigen solcher Befunde an dieser Stelle ist aus Risikomanagement-Sicht in mehrfacher Hinsicht von Bedeutung:

▲ Insuffiziente BSC-Anwendungen in der strategischen Geschäftssteuerung sowie der finanziellen Performance-Steuerung stellen ein nachhaltiges Performance-Risiko dar.
▲ Der Appell zur Integration des Risikomanagements in die Führungssysteme betrifft in ganz bedeutendem Maße die Integration von Risikomanagement-Zielen und -Maßnahmen in die BSCs. Ein Vorbeiarbeiten an den BSCs gefährdet die Umsetzung der Risikopolitik des Unternehmens.
▲ Vor allem in großen Unternehmen mit eigenständig ausgeprägten Risikomanagement-Funktionsbereichen kann es hilfreich sein, eine funktionale Risikomanagement-BSC zur strategischen Funktionsbereichsteuerung zu nutzen.
▲ Es sind nicht nur Einzelfälle, in denen bei implementierten Risikomanagement-Funktionen Defizite im Verständnis des Ursache-Wirkungs-Netzwerkes von der Strategie bis zur finanziellen Performance bestehen. Recht häufig sind auch für die Risikomanage-

ment-Funktion keine konkreten Performance-Commitments etabliert. Es steht wohl außer Zweifel, dass Risikomanager keine unmittelbare Geschäfts- und Ergebnisverantwortung besitzen. In einem offensiven Verständnis von Risikomanagement ist aber von den Verantwortungsträgern in dieser Funktion zu erwarten, dass sie Geschäftsführung und Linienmanagement innovativ und kreativ mit Gestaltungsanstößen zur Performance-Verbesserung und -Sicherung mittels geeigneter Risikomanagement-Maßnahmen konfrontieren und strategische wie operative Planungsprozesse und -inhalte damit beeinflussen. Diese Art des „Challenging" lässt sich auch in funktionale Performance-Commitments transformieren.

Maßnahmenbezogene Steuerung des Risikomanagements ist somit jedenfalls ein Herzstück eines gelebten Risikomanagement-Konzepts. Damit ist eine BSC-orientierte Umsetzungssteuerung von Risikostrategien und Risikomanagement-Maßnahmen ein nahe liegender Lösungsansatz. Die mit einer BSC-Nutzung verbindbaren potenziellen Nutzeffekte für das Risikomanagement lassen sich wie folgt zusammenfassen:

▲ Erhöhung des Verständnisses für den Einfluss von Risiken und Chancen auf den strategischen Planungs- und Umsetzungsprozess und die erforderlichen Instrumente,
▲ Erhöhung des Verständnisses für die kurz- und langfristigen Performance-Effekte von Risiken und Chancen und der Risiko-/Chancen-Struktur,
▲ Commitment für ein maßnahmen-gesteuertes Risiko-Chancen-Management,
▲ Integration einer Chancen- und Risiko-orientierten Maßnahmenplanung in strategische und operative Planung und Reporting,
▲ Erhöhung des Verständnisses für den Zusammenhang von Risikomanagement und Value Management sowie für das gesamte Performance-Netzwerk,
▲ Erhöhung der Planungsqualität und der Informationstransparenz in Entscheidungsanträgen (Management und Aufsichtsrat) für Projekte (Investitionen und Akquisitionen, Desinvestitionen, Restrukturierungs- und Reorganisationsprojekte),
▲ Erhöhung der Chancen- und Risiko-orientierten Selbststeuerungsfähigkeit von Führungskräften,
▲ Zwang zur Quantifizierung und zur strategischen und operativen Vernetzung,
▲ Zwang zur Formulierung und Autorisierung von Chancen- und Risiko-bezogenen Zielen.

Abbildung 120: Nutzen der Umsetzung von Risikostrategien mit Hilfe der BSC

Die Steuerung der wesentlichen Risikomanagement-Maßnahmen durch Einbeziehung in die geschäftsbezogenen BSCs zur Steuerung der Strategieumsetzung erscheint jedenfalls im Sinne eines integrierten Führungskonzeptes sowohl aus Effektivitäts- wie Effizienz-Sicht geboten.

Inwieweit BSCs als funktionale Steuerungshilfe erforderlich sind, ist vermutlich
▲ sowohl von Größe und Geschäftskomplexität des Unternehmens und seiner Geschäftsfelder wie

▲ von der Prozess- und Methoden-Komplexität des Risikomanagements abhängig;
▲ aber auch die organisatorische Stellung und Schlagkraft einer Risikomanagement-Funktion und das Ausmaß der Einbindung der Funktion in die Performance-Commitments werden die Antwort auf diese Frage beeinflussen.

Diese Argumente sind in der folgenden Abbildung nochmals aufgearbeitet:

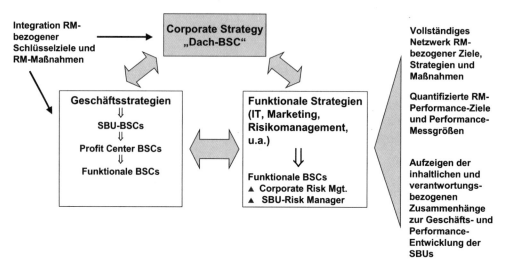

Abbildung 121: BSCs und Risikomanagement-Organisation

Um zu konkreten Ausformungsbeispielen von Risikomanagement-Zielen und Maßnahmen in einer BSC überzuleiten, erscheint es sinnvoll, die Risikomanagement-bezogene Aufgabenteilung zwischen verantwortlichem Linienmanager und dem Risikomanager vor Augen zu führen:

Aufgabe der Linienmanager aus Risikomanagement-Sicht	Aufgabe der Risikomanager

▲ Risiko-Strategie-konforme Entwicklung und Umsetzung von Geschäftsstrategien
▲ Umsetzung des operativen Risikomanagements
▲ Schaffung der organisatorischen und verhaltensbezogenen Rahmenbedingungen für ein erfolgreiches Risikomanagement
▲ Sicherung von Risiko-Chancen-Transparenz durch Entwicklung/Förderung entsprechenden Kommunikationsverhaltens und geeigneter Kommunikationsprozesse/-systeme
▲ Entwicklung, Umsetzung und Steuerung eines strategischen und operativen Risikomanagement-Maßnahmenplans
	▲ Unterstützung in der Erarbeitung eines ganzheitlichen Risikomanagement-Systems
	  ▲ Strategisches und
	  ▲ Operatives Risikomanagement
	  ▲ Prozesse und Instrumente
	  ▲ Rules & Procedures
	  ▲ System- und Verhaltenstraining
	▲ Interne und externe Risiko-Chancen-Analyse
	▲ Initiativen/Vorschläge für Risikomanagement-Ziele und -Maßnahmen
	▲ Support in Risikomanagement-orientierter Planung, Umsetzungssteuerung und -Reporting
	▲ Unterstützung in der Anpassung der unternehmens- und geschäftsbezogenen Zielsysteme
	▲ Entwicklung eines Bewertungs-/Performance-Messansatzes für das Risikomanagement

Abbildung 122: Aufgabenteilung zwischen Linienmanagement und Risikomanagement

Risikomanagement-Maßnahmen in einer geschäftsbezogenen BSC werden somit thematisch vor allem mit geschäftsbezogenen Zielen und Strategie-Umsetzungen im Zusammenhang stehen. Dagegen werden Maßnahmen in einer funktionalen BSC vorrangig System- und Prozess-Ziele des Risikomanagements zum Inhalt haben sowie die Initiativen und Maßnahmenvorschläge für das geschäftsbezogene Risikomanagement.

In welcher Form Risikomanagement-Maßnahmen und Ziele in einer geschäftbezogenen BSC einerseits bzw. in einer funktionalen Risikomanagement-BSC andererseits verankert werden können, zeigen ansatzweise die beiden folgenden Abbildungen:

Finanzielle Performance			
Risikoadjustierte operat. Perform. (Ziel/Plan/Act.)	Risikoadjustierte strateg. Perform. (Ziel/Plan/Act.)	Risikoadj. Kapitalmarkt-Perform. (Ziel/Plan/Act.)	Risikoadj. Kapitalstruktur (Ziel/Plan/Act.)
z.B. Risk adj. ROCE	z.B. Risk adj. CFRoI	z.B. Risk adj. TSR	z.B. Risk adj. Gearing Ratio

Strat. und operat. Performance-Hebel aus strateg. Maßnahmen im Risiko-Management

Strateg. + op. Ziele + Umsetzungsmaßnahmen Kunde/Markt und Milestones im Umsetzungsprozess	Strat.+ op. Ziele + Umsetzungsmaßnahmen interne Prozesse und Milestones im Umsetzungsprozess
z.B. Neuverhandlung von hohe Volatilität verursachenden Supply-Vertrags-Bestimmungen	z.B. Senkung des Break-Even-Punktes im Geschäft N.N.
Reduzierung Break-Even-Time im Neuaufbau des Marktes N.N., auch ggfs. zu Lasten der Perform. späterer Perioden	Partielle Überbindung des Wert- und Mengenrisikos in Lagerbeständen an Kunden und Lieferanten
Innovat. Telefonie-, WEB- + Ressourcen-Organisation zur Risikoverminderung des Kundenverlustes im Telefon-/ Internet-Verkauf	Erhöhung der vorbeugenden Instandhaltung zur Verbesserung der Fertigungsanlagen-Verfügbarkeit
Kurzfristiges Futures-Geschäft zur Absicherung des Budgets ggb. DB-Volatilitäten	Verringerung des Innovationsrisikos der ökonom. Abbruchkriterien für F&E-Projekte

Strateg. Ziele und Umsetzungsmaßnahmen zum Aufbau strateg. Potenziale und Milestones im Umsetzungsprozess	
z.B. Reduzierung der langfristigen Performance-Volatilität durch Veränderung der Geschäftsstruktur	Vorlaufendes Krisen-Mgt. durch Entwicklung eines innovativen Gesch.modells zur Vorbereitung auf die Marktliberalisierung
Risiko-adjustierte Hurdle-Rates für große Wachstumsschübe	Beseitigung des strat. bedrohlichen Know-how-Defizits im M&A-Bereich

Abbildung 123: Einflüsse des Risikomanagements auf SBU- und Profit-Center-BSCs

Finanzielle Performance			
Bewerteter Initiativen-Umfang zu Sicherung der budg. Erfolgsziele	Bewert. Strat. Maßnahm.-vorschlag z. Senk. d. SBU-Gesamtrisikos zur Schaff. v. Wachstumsspielraum	Bewert. Maßnahmen-vorschlag zur ß-Faktor-Senkung auf industrie-spezif. Niveau	Maßnahmenvorschlag zur Rating-Positions-Sicherung

Strat. und operat. Performance-Hebel aus strateg. Maßnahmen

Strateg. + op. Ziele + Umsetzungsmaßnahmen Kunde/Markt und Milestones im Umsetzungsprozess	Strat.+op. Ziele + Umsetzungsmaßn. interne Prozesse und Systeme sowie Milestones im Umsetzungsprozess
z.B. Analytische Aufbereitung der operativen Erfolgssicherungsmaßnahmen in entscheidungsreifer Form	z.B. Analyse des Zusammenhangs zw. Volatilitätsbegrenzungsziel und Reduktionserfordernis Break-Even-Punkt Geschäft N.N.
Risiko-Chancen-orientierte Analyse und Bewertung des Handlungsbedarfs in den bestehenden Supply-Verträgen	Analyse und Bewertung der Lagerbestandsrisiken over-the-cycle
Identifikation und Bewertung interner „Hedge"-Positionen in der Wertschöpfungskette	Online-Support in Analyse, Maßnahmenplanung, -umsetzung und -Reporting

Strateg. Ziele und Umsetzungsmaßnahmen zum Aufbau strateg. Potenziale und Milestones im Umsetzungsprozess	
z.B. Erarbeitung einer langfristigen Hedgestrategie zur strat. Erfolgssicherung	Verbesserung der Know-how-Grundlagen im Risikomanagement bei Linien-Managern
Quantifizierte Erhärtung einer optimalen Risiko-Chancen-Struktur im Geschäftsportfolio	

Abbildung 124: Einflüsse des Risikomanagements auf funktionale Risikomanagement-BSCs

Zusammenfassend kann Folgendes festgehalten werden:

Unabhängig davon, ob in einem Unternehmen BSCs standardmäßig zum Einsatz gelangen, sollte für jeden unternehmerischen Gestaltungsbereich ein die Maßnahmenumsetzung unterstützendes und steuerndes Instrumentarium eingerichtet werden – es muss nicht BSC heißen.

Für jeden BSC-Einsatz bzw. für jeden Einsatz anderer Instrumente verwandter Zielrichtung sollte auf folgenden Punkten ein besonderer Fokus liegen:

▲ Das Herz von Plänen sind einerseits die definierten Ziele, andererseits die zur Zielerreichung notwendigen Maßnahmen. Die BSC dient zur Maßnahmensteuerung mit Blickrichtung auf deren Wirkung auf die nachhaltige finanzielle Performance.

▲ Mit der BSC wurde auch – vielfach erfolgreich – versucht, das oftmals anzutreffende Defizit im persönlichen Ziel- und Realisierungs-Commitment zu schließen. BSC und MbO-Systeme arbeiten somit in erfolgreichen Praxis-Projekten Hand in Hand.

▲ BSCs sind auch – vor allem im Risikomanagement – als Know-how-Generator zu verstehen und zu nutzen. Eine in Führungsprozesse und Führungssysteme integrierte Risikomanagement-Funktion wird zu einem wertschaffenden Faktor für Unternehmen und Geschäfte werden können, weil es die strategischen Ziele, Pläne und Umsetzungsschritte einerseits sowie die Hebelwirkungen zwischen strategischen und operativen Geschäftsgestaltungsmaßnahmen und finanzieller Performance andererseits wirklich verstehen lernt. Auf dieser Grundlage sind kreative und innovative Risikomanagement-Potenziale erst wirklich nutzbar.

4 Risikomanagement und Controlling

Die Implementierung von Risikomanagementmethoden, insbesondere von Methoden der Risikoaggregation, bietet für das Controlling die Chance einer grundlegenden Weiterentwicklung seines Instrumentariums. Durch die Integration der Risikoaggregation in das bestehende Instrumentarium erhält sowohl das operative Controlling als auch das strategische Controlling eine Vielzahl neuer Impulse.

Unter Controlling soll im Folgenden das System zur und der Gesamtprozess der Zielfestlegung, der Planung und der Steuerung des Unternehmens verstanden werden. Kernelement ist der Controlling-Regelkreis, der aus folgenden Teilprozessen besteht (vgl. Abbildung 125):

▲ Zielfestlegung,

▲ Planung bzw. Forecasting zur Aufbereitung des Weges zum Ziel,

▲ regelmäßiges Messen des Umsetzungserfolgs (Ist-Erfassung),

▲ Analyse und Interpretation der Ergebnisse sowie managementadäquates Berichtswesen,

▲ Setzen von Anpassungsaktivitäten oder vorlaufende Gegensteuerungsmaßnahmen bei Zielabweichungen oder Zielabweichungsgefahren (Steuerung).

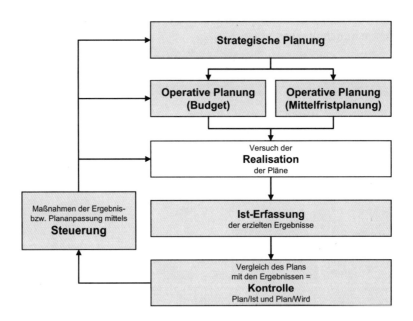

Abbildung 125: Controlling-Regelkreis

4.1 Berücksichtigung von Risiken im Controlling – traditionelle Methoden

Insbesondere im Bereich der Planung ist das Controlling zwangsläufig mit der Unvorhersehbarkeit der Zukunft und daher mit Risiken konfrontiert. Diese Risiken werden im Controlling auf vielfältige Arten berücksichtigt (vgl. Abbildung 126):

▲ Sowohl im operativen als auch im strategischen Controlling werden Risiken – zumeist implizit – in Form von Erwartungswerten berücksichtigt. Planwerte, die in Planung oder Forecasting verwendet werden, sind keine sicheren Werte, sondern objektiv (mit Hilfe historischer Daten) oder subjektiv ermittelte Erwartungswerte.

▲ Darüber hinaus werden Risiken häufig in Form von Risikozu- oder -abschlägen der geplanten Werte (Aufwendungen, Kosten, Zahlungsströme, Zinssätze etc.) berücksichtigt.

▲ In der Strategieentwicklung erfolgt in der Regel eine Auseinandersetzung mit Chancen und Risiken von Strategiealternativen. Dabei werden Chancen und Risiken beschrieben und qualitativ bewertet, und es wird versucht, Maßnahmen zur Risikosteuerung zu ermitteln.

▲ Im Rahmen der Strategiequantifizierung werden die erwarteten Free Cashflows einer Strategie mit den risikoadjustierten Kapitalkosten (WACC) diskontiert. Die Berücksichtigung des Risikos erfolgt also einerseits (implizit) über den Erwartungswert der Cashflows, andererseits über den risikoadjustierten Zinssatz. Dieser wird (in Anlehnung an das Capital-Asset-Pricing-Model CAPM) aus den Kursschwankungen der Aktien des Unternehmens abgeleitet, die Ermittlung erfolgt also primär marktorientiert.

Risiko im operativen Controlling
▲ Implizite Berücksichtigung von Risiken bei der Bildung von Erwartungswerten (Planzahlen)
▲ Explizite Berücksichtigung in Form von Risikozu- und -abschlägen

Risiko im strategischen Controlling
▲ Implizite Berücksichtigung im Rahmen der Strategischen Planung bei der Bildung von Erwartungswerten (Planzahlen)
▲ Explizite Berücksichtigung im Rahmen von Strategieentwicklungsprozessen (Chancen – Risiken) – primär qualitativ
▲ Explizite Berücksichtigung in Form von Risikozu- und -abschlägen
▲ Explizite Berücksichtigung im Rahmen der Strategiequantifizierung (Beta-Faktor)

Abbildung 126: Berücksichtigung von Risiken im Controlling

In der Praxis lässt sich feststellen, dass Risiken im Controlling vor allem mit Hilfe von Erwartungswerten berücksichtigt werden.

Ein Erwartungswert ist jener Wert, von dem man „erwartet", dass er sich bei einer oftmaligen Wiederholung des „Experiments" durchschnittlich ergibt. Rechnerisch ist der Erwartungswert die Summe der Wahrscheinlichkeit jedes möglichen Ergebnisses des Experiments multipliziert mit dem „Wert" dieses Ergebnisses. Er ermöglicht also eine Verdichtung von Information (mögliche Ergebnisse) auf einen einzelnen Wert. Problematisch ist, dass diese Verdichtung zu einem Informationsverlust führt.

Dies lässt sich anhand eines einfachen Beispiels verdeutlichen:

Unternehmen A und Unternehmen B planen jeweils einen Umsatz von 5 Mio. EURO im Jahr 2005, d.h. der Erwartungswert des Umsatzes beträgt bei beiden Unternehmen 5 Mio. EURO. Durch die Verdichtung der Information (auf Erwartungswerte) gehen allerdings Informationen über die Streuung verloren, die sich bei beiden Unternehmen deutlich unterscheidet (vgl. Abbildung 127):

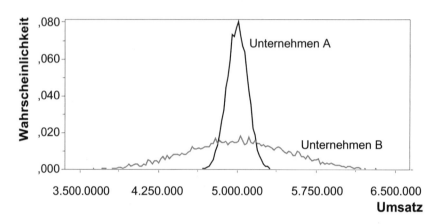

Abbildung 127: Gefahren der Risikoberücksichtigung mit Hilfe von Erwartungswerten

Die oben dargestellte Kritik an deterministischer Planung, d.h. an der (ausschließlichen) Verwendung von Erwartungswerten zur Berücksichtigung von Risiken im Controlling, führte zur Forderung nach alternativen bzw. besseren Methoden zur Integration von Chancen und Risiken in das Controlling. Eine dieser Methoden wird im folgenden Abschnitt vorgestellt.

4.2 Chancen- und risikoorientiertes Controlling

4.21 Ziele und Vorgehensweise

Grundidee des chancen- und risikoorientierten Controllings ist der Übergang von einer deterministischen Planung zu einer realitätsnäheren Planung, bei der neben dem Erwartungswert auch die Streuung bzw. die Verteilungsfunktion wichtiger Planannahmen hinterlegt wird.[133] Durch Aggregation der Risiken wird es möglich, die mit der Planung verbundenen Risiken simultan zu analysieren und den Umfang risikobedingter Abweichungen der Zielgrößen einzuschätzen. Der wesentliche Vorteil einer solchen „stochastischen" Planung ist, dass keine illusorische Planungszuverlässigkeit suggeriert wird, sondern hinsichtlich jedes Planwerts Transparenz darüber erzeugt wird, wie sicher bzw. wie risikobehaftet er ist. In der Praxis ist dieses Wissen über die Sicherheit einzelner Planwerte zwar häufig implizit vorhanden, ist aber bei den am Planungsprozess beteiligten Personen unterschiedlich ausgeprägt und wird in der Regel nicht explizit formuliert.

---

[133] Vgl. Gleißner/Grundmann (2003), S. 459ff.

Bei der Erweiterung eines bestehenden Controllingsystems um Risikoinformationen sind zunächst jene Planannahmen zu identifizieren, die besonders risikobehaftet sind. Ist im Unternehmen bereits ein Risikomanagementsystem implementiert, so empfiehlt es sich, auf die im Rahmen des Risikomanagements identifizierten Risiken, die beispielsweise im Risikoinventar gesammelt sind, zurückzugreifen und sie gegebenenfalls durch Risikoinformationen, die im Planungsprozess zusätzlich generiert werden, zu ergänzen. Für die Aggregation der Risiken ist es erforderlich, alle Risiken zu quantifizieren, d.h. die Verteilungsfunktion der Risiken entweder subjektiv oder auf Basis historischer Daten festzulegen. Durch Simulationsverfahren werden in der Folge die Verteilungsfunktionen der Zielgrößen ermittelt. Schließlich gilt es, die so generierten Zusatzinformationen in das Berichtswesen zu integrieren.

4.22 Beispiel „stochastische" Planung

Das folgende Beispiel soll die Vorgehensweise bei der „stochastischen Planung" illustrieren.

Das Bauunternehmen X rechnet im Monat Februar mit folgenden Bauprojekten:

Projekt	Erwarteter Umsatz	Verteilungsannahme
A	40.000	Das Projektvolumen (Umsatz) ist normalverteilt mit einer Standardabweichung von 6.000
B	30.000	Die Beauftragung erfolgt mindestens (worst case) in Höhe von 20.000, wahrscheinlich (most likely) in Höhe von 30.000 und im besten Fall (best case) in Höhe von 35.000 EURO.
C	170.000	Das Unternehmen rechnet lediglich mit einer Wahrscheinlichkeit von 20% mit der Beauftragung mit diesem Projekt

Die variablen Kosten betragen 50 % des Umsatzes, die Fixkosten betragen 40.000 EURO.

Operative Planung (traditionelle Vorgehensweise)

Planung Bauunternehmen, Monat Februar	
Umsatzplanung	
Projekt A	40.000
Projekt B	30.000
Projekt C	34.000
Umsatz	**104.000**
– Variable Kosten	– 52.000
DB	**52.000**
– Fixkosten	– 40.000
Betriebsergebnis	**12.000**

Abbildung 128: Operative Planung des Bauunternehmens

Die operative Planung (traditionelle Vorgehensweise) ergibt ein Betriebsergebnis von 12.000 EURO. Zu beachten ist, dass Projekt C mit einem Erwartungswert (Umsatz * Wahrscheinlichkeit der Beauftragung) von 34.000 in die Planung eingeht.

Operative Planung (Chancen- und risikoorientiertes Controlling)

Mit Hilfe eines durch Simulations-Software (z.B. Crystal Ball oder @RISK) ergänzten Excel-Modells werden die Verteilungsannahmen den einzelnen Projekten zugewiesen:

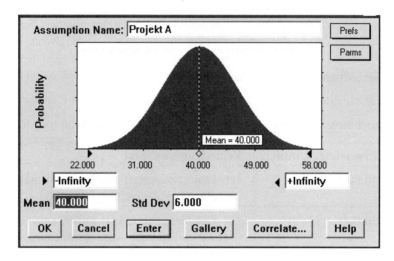

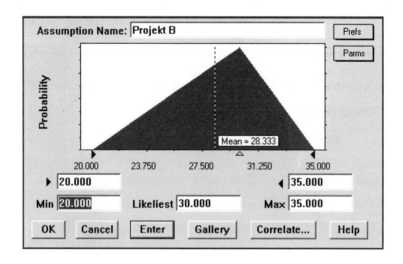

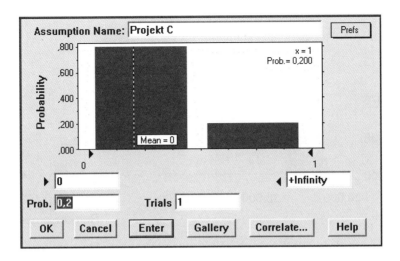

Abbildung 129: Verteilungsannahmen der Projekte

Im nächsten Schritt wird mit Hilfe der Monte-Carlo-Simulation in unabhängigen Simulationsläufen das Planmonat mehrere tausend Mal durchgespielt und jeweils eine Ausprägung des Monatsbudgets berechnet (vgl. Abbildung 130).

Planung Bauunternehmen, Monat Februar		S1	S2	S3	...	Sn
Umsatzplanung						
Projekt A	40.000	42.334	36.025	35.673		53.935
Projekt B	30.000	23.100	26.753	23.471		27.276
Projekt C	34.000	0	0	170.000		0
Umsatz	**104.000**	**65.434**	**62.778**	**229.144**		**81.211**
- Variable Kosten	-52.000	-32.717	-31.389	-114.572		-40.605
DB	**52.000**	**32.717**	**31.389**	**114.572**		**40.605**
- Fixkosten	-40.000	-40.000	-40.000	-40.000		-40.000
Betriebsergebnis	**12.000**	**-7.283**	**-8.611**	**74.572**		**605**

Abbildung 130: Simulation der Monatsplanung

In jedem Simulationslauf ergibt sich damit eine Ausprägung der Zielgröße (Betriebsergebnis), sodass eine aggregierte Wahrscheinlichkeitsverteilung der Zielgröße bestimmt und ausgewertet werden kann (vgl. Abbildung 131).

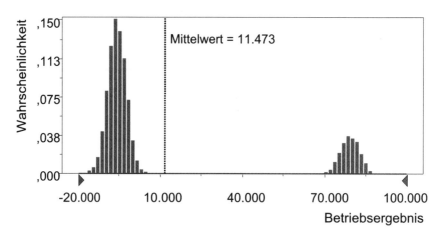

Abbildung 131: Wahrscheinlichkeitsverteilung des Betriebsergebnisses

Für das Controlling gilt es in der Folge, die so generierte Information zu analysieren, zu interpretieren und zu berichten.

4.3 Anwendungsmöglichkeiten eines chancen- und risikoorientierten Controllings

Die oben beschriebene Vorgehensweise lässt sich in einer Vielzahl von Controllinganwendungen integrieren (vgl. Abbildung 132):

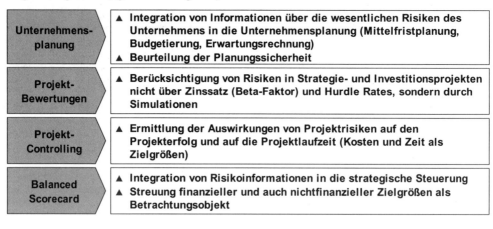

Abbildung 132: Anwendungsfelder eines chancen- und risikoorientierten Controllings

Die Methode lässt sich grundsätzlich in jeder Form der operativen Unternehmensplanung, das heißt in der Mittelfristplanung, der Budgetierung und in Erwartungs- bzw. Vorschaurechnungen anwenden. Wesentlicher Vorteil ist die Möglichkeit der Beurteilung der Planungssicherheit insgesamt sowie die Ermittlung des Risikokapitalbedarfs zur Abdeckung möglicher Verluste. Darüber hinaus erlaubt die Kenntnis der risikobedingten Bandbreiten der Zielgrößen des Unternehmens die Ableitung von zielgerichteten (Risiko-)Steuerungsmaßnahmen.

Im Rahmen von Projektbewertungen, d.h. bei der Bewertung von strategischen Projekten mit Hilfe der Discounted-Cashflow-Methode sowie bei der Bewertung von Investitionen, können Risiken (statt wie bisher üblich über den Zinssatz) mit Hilfe von Simulationen in die Bewertung integriert werden. Darüber hinaus ist es möglich, mit Hilfe eines chancen- und risikoorientierten Controllings die im Kontext einer wertorientierten Steuerung wichtigen Kapitalkostensätze für die Diskontierung zukünftiger Cashflows aus unternehmensinternen Informationen abzuleiten.[134]

Mit Hilfe von Simulationen lassen sich nicht nur die Auswirkungen von Risiken auf finanzielle Zielgrößen ermitteln. Es ist auch möglich, Simulationen für nicht-finanzielle Zielgrößen, wie Durchlaufzeit, Qualität etc. durchzuführen. Dies ist beispielsweise im Projektcontrolling, aber auch für die strategische Steuerung mit Hilfe von Balanced Scorecards relevant.

Letztlich ist ein chancen- und risikoorientiertes Controlling in der Lage, die Funktionalitäten eines Risikomanagementsystems mit abzudecken. Daraus lässt sich die Forderung ableiten, Risikomanagementsysteme nicht isoliert im Unternehmen zu installieren, sondern vielmehr Risikomanagementsysteme in das Controlling zu integrieren, da dies einerseits Vorteile für unternehmerische Entscheidungen bringt, andererseits zu erheblichen Effizienzsteigerungen führen kann.

---

[134] Vgl. Gleißner/Grundmann (2003), S. 461.

5 Aufbauorganisatorische Verankerung des Risikomanagements

5.1 Einflussfaktoren auf die Wahl der Organisationsform

Die Organisation des Risikomanagements kann auf Basis unternehmensspezifischer Faktoren variieren. Wesentlicher Einflussfaktor auf die aufbauorganisatorische Verankerung des Risikomanagements ist die Komplexität des Unternehmens, die wiederum von

- ▲ Größe des Unternehmens oder des Konzerns,
- ▲ Eigentümerstruktur,
- ▲ relevanten Stakeholdern,
- ▲ Produktportfolio,
- ▲ relevanten Märkten,
- ▲ Branche,
- ▲ regulatorischem Umfeld etc.

geprägt wird.

Ein Einzelunternehmen überschaubarer Größe wird im Vergleich zu einem Konzern weniger Nutzen aus einem als eigenständige aufbauorganisatorische Einheit verankerten Risikomanagement ziehen. Als Komplexitätstreiber sind hierbei nicht nur Umsatz oder Anzahl der Mitarbeiter, sondern auch die Anzahl und geographische Verteilung der Standorte sowie Beteiligungsverhältnisse zu sehen.

Die Komplexität des Unternehmens hängt darüber hinaus von den im Unternehmen abgedeckten Wertschöpfungsstufen sowie der Organisation der unternehmensübergreifenden Wertschöpfungskette ab. Ein Unternehmen, das sich auf eine Wertschöpfungsstufe konzentriert (z.B. Großhandel) und dabei unternehmensübergreifend mit einer begrenzten Zahl an Lieferanten und Kunden interagiert, ist eher in der Lage, Risikomanagement in bestehende Funktionen zu integrieren, als ein vertikal integriertes Unternehmen, das im Projektgeschäft tätig ist (z.B. Industrieanlagenbau).

Ein Unternehmen kann sich nur begrenzt vom allgemeinen Risikoniveau der Branche abkoppeln.

Das Risikoniveau der Branche kann in Erweiterung des Porter-Modells[135] durch folgende Kräfte charakterisiert werden:

- ▲ Wettbewerbsintensität innerhalb der Branche
- ▲ Risiken durch neu hinzutretende Wettbewerber
- ▲ Risiken durch Substitution bestehender Produkte und Technologien
- ▲ Risiken durch das Verhalten der Kunden
- ▲ Risiken im Zugang zum Beschaffungsmarkt
- ▲ Branchenübergreifende Einflüsse, z.B. konjunkturelle Abhängigkeiten

---

[135] Vgl. Porter (1984).

In einer steigenden Anzahl von Branchen werden Liberalisierungsmaßnahmen gesetzt, um Wettbewerb zuzulassen bzw. die Wettbewerbsintensität zu erhöhen. In diesen Märkten ist zusätzlich auch die Wirkung eines Marktregulators zu berücksichtigen.

5.2 Mögliche Organisationsformen des Risikomanagements

5.21 Abgrenzung zu anderen verwandten Funktionen

Eine Abgrenzung des Risikomanagements zu anderen Funktionen mit Überwachungsaufgaben ist fließend. Eine enge Verbindung besteht zur Internen Revision, da vor der Einführung eines unternehmensweiten Risikomanagements in vielen Fällen die Interne Revision risikoorientiert eingerichtet wurde. Die erhöhte Dynamik des heutigen Geschäftsumfeldes lässt diese Vorgangsweise nur mehr sehr bedingt zu.

Folgende wesentlichen Verbindungslinien zu anderen Funktionsbereichen sind zu erwähnen:

Die externe Revision (Wirtschaftsprüfer) ist zuständig für die Prüfung des Jahresabschlusses.

Die interne Revision prüft Prozesse derart, dass eine ordnungsgemäße Geschäftsführung und Rechnungslegung, eine effiziente Geschäftstätigkeit und die Einhaltung von Gesetzen sichergestellt sind.

IT-Security unterstützt, überwacht und koordiniert die Sicherheitsmaßnahmen der Geschäftsbereiche auf dem Gebiet der Datensicherheit und analysiert Ausfallsrisiken im EDV-Bereich.

Versicherungsmanagement hat die Aufgabe der Prüfung und Überprüfung von versicherbaren Risiken und das Absichern von Schadensfällen gemäß der Risikopolitik des Unternehmens.

Controlling ist das Planungs- und Steuerungsinstrument zur Aufbereitung von entscheidungsrelevanten Informationen für die Geschäftsleitung.

Projektcontrolling hat die Verantwortung der Prüfung und Berichterstattung zu strategischen Projekten.

5.22 Vor- und Nachteile alternativer Organisationsformen

Risikomanagement kann grundsätzlich als selbständige organisatorische Einheit verankert oder in andere organisatorische Einheiten – entweder Linienfunktionen oder Stabsstellen – integriert werden. Abbildung 133 bietet einen Überblick über mögliche Organisationsformen des zentralen Risikomanagements.

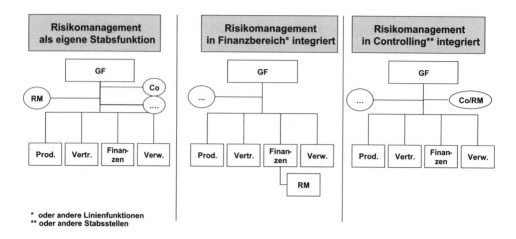

Abbildung 133: Mögliche Organisationsformen des Risikomanagements

5.221 Risikomanagement als eigene Stabsstelle

Wird Risikomanagement als eigenständige Organisationseinheit verankert, so kommt dafür nur eine Etablierung als Stabsstelle in Frage. Risikomanagement als Linienfunktion zu verankern widerspricht der anzustrebenden Querschnittsfunktion im Unternehmen.

Die organisatorischen Verankerung des zentralen Risikomanagements als eigenständige Stabsstelle bietet folgende Vorteile:

▲ Nähe zur Geschäftsführung,
▲ gute („informelle") Durchsetzungsfähigkeit aufgrund der Nähe zur Geschäftsführung,
▲ Identifikation der Geschäftsführung mit Risikomanagement,
▲ Potenzial zur Schaffung von Risikomanagement-Verständnis im Management,
▲ gute Einbindung in Top-Management-Entscheidungsprozesse,
▲ Neutralität zu allen Linienfunktionen,
▲ direkter Informationsfluss an das Risikomanagement,
▲ gesamthafte Sicht auf das Unternehmen sowie
▲ Spezialisierung auf Risikomanagement-Aufgaben.

Aufgrund der Organisation als Stabsstelle könnten aber auch folgende Nachteile spürbar werden:

▲ Eine Stabsstelle wird – verglichen mit einer Linienfunktion – als weniger durchsetzungsstark wahrgenommen.
▲ Anforderungen an Controlling, Finanzbuchhaltung etc. sind („formal") schwer durchsetzbar.
▲ Andere Risikomanagement-nahe Funktionen (z.B. kaufmännische Funktionen) agieren separat, Risiken, die beispielsweise durch das Controlling im Planungsprozess identifiziert werden, werden unter Umständen nicht an die Stabsstelle kommuniziert.

▲ Vor allem in der Aufbauphase des Risikomanagements besteht die Gefahr einer Isolation dieser neu geschaffenen Stabsstelle, vor allem dann, wenn sie mit nur einer oder sehr wenigen Personen besetzt ist.

Jedenfalls besteht die Anforderung, klare Spielregeln der Zusammenarbeit mit anderen, Risikomanagement-nahen Organisationseinheiten zu definieren. Insbesondere wird es notwendig sein, die Schnittstelle zwischen Risikomanagement und Controlling genau festzulegen und Regeln für einen systematischen Informationsaustausch aufzustellen.

5.222 Integration des Risikomanagements in Rechnungswesen, Finanzierung oder andere Linienfunktionen

Die Integration des Risikomanagements in das externe Rechnungswesen oder in die Konzernfinanzierung (bzw. andere Linienfunktionen) hat folgende Vorteile:

▲ Die Integration ermöglicht eine enge Zusammenarbeit mit jener Stelle, in die das Risikomanagement integriert wurde. Daher ist gegenüber dieser Stelle eine Aufgabenabgrenzung weniger problematisch, da keine Definition bereichsübergreifender Schnittstellen nötig ist.

▲ Das Risikomanagement erhält vollständigere Information über kaufmännische Daten.

▲ Bei kleineren Organisationen bietet diese Organisationsform die Möglichkeit, vorhandene Personalressourcen besser auszunutzen.

Andererseits sind im Falle der Integration in eine Linienfunktion folgende Nachteile zu erwarten:

▲ Konzentration auf rein finanzielle Risikoaspekte, dadurch Vernachlässigung nicht finanzieller Risiken (z.B. Rechtsrisiken, Vertragsrisiken etc.),

▲ fehlende Neutralität gegenüber anderen Stellen,

▲ eventuell fehlendes Detailverständnis für Probleme anderer Geschäftsbereiche,

▲ im Vergleich zu einer Stabsfunktion geringere Nähe zur Geschäftsführung und schlechtere Einbindung in Entscheidungsprozesse, dadurch

▲ geringere Akzeptanz und („informelle") Durchsetzbarkeit des Risikomanagements bei anderen Bereichen,

▲ Verlängerung der Informationsflüsse („Stille-Post"-Syndrom),

▲ der Bereichs-/Abteilungsleiter wirkt als Informationsfilter in Richtung der Geschäftsführung, und

▲ das Risikomanagement hat geringere Möglichkeiten zur Erzeugung von Risikomanagement-Verständnis beim Management.

5.223 Integration in das Controlling

Mit der Integration in das Controlling sind die allgemeinen Vorteile einer Stabsstelle und in kleineren Organisationen das verbesserte Ausnutzen vorhandener Personalressourcen verbunden.

Darüber hinaus hat die Integration in das Controlling folgenden Vorteil:

Risikomanagement und Controlling agieren vielfach mit der gleichen Datenbasis. Die wesentliche Schnittstelle zwischen Risikomanagement und Controlling bilden Risikobewertung, bei der die Risiken im Hinblick auf ihre Auswirkungen auf die geplanten Ziele (z.B. EGT, Wertschaffung etc.) bewertet werden, und Risikoaggregation, bei der die Gesamtwirkung aller bewerteten Risiken auf die geplanten Unternehmensziele ermittelt wird. Im Planungsprozess können durch die Integration des Risikomanagements in das Controlling bzw. durch die Wahrnehmung von Risikomanagement-Aufgaben durch das Controlling jedenfalls Doppelgleisigkeiten vermieden werden.

Diesem Vorteil gegenüber steht auch in dieser Organisationsform der Nachteil, dass ein in das Controlling integriertes Risikomanagement primär auf finanzielle Risiken fokussiert sein wird, verbunden mit der Gefahr, dass nicht finanzielle Risiken übersehen werden.

Geht man allerdings von der Vermutung aus, dass das Controlling durch die Integration von Risikomanagement-Methoden, d.h. vor allem durch die Anwendung der Risikoaggregation eine grundlegende Weiterentwicklung seines Instrumentariums erfährt, so ist diese Organisationsform die sinnvollste.

5.224 Integration in Qualitätsmanagement, Revision oder andere Stabsstellen

In der Praxis wird Risikomanagement gelegentlich auch in das Qualitätsmanagement, in die interne Revision oder in andere Stabsstellen integriert. Dies kann vor allem in kleineren Organisationen den Vorteil der verbesserten Ausnutzung vorhandener Personalressourcen bringen.

Allerdings besteht das Problem, dass Risikomanagement dann primär prozessorientiert ausgerichtet ist, während die finanziellen Risiken zu wenig beachtet werden.

5.225 Zusammenfassende Bewertung der allgemeinen aufbauorganisatorischen Optionen

Unter Berücksichtigung der Einflussfaktoren auf die organisatorische Verankerung von Risikomanagement im Unternehmen stellen die Integration des Risikomanagements in das Controlling und die Implementierung von Risikomanagement als eigenständige Organisationseinheit in Form einer Stabsstelle die sinnvollsten Optionen dar.

Die Integration in das Controlling macht vor allem dann Sinn, wenn Risiken konsequent quantifiziert und aggregiert werden. In diesem Fall benötigt das Risikomanagement direkten Zugang zu Controllinginformation, andererseits können Controllinginformationen (z.B. Budgetierung, Forecasts) durch die Integration von Risikoinformationen deutlich verbessert werden.

Liegt der Fokus des Risikomanagements im Unternehmen primär auf der Risikoidentifikation, Risikosteuerungsmaßnahmen und Risikoberichtswesen, so kann das Risikomanagement auch als eigenständige Stabstelle etabliert werden. Wesentliche Anforderungen an das Risikomanagement, z.B. Wahrnehmung einer unternehmensweiten Querschnittsfunktion mit ausreichendem Zugang zu Entscheidungsträgern, können mit dieser Organisationsform gut erfüllt werden.

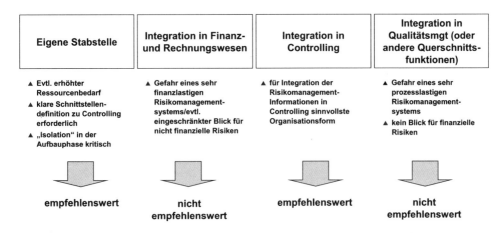

Abbildung 134: Zusammenfassende Bewertung alternativer Organisationsformen des Risikomanagements

5.23 Anbindung dezentraler Funktionen im Risikomanagement

In großen Organisationen wird die Einrichtung einer zentralen Risikomanagement-Stelle nicht ausreichen, da die Risikomanager zu weit vom Geschäftsgeschehen entfernt sind, um eine adäquate Unterstützungsfunktion für das Linienmanagement anbieten zu können.

Ist das Risikomanagement in das zentrale Controlling integriert, so bietet es sich an, im dezentralen Risikomanagement auf die dezentrale Controllingorganisation zurückzugreifen.

Wird Risikomanagement als eigene Stabsstelle etabliert, kann es erforderlich sein, Risikomanagementaufgaben auch dezentral wahrzunehmen. Ist die Wahrnehmung dezentraler Risikomanagement-Aufgaben nötig, so kann dies durch die kapazitätsmäßige Verstärkung der Stabsstelle oder den Aufbau einer dezentralen Risikomanagement-Organisation unterstützt werden.

5.231 Verstärkung der zentralen Risikomanagement-Organisation

Über die Verstärkung der zentralen Risikomanagement-Organisation kann kapazitätsmäßig für einen intensiveren zentralen Service oder die Delegation von Risikomanagern in die dezentralen Bereiche vorgesorgt werden.

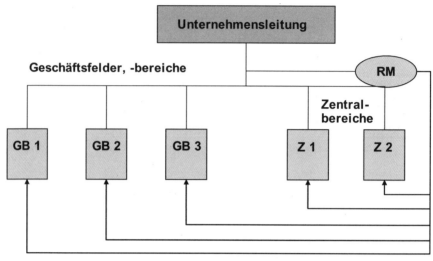

Abbildung 135: Zentrale Risikomanagement-Organisation

Die Verstärkung der zentralen Risikomanagement-Organisation kann folgende Vorteile bringen:

▲ Klare Organisation und Einfach-Unterstellung im Risikomanagement,
▲ einheitliches Gesamtverständnis innerhalb des Risikomanagements,
▲ einheitlicher Auftritt des Risikomanagements nach außen,
▲ gut durchsetzbare Risikomanagement-Prinzipien,
▲ schnelle Reaktion (im Falle delegierter zentraler Risikomanager) sowie
▲ Objektivität und bewusste Distanz.

Andererseits ist die Verstärkung der zentralen Risikomanagement-Organisation mit folgenden Nachteilen verbunden:

▲ Gefahr der geringen Akzeptanz als „Fremdkörper" im Bereich (im Falle delegierter zentraler Risikomanager),
▲ geringe Identifikation der dezentralen Bereiche mit der Risikomanagement-Konzeption, Risikomanagement wird als „von oben" aufgezwungen empfunden,
▲ mangelnder Gesamtüberblick durch schlechten Zugang zu weiten Bereichen des Unternehmens.

5.232 Aufbau einer dezentralen Risikomanagement-Organisation über das Dotted-Line-Prinzip

Über eine Dotted-Line-Organisation wird versucht, Unterstützungsfunktionen vor Ort zu installieren. Die disziplinarische Unterstellung unter den Fachbereich („straight line") soll zu geringeren Akzeptanzproblemen führen, die fachliche Unterstellung unter das Risikomanagement („dotted line") soll die Optimierung des unternehmensweiten Risikomanagements sicherstellen.

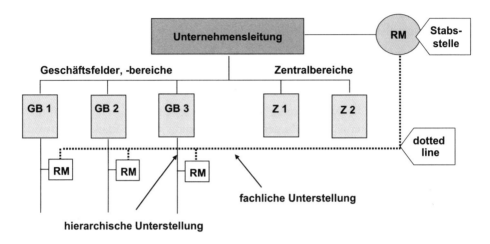

Abbildung 136: Dotted-Line-Organisation

Folgende Vorteile werden in der Realisierung einer Dotted-Line-Organisation gesehen:
▲ Allgemeine Vorteile einer Dezentralisierung, z.B. Vor-Ort-Dienstleistung für Geschäftsbereiche,
▲ Risikomanagement stellt keinen Fremdkörper in den dezentralen Einheiten dar,
▲ verbesserter dezentraler Informationsfluss,
▲ zeitnahe Einbindung in Entscheidungsprozesse,
▲ teamorientierte Zusammenarbeit mit dezentralen Einheiten.

Nachteile der Dotted-Line-Organisation können sein:
▲ Doppelunterstellung und Loyalitätskonflikte im dezentralen Risikomanagement sowie
▲ allgemeine Nachteile einer Dezentralisierung, z.B. Gefahr dezentraler Betriebsblindheit.

5.233 Zusammenfassende Bewertung der Unterstützung dezentraler Aspekte im Risikomanagement

Wird ein zentrales Risikomanagement als eigenständige Organisationseinheit in Form einer Stabsstelle organisiert, erscheint die Anbindung dezentraler Risikomanagement-Funktionen über ein Dotted-Line-Prinzip als sinnvoller, wenn – ähnlich dem Controlling – die Beratungsfunktion des Risikomanagements betont werden soll. Eine verstärkte zentrale Risikomanagementfunktion, v.a. wenn die Delegation von Risikomanagern in dezentrale Bereiche keine dominante Rolle spielt, unterstützt eher eine – ähnlich der Revision – von den Geschäftsprozessen bewusst distanzierte Kontrollfunktion.

5.3 Aufgaben und Kompetenzen des Risikomanagers

Risikomanager sind intime Kenner ihres Unternehmens und neben den Mitarbeitern aus den Bereichen Strategie und Controlling sowie dem Top-Management oft die Einzigen, die einen genauen Überblick über alle Abteilungen und Aktivitäten des Unternehmens haben.

Wesentlich für die Effektivität des Risikomanagements ist eine klare organisatorische Eingliederung, d.h. die Zuordnung der entsprechenden Aufgaben, Kompetenzen und Verantwortungen zu Einheiten bzw. Personen innerhalb des Unternehmens.

Die Verantwortung für das Management einzelner Risiken tragen grundsätzlich die Entscheidungsträger im Unternehmen. Zu deren Unterstützung können Risikoverantwortliche ernannt werden, deren Aufgaben in erster Linie die Ausarbeitung von Konzepten zur Handhabung von Risiken und die zeitnahe Risikoberichterstattung umfassen.

Hauptaufgabe des Risikomanagers ist die Umsetzung des Risikomanagementsystems im Unternehmen. Er stellt die notwendigen Instrumente zur Verfügung, hat die Übersicht über den Gesamtprozess des Risikomanagements und ist durch seine organisatorische Einbettung die Schnittstelle zwischen Top-Management und Fachabteilungen.

Nach traditioneller Auffassung umfasst das Risikomanagement Maßnahmen zur Reduktion von Risiken und folgte daher in der Vergangenheit vorwiegend dem Grundsatz der Risikominimierung.

Nach heutiger Auffassung ist jedes Unternehmen einer Vielzahl von Risiken ausgesetzt, die jedoch in vielen Fällen sogar erwünscht sind, da sie mit Chancen einhergehen. Risikomanagement bedeutet in diesem Zusammenhang „bewusster Umgang mit Risiken". Aus dieser neuen Begrifflichkeit leitet sich auch ein Gutteil der Aufgaben des Risikomanagers ab.

Die folgenden Abbildungen geben einen Überblick über die Aufgabenteilung im Risikomanagement, d.h. über die Zuordnung von Risikomanagement-Aufgaben zu den relevanten Verantwortungsträgern im Unternehmen:

Nr.	Aufgabe	Risiko-management	Controlling	Geschäfts-führung/ Vorstand	Aufsichtsrat	Spezialisten (Treasury, Trading, ...)	Manager und Mitarbeiter
1	Erarbeitung eines Mission-Statements für das Risikomanagement	D	A	A			
2	Entwicklung einer unternehmensweit einheitlichen Risikodefinition	D	A	A			
3	Gestaltung des unternehmensweiten Prozesses zur Identifikation, Bewertung und Steuerung von Risiken (Verantwortliche, Prozessschritte, ...)	D	A	A		A	
4	Gestaltung des unternehmensweiten Risikoberichtswesens	D	A (Abstimmung der Berichtswege)	A (Abstimmung der Informations-erfordernisse)	A (Abstimmung der Informations-erfordernisse)		
5	Identifikation und Systematisierung der relevanten Risikobereiche des Unternehmens (Festlegung von Hauptrisiken)	D		A		A	
6	Auswahl und Weiterentwicklung von geeigneten Instrumenten und Methoden zur Risikoidentifikation	D				A	
7	Auswahl und Weiterentwicklung von Risikomess- und -bewertungsverfahren	D				A	
8	Auswahl und Weiterentwicklung von Verfahren zur Risikoaggregation	D				A	
9	Entwicklung von Richtlinien für die Steuerung von Einzelrisiken	D				A	
10	Integration von RM-Zielen, -Maßnahmen und -Informationen in bestehende Planungs- und Steuerungssysteme	D	D	A			
11	Erstellung eines Risikomanagement-Handbuchs	D		A		A	

A... Abstimmung; D... Durchführung; I... Information; M... Mitwirkung; V... Vorgabe

Abbildung 137: Aufgabenzuordnung im Rahmen des Aufbaus und der Entwicklung des Risikomanagement-Systems

Im Rahmen des Aufbaus und der Entwicklung des Risikomanagement-Systems liegt der Schwerpunkt der Aktivitäten beim Risikomanagement. Die Ziele des Risikomanagement-Systems, die Risikodefinition, der Risikomanagementprozess, Risikoberichtswesen etc. sind mit dem Controlling und dem Management intensiv abzustimmen. Risikomanagement-Spezialisten im Unternehmen sind in die Entwicklung von Methoden und Instrumenten einzubeziehen. Die Integration von Risikomanagement-Zielen, -Maßnahmen und -Informationen in bestehende Planungs- und Steuerungssysteme erfolgt gemeinsam mit dem Controlling.

Nr.	Aufgabe	Risiko-management	Controlling	Geschäfts-führung/ Vorstand	Aufsichtsrat	Spezialisten (Treasury, Trading, ...)	Manager und Mitarbeiter
1	Festlegung des Risikomanagement-Kalenders	D	A	A		A	
2	Unternehmensweite Prozesskoordination (Mitwirkende, Berichtsempfänger, ...)	D	A	A			
3	Laufende Weiterentwicklung von geeigneten Instrumenten und Methoden zur Risikoidentifikation	D				M	
4	Laufende Weiterentwicklung von geeigneten Instrumenten und Methoden zur Risikobewertung	D				M	
5	Laufende Weiterentwicklung von geeigneten Instrumenten und Methoden zur Risikoaggregation	D					
6	Laufende Integration des Risikomanagementsystems in bestehende und zu entwickelnde Planungs- und Steuerungssysteme (Unternehmensstrategie, Mittelfristplanung, ...)	D	D	A			
7	Laufende Wartung des Risikomanagement-Handbuchs	D					
8	Überwachung des Risikomanagementsystems (Wirksamkeit)			D	I		
9	Schaffung von Risikobewusstsein	D	D	D	D	D	D

A... Abstimmung; D... Durchführung; I... Information; M... Mitwirkung; V... Vorgabe

Abbildung 138: Aufgabenzuordnung im Rahmen des Betriebs des Risikomanagementsystems – Teil 1

Die Prozessverantwortung für den laufenden Betrieb des Risikomanagementsystems liegt primär beim Risikomanager. Dazu gehören die Festlegung des Risikomanagement-Kalenders, die unternehmensweite Prozesskoordination, die laufende Weiterentwicklung des Risikomanagementsystems sowie die laufende Wartung des Risikomanagement-Handbuchs. Die laufende Integration in die bestehenden Planungs- und Steuerungssysteme erfolgt gemeinsam mit dem Controlling, die Überwachung des Risikomanagementsystems ist Aufgabe der Geschäftsführung. Alle Organisationseinheiten sind für die Schaffung eines Risikobewusstseins im Unternehmen verantwortlich, wobei hier die Hauptverantwortung bei der Geschäftsführung liegt, die dabei vor allem vom Risikomanagement unterstützt wird.

Nr.	Aufgabe	Risiko-management	Controlling	Geschäfts-führung/ Vorstand	Aufsichtsrat	Spezialisten (Treasury, Trading, ...)	Manager und Mitarbeiter
	Risikoidentifikation						
10	Identifikation und Kommunikation von Einzelrisiken	V, M				D	D
11	Moderation von Risikoworkshops im Rahmen der Risikoidentifikation	D					
12	Durchführung von Interviews mit Risikoverantwortlichen/Know-how-Trägern	D					
	Risikobewertung						
13	Bewertung von Einzelrisiken (Ermittlung/Schätzung v. Risiken und deren Wahrscheinlichkeitsverteilungen)	V, D	I	I	I (wesentliche Risiken)	M	M
14	Sammlung und Wartung historischer Daten als Grundlage für die Bewertung von Einzelrisiken (Verlustdatenbanken,...)	D				M	
15	Ermittlung/Schätzung von Korrelationen zwischen Einzelrisiken	D				M	
	Risikoaggregation						
16	Ermittlung und Analyse der aggregierten Risikowirkungen auf die finanziellen Ziele des Unternehmens	D	M	I	I		

A... Abstimmung; D... Durchführung; I... Information; M... Mitwirkung; V... Vorgabe

Abbildung 139: Aufgabenzuordnung im Rahmen des Betriebs des Risikomanagementsystems – Teil 2

Die Risikoidentifikation erfolgt von risikoverantwortlichen Managern und Mitarbeitern des Unternehmens nach den Vorgaben des Risikomanagements. Das Risikomanagement unterstützt den Identifikationsprozess beispielsweise durch die Moderation von Workshops oder durch das Durchführen von Interviews mit den Risikoverantwortlichen.

Die Risikobewertung wird vom Risikomanagement auf Basis der von den Risikoverantwortlichen zur Verfügung gestellten Information durchgeführt. Im Rahmen der Risikobewertung hat das Risikomanagement darüber hinaus die Aufgabe, historische Daten, die die Grundlage für die Bewertung der Risiken liefern, zu beschaffen und zu warten sowie Korrelationen zwischen Einzelrisiken zu schätzen bzw. rechnerisch zu ermitteln.

Die Risikoaggregation, d.h. die Analyse der aggegierten Risikowirkungen auf die Unternehmensziele, ist eine der Kernaufgaben des Risikomanagements. Unterstützung durch das Controlling ist in dieser Phase des Risikomanagementprozesses wesentlich.

Nr.	Aufgabe	Risikomanagement	Controlling	Geschäftsführung/ Vorstand	Aufsichtsrat	Spezialisten (Treasury, Trading, ...)	Manager und Mitarbeiter
	Risikosteuerung und -überwachung						
17	Regelmäßige Gespräche mit den betroffenen Bereichen und Präsentation der Erkenntnisse aus der Risikoidentifikation / Ergebnisse der Risikobewertung	D					
18	Entwicklung einer Risikostrategie (Risk-appetite)	M	M	D			
19	Erarbeitung von Risikosteuerungsmaßnahmen	M		D		D	D
20	Durchführung von Risikosteuerungsmaßnahmen	I				D	D
21	Überwachung der Risikosteuerungsmaßnahmen	D	I				
	Risikoberichtswesen						
22	Risikoberichterstattung an Geschäftsführung bzw. Vorstand	D	A	I			
23	Risikoberichterstattung an Aufsichtsrat	D	A		I		
24	Externes Risikoberichtswesen (Geschäftsbericht)	M		D			
25	Kommunikation des Risikomanagement-Systems gegenüber relevanten Institutionen (und Kapitalmarkt)	M		D			

A... Abstimmung; D... Durchführung; I... Information; M... Mitwirkung; V... Vorgabe

Abbildung 140: Aufgabenzuordnung im Rahmen des Betriebs des Risikomanagementsystems – Teil 3

Erarbeitung und Durchführung von Risikosteuerungsmaßnahmen erfolgen primär durch die risikoverantwortlichen Manager und Mitarbeiter des Unternehmens sowie durch Risikospezialisten beispielsweise aus dem Treasury oder dem Trading (z.B. Energiehandel in Energieversorgungsunternehmen). Das Risikomanagement leistet hier Unterstützung, vor allem durch Information über die Ergebnisse der Risikoidentifikation und -bewertung sowie durch Beratung hinsichtlich geeigneter Risikosteuerungsmaßnahmen. Voraussetzung für optimierte Risikosteuerungsmaßnahmen ist allerdings eine Risikostrategie, die von der Geschäftsführung – unterstützt durch das Risikomanagement – zu erarbeiten ist. Für die Überwachung der Risikosteuerungsmaßnahmen – im Sinne eines Maßnahmencontrollings – ist das Risikomanagement verantwortlich.

Das Risikoberichtswesen ist üblicherweise mehrstufig aufgebaut. Die interne Risikoberichterstattung – an Vorstand und Aufsichtsrat – ist eine zentrale Aufgabe des Risikomanagements. Externes Risikoberichtswesen – im Geschäftsbericht oder in anderen Formen der Kapitalmarktkommunikation – ist Aufgabe der Geschäftsführung.

6 Ausbaustufen des Risikomanagements

Der sehr unterschiedliche bzw. individuelle Charakter von Unternehmen erfordert eine auf die jeweiligen Eigenheiten und Besonderheiten angepasste Ausgestaltung des Risikomanagement-Systems. Sehr komplexe und dynamische Unternehmen benötigen ein hoch entwickeltes Risikomanagement (in der Folge als „XXL"-Variante des Risikomanagements bezeichnet), um Chancen und Risiken steuern zu können. Unternehmen, die durch eine geringe bzw. überschaubare Komplexität charakterisiert sind, werden auch das Risikomanagement weniger stark ausbauen.

Die adäquate Ausgestaltung des Risikomanagements wird maßgeblich durch den Grad der Unternehmenskomplexität beeinflusst. Wie in Abbildung 141 exemplarisch dargestellt, ist dieser nicht allein durch die Unternehmensgröße bestimmt, sondern ergibt sich aus der Analyse unterschiedlicher Faktoren bzw. Charakteristika des Unternehmens und seines Umfelds. Aufgrund der individuellen Ausprägung relevanter Elemente und deren spezifische Gewichtung lässt sich der Komplexitätsgrad nicht durch eine mathematische Bewertung, sondern nur durch eine Gesamtbetrachtung des Unternehmens ableiten.

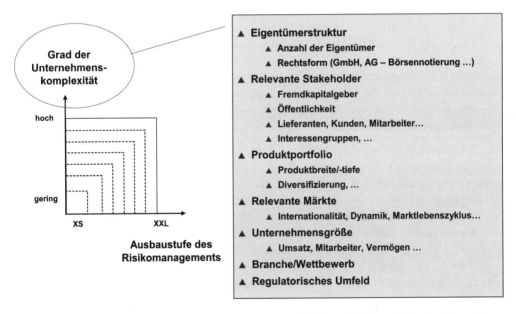

Abbildung 141: Ausbaustufen des Risikomanagements in Abhängigkeit vom Komplexitätsgrad des Unternehmens

Der unterschiedliche Ausbaugrad kann sämtliche Aspekte des Risikomanagements betreffen: einerseits Prozesselemente, andererseits systemtechnische und/oder organisatorische Komponenten.

Risikomanagement

Prozess-Sicht
- ▲ **Risikoidentifikation**
  - ▲ Risiko-Klassifikation
  - ▲ Einzelrisiken (hard und soft facts)
- ▲ **Risikobewertung**
  - ▲ Quantitative und qualitative Bewertung (Einzelrisiken)
  - ▲ Risikoinventar (Einzelrisiken)
  - ▲ Korrelationen/Wechselwirkungen
  - ▲ Risikoaggregation
  - ▲ Risikoportfolio/-matrix
- ▲ **Risikosteuerung**
  - ▲ Risiko-Regelkreis: Risiko-Strategie, Ziele, Messung, Risikobewältigungsmaßnahmen...)
- ▲ **Risikoreporting**
  - ▲ Adressatengerechte Strukturierung der jeweiligen Berichte (intern/extern)

Risikokommunikation

Tools/Organisation/Integration
- ▲ **IT-Tools**
- ▲ **Organisation**
  - ▲ Organisatorische Verankerung
  - ▲ Institutionalisierung (Prozess)
- ▲ **Adressaten des Risiko-Managements**
  - ▲ Intern
  - ▲ Extern
- ▲ **Periodizität**
  - ▲ Review der Strukturelemente des Prozesses
  - ▲ Bewertung
  - ▲ Reporting (intern, extern)
- ▲ **Integration mit anderen Steuerungsinstrumenten**
  - ▲ Unternehmensplanung
  - ▲ Balanced Scorecard
  - ▲ Value Based Management ...

Abbildung 142: Aspekte des Risikomanagements

Abbildung 143 veranschaulicht den Gesamtzusammenhang: Der Grad der Unternehmenskomplexität bestimmt die notwendige Ausprägung eines adäquaten Risikomanagements hinsichtlich der Prozesse, der Tools, der organisatorischen Verankerung sowie die notwendigen Dokumentationsstandards.

Die „XS"-Variante ist mit einer geringen bzw. einfachen Ausbaustufe des Risikomanagements gleichzusetzen. Es sind unterschiedliche Kombinationen im vereinfachend dargestellten dreidimensionalen Raum möglich, aber es müssen alle Dimensionen dem entsprechenden Komplexitätsgrad genügen, um von einem adäquaten Risikomanagement sprechen zu können. Aus dem Schaubild ist darüber hinaus ersichtlich, dass die „XS"-Variante keine Null-Ausprägungen zulässt: Den möglichen Anpassungen bzw. Vereinfachungen sind somit Grenzen gesetzt, die durch die „XS"-Variante charakterisiert sind. Als Schlussfolgerung kann festgehalten werden, dass sich auch wenig komplexe Unternehmen mit dem Management von Chancen und Risiken strukturiert auseinander setzen müssen, auch wenn dies in einer relativ einfachen Art und Weise passiert.

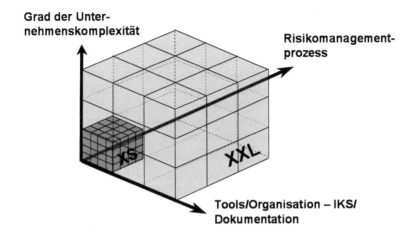

Abbildung 143: Dimensionen der Ausbaustufen des Risikomanagements

In der Gegenüberstellung der „XXL"-Variante als umfassende Ausprägung mit der „XS"-Variante werden exemplarisch mögliche Vereinfachungen einzelner Komponenten dargestellt, um das Risikomanagement einer geringeren Komplexität des Unternehmens anzupassen (vgl. Abbildung 144).

Risikomanagement-prozess	XXL	XS
Risikoidentifikation	▲ Umfassendes Risikoklassifikationssystem/ Einzelrisiko-Katalog ▲ Erarbeitung von relevanten Risiken in Workshops, Befragungen, Analysen... ▲ Einbindung relevanter Bereiche (GL, Vertrieb, Einkauf, CO, Treasury, HR ...) ▲ Top-Down-/Bottom-Up-Prozess	▲ Wenige relevante Risiko-Klassen/Einzelrisiken ▲ Zentrale Erarbeitung von Risiken ▲ Top-down-Prozess
Risikobewertung	▲ Fundierte Einzelrisiko-Analysen ▲ Quantitative Bewertung/qualitative Bewertung nicht quantifizierbarer Risiken ▲ Risikoaggregation (Simulationen) ▲ Korrelations-/Sensitivitätsanalysen, Analyse möglicher Dominoeffekte	▲ Quantitative/qualitative Bewertung von Einzelrisiken (zentrale Einschätzung) ▲ Vereinfachte Analyse von wesentlichen Wechselwirkungen und Korrelationen

Risikomanagement-prozess	XXL	XS
Risikosteuerung	▲ Klare Festlegung der Risiko-Strategie ▲ Definition von Risiko-Maßstäben (Kennzahlen, Benchmarks…) ▲ Festlegung von Zielwerten, Toleranzgrenzen/ Schwellwerten…	▲ Beobachtung der Risikoentwicklung auf Ist-Basis (wesentliche Veränderungen sind ausschlaggebend für Handlungen)
Risikoreporting	▲ Berichtsstruktur für interne Adressaten (Inhalt, Tiefe/ Detailgrad) ▲ Externe Berichtsstruktur: Geschäftsbericht (gem. IAS/IFRS, DRS-5, österreichischer Code of Corporate Governance …)	▲ Anlassbezogene Strukturierung der Berichte (keine standardisierte Berichtsstruktur) bzgl. Inhalte, Tiefe/Detaillierungsgrad

Abbildung 144: Ausbaustufen der Prozess-Dimension des Risiko-Managements

Gegenüber der in anderen Kapiteln bereits ausführlich dargestellten „XXL"-Variante ist in der „XS"-Variante die Forderung nach einer einfachen und unkomplizierten Ausprägung des Risikomanagements vorherrschend, was sich auch in der Prozesssicht widerspiegelt. Bei der Identifikation von Risiken liegt der Fokus auf wenigen, für den Geschäftsgang wesentlichen Risiken, die im Sinne eines Top-down-Prozesses zeit- und ressourcenschonend zentral erarbeitet und aufbereitet werden. Einfache Analysen auf Einzelrisiko-Ebene orientieren sich hauptsächlich an Erfahrungswerten bzw. Entwicklungen der Vergangenheit. Die quantitative bzw. qualitative Bewertung identifizierter Risiken erfolgt ebenfalls zentral, wobei subjektive Einschätzungen der Entscheidungsträger vorherrschen, die allenfalls auf einfachen Prognose-Rechnungen basieren. Die Betrachtung von wesentlichen, zentralen Wechselwirkungen zwischen Risiken ist auch in der „XS"-Variante von Bedeutung, um in der Folge klare Anhaltspunkte für mögliche Auswirkungen von Veränderungen in der Risikolandschaft zu haben bzw. entsprechende Maßnahmen zur Risikobewältigung setzen zu können. Wesentliche Veränderungen der Risikosituation des Unternehmens sind für die Steuerung von Risiken bzw. das Ergreifen von Maßnahmen maßgeblich (anlassbezogene Handlungsweise). Auch die Strukturierung bzw. Aufbereitung risikorelevanter Informationen in Risikoberichten an unterschiedliche Adressaten ist anlassbezogen (Ad-hoc-Reporting) und nicht standardisiert.

Die systemtechnische Abbildung, Dokumentation bzw. Aufbereitung risikorelevanter Informationen in Berichtsform erfolgt in der „XS"-Variante in bereits vorhandener Standardsoftware (z.B. MS Word, MS Excel …). Der einfache, kaum formalisierte Prozess und die überschaubare Anzahl von beteiligten Personen im Unternehmen implizieren, dass Risikomanagement organisatorisch von bereits existierenden Funktionen im Unternehmen ausgeübt wird und keiner eigenen Abteilung bzw. Stelle bedarf. Auch der Adressatenkreis des Risikomanagements ist verglichen mit hochkomplexen Unternehmen relativ klein und beschränkt sich im Wesentlichen auf die Unternehmensführung bzw. die Eigentümer und auf die Wirtschaftsprüfer, denen im Zuge des Jahresabschlusses eine besondere Bedeutung zukommt. Wie bereits angedeutet, orientiert sich die Anpassung des Risikokatalogs (Identifikation neuer bzw. Überarbeitung bestehender Risiken und deren Bewertungsmethodik) bzw. die Strukturierung relevanter Reports nicht an einem formalisierten Prozess mit klar festgelegten Terminen, sondern wird durch unterschiedliche Anlässe (z.B. Strategieentwicklung bzw. -anpassung) bestimmt, die wesentlich für den weiteren Geschäftsgang des Unternehmens sind und somit eine Betrachtung und Analyse der Risikosituation fordern. Das Risikomanagement ist in wenig komplexen Unternehmen in der Regel als Insellösung (sog. „Stand-Alone-Lösung") etabliert, ohne formal in das ohnehin einfache und leicht überschaubare Steuerungsinstrumentarium integriert zu sein.

Tools/Organisation/ Integration	XXL	XS
IT-Tools	▲ Spezifische Risikomanagement-Software (Dokumentation, Bewertung/Reporting/Cockpits)	▲ Dokumentation/Kommunikation, Reporting in Standardsoftware ...
Organisation	▲ Risikomanagement-Abteilung oder Integration einer Risikomanagement-Stelle in Controlling-Abteilung ▲ Zentrale und dezentrale Risikomanager ▲ Stellenbeschreibung Risikomanager ▲ Institutionalisierter Prozess (Einbindung in Planungs-/Berichtskalender, Strategieprozess, definierte Methodik, Handbuch...)	▲ Keine eigene Risikomanagement-Abteilung (-Position) – Funktion wird durch Geschäftsleitung oder Controlling ausgeübt ▲ Einfacher, nicht institutionalisierter Prozess (Erstellung, Methodik, Beteiligte ...)
Adressaten des Risikomanagements	▲ Intern: Bereichsleitung, Corporate RM, Vorstand, Aufsichtsrat ... → Berichts- bzw. Kommunikations-Pyramide) ▲ Extern: Wirtschaftsprüfer, Shareholder, Debtholder ...	▲ Intern: Unternehmensführung, (u.U. Eigentümer) ... ▲ Extern: Eigentümer, Wirtschaftsprüfer...
Periodizität des Prozesses	▲ Unterjähriger Identifikationsprozess ▲ Unterjährige/Laufende Bewertung (abh. von Risikoart) ▲ Laufendes Reporting/Forecasting (auch Ad-hoc-Berichte) ▲ Integration in Management-Cockpit	▲ Anlassbezogene Risikoidentifikation im Zuge des Strategieprozesses ▲ Anlassbezogene Bewertung bzw. Entwicklungsbetrachtung ▲ Anlassbezogene Berichterstattung (ohne standardisiertes Reporting)

Tools/Organisation/Integration	XXL	XS
Integration mit anderen Steuerungsinstrumenten	▲ Verzahnung mit anderen Steuerungsinstrumenten (BSC, Value Based Management, ...)	▲ „Stand-Alone-Lösung" (eventuell Integration mit Strategie)

Abbildung 145: Ausbaustufen von Tools, Organisation, Integration des Risikomanagements

7 Risikomanagement und Unternehmenskultur

7.1 Risikokultur als Teil der Unternehmenskultur

Hat ein Unternehmen
- ▲ seine wesentlichen Risiken identifiziert, bewertet und im Idealfall auch aggregiert,
- ▲ Risikoverantwortung zugeteilt,
- ▲ die Steuerung sowie die laufende Überwachung der Risiken veranlasst und
- ▲ ein Risikoberichtswesen etabliert,

ist das Risikomanagement, instrumentell betrachtet, eingerichtet.

Dies ist zwar eine notwendige, aber noch lange keine hinreichende Voraussetzung, um die vielfältigen Vorteile eines unternehmensweiten Risikomanagements auch realisieren zu können. Die zweite wesentliche Voraussetzung ist, das Risikomanagementsystem auch „zum Leben zu bringen" und dauerhaft „am Leben zu erhalten". Die Herausforderung liegt darin, Risikomanagement zu einem integralen Bestandteil des Denkens und Handelns aller Mitarbeiter des Unternehmens zu machen – Risikomanagement ist also in der Unternehmenskultur zu verankern.

Risikomanagement umfasst das gesamte Unternehmen und kann daher nicht als Einzelbereich erfolgreich implementiert werden. So wie jedes Unternehmen eine eigene Unternehmenskultur entwickelt, lebt es auch eine eigene Risikokultur.

Unter Risikokultur werden das Wissen, die Einstellung und die Fähigkeiten der Mitarbeiter und der Unternehmensleitung im Hinblick auf ihren Umgang mit Risiken zusammengefasst. Sie lässt sich nicht „verordnen". Vielmehr ist Risikokultur ein kontinuierlicher Denk- und Lernprozess, der die Offenheit und die aktive Bereitschaft des gesamten Unternehmens erfordert. Das leitende Management übernimmt dabei eine wichtige Vorbildfunktion.

Die Verankerung des Risikomanagements in der Unternehmenskultur ist ein permanenter Prozess, der eine kontinuierliche Kommunikation der Prinzipien des Risikomanagement im Unternehmen erfordert. Wesentliche Kommunikationsinstrumente sind dabei Ausbildungs- und Schulungsmaßnahmen, Risikomanagement-Richtlinien bzw. ein Risikomanagement-Handbuch sowie im Idealfall auch das Einfließen von Risikomanagementzielen in die Leistungsbeurteilung der Mitarbeiter. Dadurch lässt sich erreichen, dass Risikomanagement nicht auf eine oder wenige Personen oder Stellen im Unternehmen konzentriert ist, sondern dass alle Mitarbeiter des Unternehmens Risikoaspekte in ihre Entscheidungen mit einbeziehen.

Im Folgenden werden Aspekte hervorgehoben, die die Risikokultur prägen und damit einen wesentlichen Einfluss auf die Effizienz des Risikomanagements haben.

7.2 Ganzheitliches Verständnis des Risikomanagements

Wesentliches Merkmal einer gelebten Risikokultur im Unternehmen ist der ganzheitliche Ansatz. Unternehmensrelevante Risiken und Chancen gibt es in allen Unternehmensbereichen und auf allen Organisationsebenen.

Jede einzelne Führungskraft ebenso wie jeder einzelne Mitarbeiter sollte für ein funktionierendes Risikomanagement in seinem Funktionsbereich verantwortlich sein. Risikomanagement in diesem Sinne bildet eine wesentliche Unterstützung für die erfolgreiche Wahrnehmung der Führungsverantwortung. Die aus der Strategie abgeleiteten Ziele für die im Unternehmen Beschäftigten müssen allerdings erfahrbar, erlebbar und erreichbar sein, damit sie die Beschäftigten so stark energetisieren, dass der Unternehmenserfolg gesichert wird. Die erforderliche Risk-Awareness, die Aufmerksamkeit für das rechtzeitige Erkennen von Chancen und Risiken, wird dadurch maßgeblich gesteigert.

Die Verankerung der Verantwortung für Risikomanagement bei jeder Führungskraft und jedem Mitarbeiter bedeutet allerdings nicht, dass jeder Mitarbeiter seine Risiken auch in Eigenverantwortung steuern soll. Das Risikomanagement des Unternehmens hat sicherzustellen, dass ein koordiniertes Programm von Risikomanagement-Maßnahmen erstellt und ausgeführt wird. Dafür ist darauf zu achten, dass sowohl innerhalb der Aufbau- als auch innerhalb der Ablauforganisation klare Strukturen, Aufgabenverteilungen und Verantwortlichkeiten definiert sind und beachtet werden.

Je besser es gelingt, die Fähigkeiten der Funktionsträger mit den Anforderungen der Stellen in Übereinstimmung zu bringen, desto höher wird die Wahrscheinlichkeit, dass die im Unternehmen Beschäftigten Chancen und Risiken in einer Weise wahrnehmen, die zur Erreichung der Unternehmensziele beiträgt.

Funktionierendes Risikomanagement löst Komplexität in transparente und beherrschbare Strukturen und Prozesse auf.

7.3 Verantwortung des Managements für die Risikokultur

Managen hat auf die Nachhaltigkeit des Wirtschaftens Bedacht zu nehmen. Insofern ist die Gestaltung der Risikokultur ein wesentlicher Teil der Führungsaufgabe von Managern. Die Unternehmensführung hat folgende Aufgaben zu erfüllen, um „top down" günstige Voraussetzungen für die Risikokultur zu schaffen:

▲ **Personalmanagement**

Damit der jeweilige Funktionsträger seine Aufgaben auch unter der Risikoperspektive zufrieden stellend erfüllen kann, und dem Leitsatz „Verantwortung folgt der Wahrnehmung" entsprochen wird, hat das Management besonderes Augenmerk auf die richtige Personalauswahl zu legen. Je nach Anforderungsprofil bedarf es für die Erfüllung der verschiedenen Aufgaben im Unternehmen unterschiedlicher Persönlichkeiten.

Aber selbst wenn „der richtige Mann an den richtigen Platz" gesetzt wird, kann das Risikomanagement nur funktionieren, wenn die Grundvoraussetzung für verantwortliches Handeln, die Übereinstimmung von Verantwortung, Aufgaben und Kompetenzen erfüllt ist. Erst dann können die Chancen und Risiken, die mit den einzelnen Aufgaben verbunden sind, nicht nur richtig eingeschätzt, sondern auch aktiv gesteuert werden. Die erforderlichen Aktivitäten müssen nicht zwangsläufig von der Person gesetzt werden, die Risiko wahrnimmt. Die Verantwortung kann auch darin bestehen, die Information über die Wahrnehmung an die zuständige Stelle weiterzugeben. In diesem Zusammenhang hat die Unternehmensleitung die Verantwortung für ein funktionierendes Schnittstellenmanagement. Dabei sollte der Informationsfluss über die Linienverantwortlichen nicht in Frage gestellt werden. Um Informationsdefizite bei der Weitergabe von Risiko-/Chancenwahrnehmungen zu reduzieren, ist jedoch der Einsatz von formalisierten Reporting- und IT-Systemen zweckmäßig.

Stellenbeschreibungen vernachlässigen häufig den Risikoaspekt, der mit der Übernahme einer Funktion im Unternehmen verbunden ist. Hier können Assessments helfen, die Eignung von Stellenbewerbern in Bezug auf das von ihnen erwartete Risikoverhalten zu testen.

▲ **Risikofokussierung**

Sowohl das Unternehmen in seiner Gesamtheit als auch dessen einzelne Teile (Bereiche, Standorte, Abteilungen) sind von Zeit zu Zeit aus der Perspektive des Risikos zu betrachten. Dabei zeigt sich, ob die gelebte Risikokultur die „gesunde Weiterentwicklung" des Unternehmens fördert oder hemmt.

Ein situationsgerechter Zugang zum Risikomanagement erfordert in der Regel die adäquate Grundhaltung bei den Risikoverantwortlichen ebenso wie explizite Regelungen, die sich primär auf die Wahrnehmung von beschreibbaren, bewertbaren und beherrschbaren Risiken in definierten Verantwortungsbereichen beziehen. Gelebte Risikokultur erzeugt risikobewusstes Verhalten implizit, explizite Regeln sollten die (notwendigen) Ausnahmen darstellen.

Die verschiedenen Risiken, die mit der Verfolgung der Unternehmensstrategie verbunden sind, können auf Bereiche, Divisionen und darunter auf Einzelunternehmen, Abteilungen und Funktionsträger heruntergebrochen werden. Die mit der jeweiligen Aufgabe verbundenen Risiken werden dadurch transparent und beherrschbar. Ähnlich wie in der „Balanced Scorecard" lässt sich damit eine ausgewogene Zielstruktur darstellen, die neben den finanziellen auch qualitative Zielsetzungen beinhaltet.

▲ **Risikokultur im Wandel**

Risikomanagement darf nicht als einmalige oder fallweise Übung praktiziert werden. Soll Risk-Awareness ausreichend gewährleistet sein, erfordert sie den permanenten, bewussten und kontrollierten Umgang mit Risiken. Dieser muss auch Veränderungen, die das Unternehmen selbst vollzieht oder die sich in seinem Umfeld ergeben, einschließen. In einer richtig gelebten Risikokultur sollte den Mitarbeitern zudem klar sein, dass genützte Chancen bzw. verhinderte Schäden dem Unternehmen mehr bringen als die großzügigste Schadengutmachung.

7.4 Mitarbeiter als Risikomanager

Zweifellos können Ereignisse im Unternehmen Schäden verursachen, die nicht im Zusammenhang mit dem Fehlverhalten von Mitarbeitern stehen, da Sicherungsmaßnahmen im Regelfall auf erwartete Ereignisse ausgelegt werden.

Falls aber Risiken schlagend werden, weil der zuständige Mitarbeiter seine Aufgabe nicht korrekt erfüllt, ist Fehlermanagement gefordert.

▲ **Fehlermanagement**

Richtig eingesetzt und ausreichend geschult, sollten die Mitarbeiter in der Lage sein, Chancen und Risiken, die mit ihrer Aufgabe verbunden sind, korrekt wahrzunehmen, zu beurteilen und adäquat darauf zu reagieren. Dennoch werden immer wieder Fehler passieren und Risiken in ungeplanter Weise schlagend werden. Liegt die Ursache im Fehlverhalten eines Mitarbeiters, sollte darauf im Regelfall nicht mit Sanktionen reagiert werden, weil dadurch weder zukünftig Fehler vermieden noch die Informationen über drohende Risiken verbessert werden können. Fehler sollten eher zum Anlass genommen werden, gemeinsam Maßnahmen zu ergreifen, die in Zukunft ihre Wiederholung hintanhalten. Auf diese Weise müsste die Fehleranzahl sukzessive sinken.

Um aus „Fehlern zu lernen" sollte im Unternehmen regelmäßig reflektiert werden, wie auf entsprechende Vorkommnisse reagiert wurde bzw. wie Fehler in Zukunft vermieden werden können. Bei der Einschätzung von Fehlverhalten sollte auch nicht die Frage: „Wer macht Fehler?", sondern vielmehr die Frage „Was droht dem Unternehmen im Falle eines Fehlers?", also die Frage nach der Risikorelevanz im Vordergrund stehen. Das Bedrohungspotenzial bestimmt schließlich den erforderlichen Sicherheitsstandard. Fehlverhalten führt dann zu Handlungsbedarf, wenn es das Risikopotenzial objektiv steigert.

Sanktionen sind als primäres Steuerungsmittel auch deswegen nicht gut geeignet, weil sie Mitarbeiter veranlassen könnten, mögliche Risiken zu verheimlichen. Die Folgen eines solchen Umgangs mit Risiken können Unternehmen substantiell bedrohen.

▲ **Risikokontrolle**

Entscheidend für den Mitarbeiter ist die Wahrnehmung, wie im Unternehmen mit Verantwortung und Risiko umgegangen wird. Werden risikoreiche Aktivitäten nicht kontrolliert, kann es passieren, dass der Handelnde kein Gespür für Risiko entwickelt. In Erwartung des immer wiederkehrenden Erfolgs ist es nicht verwunderlich, wenn in Folge mangelnder Risk-Awareness das Gesamtrisiko des Unternehmens auf unverantwortbare Weise in die Höhe getrieben wird.

Umgekehrt können allzu strenge Kontrollen und Sanktionen Mitarbeiter dazu bringen, Verantwortung abzuschieben, weil der Umgang mit Risiken negativ erlebt wird. Überwiegt diese Einstellung zum Risiko in einem Unternehmen, wird dieses zur bürokratischen Einrichtung mit absehbar fatalen Folgen für die Ertragsfähigkeit.

Die konkrete Durchführung der Risikokontrolle erfolgt am besten im Rahmen des Planungsprozesses. Über die Einhaltung von Budgets und Risikolimiten wird weitgehend sichergestellt, dass sich die Ergebnisse des Risiko- und Chancenmanagements im festgelegten strategischen Rahmen bewegen.

7.5 Risikopolitische Grundsätze als Teil der Führungsgrundsätze des Unternehmens

Neben dem für die Entwicklung der Risikokultur erforderlichen Verhaltens-, Prozess- und Methodentraining ist vor allem die Verankerung risikopolitischer Grundsätze im Leitbild bzw. den Führungsgrundsätzen des Unternehmens eine wichtige Voraussetzung für eine erfolgreiche Gestaltung der Risikokultur.

Risikopolitische Grundsätze sind der bewusst formulierte und sichtbare äußere Ausdruck der Werte und Normen zur Verankerung der Risikoorientierung – im Sinne eines bewussten und zielgerichteten Umgangs mit Risiken – im Wertesystem des Unternehmens.[136] Sie sind somit ein wichtiges Instrument für den Aufbau einer Risikokultur und zur Vermittlung der risikobezogenen Einstellungen der Unternehmensführung. Wesentliches Ziel ist es, mit Hilfe dokumentierter und kommunizierter Verhaltensregeln eine einheitliche Grundlage bzw. einen Rahmen für den Umgang mit Risiken im Unternehmen zu schaffen.

Die folgende Abbildung zeigt die wesentlichen Inhalte von risikopolischen Grundsätzen:[137]

Grundlegende Aussagen zu Risiko und Risikomanagement
    Risikobegriff bzw. -definition
    Bedeutung des Risikos für das Unternehmen bzw. die Organisation
    Risikoeinstellung bzw. -neigung der Unternehmensleitung
    Funktion und Notwendigkeit des Risikomanagements

Aussagen zu risikobezogenen Zielen
    Zielarten und -größen
    Zielbeziehungen und Zielgewichtung
    Gewünschte Zielausprägungen

Aussagen über grundlegende risikobezogene Verhaltensweisen und Potenziale
    Aktivitäten (Risikoidentifikation, -bewertung, -steuerung, -kontrolle, -kommunikation, -dokumentation)
    Instrumente und Organisation

Aussagen über risikobezogenes Verhalten gegenüber den Anspruchsgruppen

---

Abbildung 146: Inhalte von risikopolitischen Grundsätzen[138]

Gerade für die Bereiche der Risikoeinstellung und der risikobezogenen Ziele wird es wichtige branchen- und unternehmensspezifische Führungs- und Verhaltensgrundsätze geben, die sich einer Generalisierung entziehen. Auf der Grundlage des in diesem Buch verfolgten Ansatzes des Risiko- und Chancen-Managements lassen sich jedoch einige wichtige Grundsätze und Verhaltensregeln herauskristallisieren, die branchen- und unternehmensübergreifende Gültigkeit haben können.

Ohne hier auf Formulierungsanforderungen für die bestmögliche Kommunikationswirkung im Unternehmen – ein jedenfalls wichtiges Thema – zu achten, lassen sich diese Grundsätze wie folgt formulieren:

- ▲ Risikopotenziale werden offensiv gesucht; sie sind das „Entdeckungspotenzial" für Chancen.
- ▲ Grundlage für das Risiko- und Chancenmanagement ist das Bekenntnis
  - ▲ zu umfassender Risiko- und Chancen-Quantifizierung,

---

[136] Vgl. Hoitsch/Winter/Bächle (2005), S. 127.
[137] Vgl. Hoitsch/Winter/Bächle (2005), S. 128.
[138] Vgl. Hoitsch/Winter/Bächle (2005), S. 128.

- ▲ zu kompromissloser Risiko- und Chancen Transparenz und
- ▲ zu signifikanter Erhöhung der Risiko-Chancen-Steuerungsfähigkeit durch Aufbau geeigneter Systeme und Prozesse.
- ▲ Risikopolitik verpflichtet sich der „ökonomischen Nachhaltigkeit" und damit vor allem der Unternehmenswertsteigerung und dem qualitativ hochwertigen Geschäftswachstum.
- ▲ Risikovermeidungsverhalten ohne ökonomische Begründung, d.h. ohne Abwägung gegenüber den wirtschaftlichen Effekten aus verdrängten Chancenpotenzialen, ist kein erwünschtes Verhalten.
- ▲ Risiko- und Chancenprofil des Unternehmens sind sowohl zeitpunktbezogen wie in dynamischer Sicht im Entwicklungsweg des Unternehmens in Balance zu halten; für die dazu erforderliche Transparenz ist jede Saldierung von Risiken und Chancen untersagt.
- ▲ In allen Entscheidungsangelegenheiten sind sich die Führungskräfte bewusst, dass das Risiko- und Chancenprofil ihres Verantwortungsbereiches im Wesentlichen durch ihre strategischen und strukturbezogenen Entscheidungen festgelegt wird, und dass die sich operativ materialisierenden Risiken und Chancen weitgehend dort ihren Ursprung haben; es besteht daher ein ausdrückliches Bekenntnis zur umfassenden Risiko-/Chancen-Analyse in strategischen und strukturbezogenen Entscheidungen.
- ▲ Risiko- und Chancen-Management wird gezielt planbar und steuerbar gemacht; die Operationalisierung erfolgt nach dem Regelkreiskonzept des Controllings; risiko-/chancen-politische Ziele und Maßnahmen sind daher Gegenstand der Unternehmensplanung, des Forecastings und des operativen Reportings.
- ▲ Das Risikomanagementsystem selbst und seine Verantwortungsträger unterliegen dem Monitoring; die System- und Führungseffizienz wird über Erfolgskriterien beurteilt.
- ▲ Die Effizienz-Verpflichtung für die Schlagkraft eines Risiko-Management-Systems wird eingelöst durch die Wahrnehmung persönlicher Verantwortlichkeit und nicht durch den Aufbau einer Risikomanagement-Bürokratie.
- ▲ Die offensive Auslegung der Risikopolitik führt zu einer erhöhten Fehlertoleranz; der erhöhten Fehleranfälligkeit wird durch moderne Qualitätsmanagement-Systeme (etwa nach „Six-Sigma"-Prinzipien) entgegengearbeitet.
- ▲ Die Risiko- und Chancenpolitik des Unternehmens muss sich in den finanziellen Zielsetzungen hierarchiedurchgängig widerspiegeln und im MbO-System ihren Niederschlag finden.

8 Zusammenfassung und Ausblick

Im vorliegenden Werk wurde versucht,
- ▲ einerseits ein systematisches und möglichst umfassendes Abbild des „Standes der Kunst" im Risikomanagement zu bieten und
- ▲ andererseits dort, wo in theoretischer Konzeption und praktischer Umsetzung offensichtliche Lücken bestehen, gangbare Entwicklungslinien zu zeichnen und Ansätze für die praktische Implementierung zumindest in groben Zügen zu skizzieren.

Die dem Verfassen des Buchs vorangehenden explorativen Arbeiten im Rahmen des Arbeitskreises „Controlling State-of-the-art" des Österreichischen Controller-Instituts, der dem Risikomanagement gewidmet war, haben gezeigt,
- ▲ dass die Zugänge der Unternehmen zu Organisation und Nutzung eines Risikomanagementsystems sehr unterschiedlich sind, aber doch von weitgehend gleichartigen Zielsetzungen ausgehen, und
- ▲ dass die Entwicklungsstände in den Unternehmen eine sehr große Bandbreite aufweisen, womit in vielen Unternehmen die in das Risikomanagement gesetzten Ziele und Erwartungen mit dem gegebenen Entwicklungsstand nicht erreichbar sind.

Die Entwicklungsstände reichen von rein dokumentierenden Ansätzen über Reporting-Konzepte bis hin zu wirklichen Gestaltungsansätzen. In den am besten entwickelten Ansätzen haben diese Unternehmen bereits ein Risikomanagement
- ▲ mit einem operativ in Instrumenten, Prozessen, Regelungssystemen und Organisation voll funktionstüchtigen Konzept,
- ▲ mit einer starken strategie- und strukturorientierten Ausrichtung, wobei jedoch eine systematisierte und instrumentell in den Strategieprozess integrierte Konzeption meist noch fehlt,
- ▲ das von einem Bewusstsein getragen ist, dass strategieorientiertes Risikomanagement zwingend auf den Zielsetzungen und Methoden des wertorientierten Managements aufzubauen hat, ohne jedoch den faktischen Verbund mit wertorientierter Führung und Entscheidungsfindung sowie wertorientiertem Controlling durchgängig realisiert zu haben,
- ▲ das um die Akzeptanz ringt, in die Schlüsselprozesse der Unternehmensentwicklung, Unternehmensplanung, Strategieumsetzung und des Controllings integriert zu werden.

Damit sind auch schon einige wesentliche Stichworte gefallen, die für die Skizzierung des Zukunftstrends in der Weiterentwicklung des Risikomanagements von Relevanz bzw. hoher Priorität sind. Aus Sicht der Autoren lassen sich diese Zukunftstrends wie folgt zusammenfassen:
- ▲ Für Unternehmen, die sich noch im Dokumentations- und Reporting-Status befinden, muss das Bewusstsein geschaffen werden, dass der Zweck und der Nutzen des Risikomanagements dominant in der proaktiven Gestaltung von Risiken und vor allem von Risikostrukturen liegt. Risikomanagement-Ansätze, die sich nicht in Gestaltungszielen und Maßnahmen-Entwicklung, integriert in Unternehmensplanung und Controlling, darstellen, bleiben weitgehend „zahnlos".

▲ In Unternehmen mit höherem Entwicklungsstand des Risikomanagements trifft man häufig auf das Problemfeld der nicht existenten oder sehr lückenhaften Prozess-Integration. Risikomanagement ist zwar konzeptionell und instrumentell gut entwickelt, führt aber ein „Insel-Leben", es arbeitet an den Schlüsselprozessen der Unternehmensentwicklung vorbei oder parallel zu diesen. Die Konsequenz ist häufig, dass für die Unternehmensentwicklung wesentliche risikostrategiebezogene Erkenntnisse erst im Nachlauf der führungsbezogenen Schlüsselprozesse (Strategieentwicklung, Strategieumsetzungsprojekte, operative Pläne) an die Oberfläche kommen. Dies führt dazu, dass

▲ Pläne entweder formell oder informell adjustiert werden (wenn in Planungen verarbeitete Zielsetzungen bereits in MbO-Systemen verankert sind, kann das zu einer „Verwässerung" des personellen Führungsmodells führen, ja selbst das autorisierte finanzielle Zielsystem wesentlich tangieren), oder dass

▲ die Erkenntnisse als „Gedankenvorrat" für eine nächste Planungsrunde reserviert werden („Problem erkannt! Was kommt als Nächstes?"), und sich dann infolge der nach wie vor fehlenden Prozessintegration das gleiche Spiel wiederholt.

Eine effiziente Lösung liegt darin, Risikomanagement als zu integrierenden Teil des Führungsmodells des Unternehmens zu begreifen und zu akzeptieren, und daraus auch die zwingende Schlussfolgerung zu ziehen, Risikomanagement als integralen Bestandteil der Schlüsselprozesse und -systeme der Unternehmensführung zu organisieren.

Dieser Integrationsbedarf wird allerdings vom Linienmanagement nur dann als nachhaltige Bereicherung in der Führungsmethode angenommen werden, wenn das – im nächsten Punkt näher skizzierte – Problem der Aufarbeitung des instrumentellen Defizits im strategischen Risikomanagement einer Lösung zugeführt wird.

In Unternehmen mit höherem Entwicklungsstand des Risikomanagements ist ganz offensichtlich das Erfordernis richtig erkannt,

▲ über die Prozesse und Systeme des operativen Risikomanagements in den Geschäfts- und Funktionsbereichen eine gesamtunternehmensbezogene Klammerfunktion zu etablieren,

▲ Risikomanagement in Strategieentwicklung und -umsetzung zu integrieren, weil das Risikoprofil eines Unternehmens fundamental von seinen strategischen und strukturbezogenen Entscheidungen geprägt ist und operativ schlagend werdende Risiken weitläufig in diesen Entscheidungen ihren Auslöser finden,

▲ dass ein strategieorientiertes Risikomanagement eine offensive, strategiefördernde Charakteristik aufweisen und in diesem Sinne vor allem auf die Erhöhung der „risk taker"-Fähigkeit abzielen muss, und

▲ dass durch diese strategische Ausrichtung des Risikomanagements sich ganz selbstverständlich ein sehr enger Verbund zur wertorientierten Führung und dem dabei benutzten Controlling-Instrumentarium ergibt.

Beim Versuch der praktischen Umsetzung dieser Gestaltungsziele bekommen Unternehmen aber noch sehr wenig Unterstützung von konzeptionellen, theoretischen Vorarbeiten. Nach sehr ausführlichen Literaturstudien, die die vorliegende Arbeit begleitet haben, kann dies sowohl für die Forschungsarbeit an Universitäten wie für das diesbezügliche Angebot von Beratungs- und Systemhäusern festgestellt werden.

Die systematische Neubearbeitung des strategischen Analyse-, Planungs- und Steuerungsinstrumentariums mit dem Ziel der Integration von strategischer Planung, wertorientierter Führung und Risikomanagement ist daher eine der ganz großen Zukunftsaufgaben in der Weiterentwicklung des Risikomanagements.

▲ Schließlich ist das anspruchsvolle Thema der unternehmenskulturellen Vorbereitung einer Organisation auf den hier vertretenen offensiven Risikomanagement-Ansatz in vielen Unternehmen nicht gelöst. Genausowenig, wie ein Unternehmen, das in seinem Reporting ein EVA-Konzept einführt, bereits damit ein wertorientiertes Führungssystem besitzt, ist auch ein Risikobericht kein Ersatz bzw. ein unmittelbarer Auslöser für ein risikostrukturgestaltendes, organisationsdurchgängiges Führungsverhalten. Er ist per se auch noch kein Sicherungsinstrument für die notwendige Risiko-Chancen-Transparenz und -kommunikation im Unternehmen.

Mit Rückgriff auf Erfahrungen mit der Einführung und der Schaffung von Akzeptanz und „Anwendungslust" bei den Führungskräften in anderen anspruchsvollen Führungskonzepten (z.B. wertorientiertes Führungsmodell) darf vermutet werden, dass dies ein mehrjähriger, von viel Kommunikations- und Überzeugungsarbeit getragener Prozess sein wird. Das Schreiben eines Risikomanagement-Manuals und dessen Versenden im Konzern löst dieses Problem allein nicht.

Darüber hinaus darf nicht übersehen werden, dass sich diese Kommunikationsaufgabe nicht auf Führungskräfte und Mitarbeiter im Unternehmen beschränkt. Gerade für die strategischen Schüsselentscheidungen ist Akzeptanz und Vertrautsein mit der Risikostrategie eines Unternehmens bei Eigentümern und Aufsichtsrat ein ganz wesentliches Kriterium. Das potenzielle Spannungsfeld zwischen diesen Organen, resultierend aus unterschiedlicher „risk awareness" und Risiko-Neigung kann nur über intensive Kommunikation gelöst werden.

Das vorliegende Buch hat zu den aufgezeigten Zukunftstrends keine vorgefertigten und schon gar keine vollständigen Lösungen anzubieten. Das Bemühen der Autoren war es aber von Anbeginn des zu diesem Buch führenden Projektes, gerade die traditionell im Risikomanagement wenig adressierten Gestaltungsfelder, die nach Meinung der Autoren die eigentlich entscheidenden sind, verstärkt anzusprechen, und zumindest mit Lösungsskizzen eine Unterstützung für die praktische Arbeit sowie einen Impuls für weiterführende konzeptionelle Arbeiten zu bieten.

Anhang – Überblick über Risikomanagement-Softwarelösungen

Riskit (Astrum IT GmbH)

Allgemeine Produkteigenschaften

Technologische Plattform	Server: Windows 2000, IIS; Clients: ab Windows 95 ab IE 5.0 oder Netscape 7.0; Datenbanken: Oracle 8.17 und 9i,
Webfähigkeit	ja
Mehrsprachigkeit	ja (D, E)
Benutzergesteuertes Berechtigungssystem	ja
Datenanbindung (Schnittstellen)	XML

Risikomanagement-Prozess
Risikoidentifikation

Risikoarten	Erfassung von Einzelrisiken (strukturiert in Risikofeldern/-kategorien) in Risikokatalog
Inhaltliche Unterstützung der Risikoidentifikation (durch Risikokatalog etc.)	zentraler Risikokatalog (erweiterbar)
Identifikation von Chancen?	ja

Risikobewertung

Umfang der Risikobewertung	alle im Risikokatalog erfassten Einzelrisiken qualitativ oder quantitativ oder semiquantitativ
Vorgangsweise bei quantitativer Bewertung	Eingabe von Eintrittswahrscheinlichkeit und Schadenshöhe
Qualitative Bewertung	5×5-Matrix
Berücksichtigung von Abhängigkeiten	nein
Aggregation von Risiken	nein
Setzung von Frühwarnindikatoren	durch Anwender frei definierbar, Abgleich manuell oder automatisiert

Risikosteuerung, -reporting, -überwachung

Abrufbare Berichte	Risikokatalog, Maßnahmenkatalog, Bereichsrisiken mit Bewertung, Top-Risiken, Bereichsrisiken mit Maßnahmen, Risikoportfolio, Maßnahmenkosten, Frühwarnindikatoren, Meilensteinplan, Vorstandsbericht etc.
Vorstandstauglichkeit der Berichte	grafisch, textlich aussage- und vorlagefähig

Unterstützung von Maßnahmen-Ableitung	mit zentralem Risikokatalog
Zuordnung von Risikoverantwortlichen	ja
Unterstützung eines laufenden Monitoring	ja, mit Risk Action Plan und rollenbasierte Sichtweisen
Dokumentation der Risiko-Historie	ja
Anbindung an Mailing-Systeme	ja

Anbieterbezogene Informationen

Gründungsjahr	1992 (ASTRUM GmbH)
aktiv in Österreich seit	1996

Anzahl der Mitarbeiter in Österreich

Verkauf	1
Consulting	1
Techn. Support	1
Entwicklung	
Summe	3

Anzahl der Mitarbeiter in Europa

Verkauf	4 (ASTRUM IT GmbH)
Consulting	12 (ASTRUM IT GmbH)
Techn. Support	10 (ASTRUM IT GmbH)
Entwicklung	47 (ASTRUM IT GmbH)
Administration	7 (ASTRUM IT GmbH)
Summe	80 (ASTRUM IT GmbH)

Anzahl der Installationen

in Österreich	0
in Europa	48

Releasewechsel

Einführung aktueller Releasestand	01.11.2004
Nächster Releasewechsel	Mitte 2005
Zyklen für Releasewechsel	2× jährlich
Referenzen	Allianz AG, VEDES AG, VCL AG, Hammonia-Verlag, Herzowerke Herzogenaurach, Stadtwerke Herzogenaurach, IBB Internationales Bankhaus Bodensee AG, DATEV, TÜV-Süddeutschland, Gemeinnützige Urlaubskasse der Maler- und Lackiererhandwerks

Schulung und Support

Unternehmensinterne Schulungen	auf Wunsch (eher nicht notwendig)
Benutzerspezifische Dokumentation	Handbuch + Online-Hilfe
User-Support	Hotline, Kundenbesuche
Fixer Ansprechpartner pro Kunde	Vertriebs-MA pro Vertriebsgebiet

Preise

Grundmodul	6.000 €
Lizenzierungsmodell	einmalige Lizenz, Kosten abhängig von Funktionalitäten und User/Concurrent User-Zahl
Wartungskosten	1,5% vom Listenpreis pro Monat
Hotline	im Wartungsvertrag enthalten
Releasewechsel	im Wartungsvertrag enthalten
Sonstige Kosten	keine

Implementierung

Selbst oder Partner	selbst und durch Partner
Implementierungsaufwand	1 Installations- und Einweisungstag à 1.260 €
Implementierungszeitraum	1 Tag

c.-RiskManager (Cedros GmbH)

Allgemeine Produkteigenschaften

Technologische Plattform	Lotus Domino Server; Plattform: jedes Betriebssystem, das für Lotus Domino/Notes zur Verfügung steht (Windows NT/2000/XP, Linux, OS400, Unix,...)
Webfähigkeit	ja
Mehrsprachigkeit	ja (D, E, um jede beliebige Sprache erweiterbar)
Benutzergesteuertes Berechtigungssystem	ja
Datenanbindung (Schnittstellen)	zu MS-Produkten; Importe aus fast jedem Datenbanksystem möglich (Dienstleistung)

Risikomanagement-Prozess
Risikoidentifikation

Risikoarten	Einzelrisiken je Unternehmenseinheit
Inhaltliche Unterstützung der Risikoidentifikation (durch Risikokatalog etc.)	Nein. Erweiterung (zur Verwaltung von Checklisten oder Verfahrensanweisungen) auf Anwenderwunsch möglich
Identifikation von Chancen	nein

Risikobewertung

Umfang der Risikobewertung	Einzelrisiken
Vorgangsweise bei quantitativer Bewertung	Eintrittswahrscheinlichkeit und Grad der Auswirkung
Qualitative Bewertung	Kommentare und externe Reports
Berücksichtigung von Abhängigkeiten	Darstellung von Abhängigkeiten durch Dokumenten-Links
Aggregation von Risiken	Szenarien auf Einzelrisikoebene
Setzung von Frühwarnindikatoren	Risiken und deren Auswirkungen werden auch graphisch über die Verwendung entsprechender Symbole dargestellt. Eine Risikomatrix erlaubt es der obersten Instanz (Revision oder Geschäftsführung), sich auf Wunsch über die Matrix in einzelne Risiken und Detailinformationen hinunterzubewegen.

Risikosteuerung, -reporting, -überwachung

Abrufbare Berichte	Risikomatrix, individuell gestaltbare Reports

Vorstandstauglichkeit der Berichte	Darstellung ist auf das Wesentliche konzentriert, erlaubt aber jederzeit, auf Detailinformationen zuzugreifen
Unterstützung von Maßnahmen-Ableitung	ja
Zuordnung von Risikoverantwortlichen	ja
Unterstützung eines laufenden Monitoring	ja (Daten sind jederzeit zugänglich und Aktualisierungen ersichtlich)
Dokumentation der Risiko-Historie	nein
Anbindung an Mailing-Systeme	ja

Anbieterbezogene Informationen

Gründungsjahr	1991
Aktiv in Österreich seit	1995
Anzahl der Mitarbeiter in Österreich	
Verkauf	0
Consulting	0
Techn. Support	0
Entwicklung	0
Summe	0
Anzahl der Mitarbeiter in Europa	
Verkauf	4
Consulting	7
Techn. Support	3
Entwicklung	35
Administration	3
Summe	52
Anzahl der Installationen	
in Österreich	k.A.
in Europa	k.A.
Releasewechsel	
Einführung aktueller Releasestand	01.12.2004
Nächster Releasewechsel	01.04.2005
Zyklen für Releasewechsel	3–4 × jährlich (Minor-Release)
Referenzen	Bayer AG – Konzernrevision Leverkusen – Einsatz: weltweit

Schulung und Support

Unternehmensinterne Schulungen	bei Bedarf
Benutzerspezifische Dokumentation	kontextbezogene Hilfen – Anpassungen möglich
User-Support	eher vom Kunden selbst (Administrator, Revision), da mehr fachliche Fragen als Anwendungsprobleme
Fixer Ansprechpartner pro Kunde	für Administrator (Revision)

Preise

Grundmodul	ab 4.500 €
Lizenzierungsmodell	nach Anzahl der zu erfassenden Unternehmenseinheiten
Wartungskosten	Pflegevertrag für 15% der Lizenzsumme erhältlich
Hotline	vorhanden, abhängig vom Vertrag
Releasewechsel	über Pflegevertrag
Sonstige Kosten	Kosten für individuelle Anpassungen, falls erwünscht

Implementierung

Selbst oder Partner	selbst
Implementierungsaufwand	i.d.R. 1/2 Personentag (im Grundmodul enthalten)
Implementierungszeitraum	1/2 Personentag

cp Risk Manager (Corporate Planning)

Allgemeine Produkteigenschaften

Technologische Plattform	Hardware-Anforderungen: ab Pentium, Festplatte mind. 500 MB frei, Hauptspeicher mind. 256 MB RAM.
	Systemanforderungen: Windows 98, ME, NT, 2000, XP; MS Word ab Version 2000
Webfähigkeit	Z. Zt. besteht noch keine Webfähigkeit. In einer der nächsten Versionen wird RISK MANAGERÒ webfähig sein. Mehrsprachigkeit Z. Zt. nur deutschsprachig, mit der Realisierung der Webfähigkeit wir auch eine Mehrsprachigkeit realisiert werden. Benutzergesteuertes Berechtigungssystem Ein benutzergesteuertes Berechtigungskonzept ist in der webfähigen Version vorgesehen.
Datenanbindung (Schnittstellen)	Alle Reports, Tabellen und Grafiken werden an MS Word übergeben und können in MS Excel und MS PowerPoint verwendet werden. Alle Rohdaten können im XML Format ausgelesen werden. Datenimport über XML möglich.

Risikomanagement-Prozess
Risikoidentifikation

Risikoarten	Die Identifikation der Risiken kann aus verschiedenen Perspektiven erfolgen. So können Risiken beispielsweise hinsichtlich der Risikoart (finanzwirtschaftlich, extern), unter zeitlichen Gesichtspunkten (bestehende, zukünftige Risiken) oder auf Ebene von Geschäftsfeldern (Produkte, Dienstleistungen, Services etc.) identifiziert werden.
	RISK MANAGER ermöglicht weiterhin die Einteilung der Risiken in verschiedene Risikozonen, die individuell definiert werden können, beispielsweise in Betriebs-, Partner- oder Marktrisiken. Diesen Risikozonen können wiederum Risikofelder und Einzelrisiken zugeordnet werden.
Inhaltliche Unterstützung der Risikoidentifikation (durch Risikokatalog etc.)	Es werden zahlreiche Beispieldateien mit umfangreichen Mustern mitgeliefert.
Identifikation von Chancen?	nein

Risikobewertung

Umfang der Risikobewertung	Es können alle Unternehmensrisiken bewertet werden.
Vorgangsweise bei quantitativer Bewertung	Die Bewertung eines Risikos setzt sich zusammen aus der Auswirkung und der Eintrittswahrscheinlichkeit. Die Auswirkung des Risikos kann dabei direkt über die Zuordnung von Geldwerten oder indirekt über eine Rating-Skala vorgenommen werden. In Abhängigkeit von der gewählten Skala zeigen die zugeordneten Werte eine niedrige, mittlere oder hohe Relevanz an. Die Eintrittswahrscheinlichkeit wird in Prozent angegeben. Die Zuordnung der Geld- und Rating-Werte können nach unterschiedlichen mathematischen Verfahren zugeordnet werden.
Qualitative Bewertung	Risiken können verbal beschrieben werden.
Berücksichtigung von Abhängigkeiten	In Vorbereitung, Wirkungsmatrix
Aggregation von Risiken	Aggregiert wird nach Risikofeldern und Zonen und darüberliegenden Organisationseinheiten. Risiken werden nicht gewichtet, um die Objektivität nicht zu gefährden. Es kann eine Sortierung nach Eintrittswahrscheinlichkeit, Auswirkung, Schaden und organisatorischer Einheit erfolgen.
Setzung von Frühwarnindikatoren	Durch Warngrenzen und Ampelfarben werden Frühwarnindikatoren kenntlich gemacht.

Risikosteuerung, -reporting, -überwachung

Abrufbare Berichte	Risikohandbücher werden von RISK MANAGER automatisch erzeugt und können individuell gestaltet werden. Es kann auch unternehmensweit mit Handbuchvorlagen gearbeitet werden, die das Erstellen neuer Risikohandbücher erheblich vereinfachen und beschleunigen. Texte und Textbausteine, die mehrfach genutzt werden, können in Bibliotheken gestellt werden. Alle Texte, die Bibliothekstexte nutzen, werden bei einer Aktualisierung des Textes in der Bibliothek automatisch angepasst.
Vorstandstauglichkeit der Berichte	Die automatisch erstellbaren Risikohandbücher sind „vorstands- bzw. aufsichtsratstauglich". Es ist auch eine Riskmap vorhanden, in der alle Risiken in einer Management-Summary dargestellt sind.

Unterstützung von Maßnahmen-Ableitung	Die Auswirkungen der identifizierten Risiken werden über die Zuordnung von adäquaten Steuerungsinstrumenten reduziert. Zu jedem Steuerungsinstrument werden konkrete Maßnahmen angelegt und der jeweilige Handlungsbedarf ermittelt. Alle Steuerungsinstrumente erhalten weitere Kontrollinstrumente, die weitere Maßnahmen enthalten
Zuordnung von Risikoverantwortlichen	Für jedes Risiko können Verantwortliche angegeben werden. Es wird definiert, wer, wie, wann und an wen berichtet.
Unterstützung eines laufenden Monitoring	In Vorbereitung
Dokumentation der Risiko-Historie	Es kann dargestellt werden, wie sich die einzelnen Risiken in Laufe der Zeit entwickelt haben. Alle Risikohandbücher werden abgelegt und sind somit jederzeit nachvollziehbar.
Anbindung an Mailing-Systeme	Z. Zt. noch nicht möglich, wird aber in einer der nächsten Versionen möglich sein.

Anbieterbezogene Informationen

Gründungsjahr	1989
aktiv in Österreich seit	1995

Anzahl der Mitarbeiter in Österreich

Verkauf	2
Consulting	1
Techn. Support	1
Entwicklung	0
Summe	4

Anzahl der Mitarbeiter in Europa

Verkauf	65
Consulting	10
Techn. Support	3
Entwicklung	30
Administration	
Summe	108

Anzahl der Installationen

in Österreich	>5
in Europa	>100

Releasewechsel

Einführung aktueller Releasestand	Herbst 2004
Nächster Releasewechsel	Herbst 2005
Zyklen für Releasewechsel	halbjährlich

Referenzen   k.A.

Schulung und Support

Unternehmensinterne Schulungen	Unternehmensinterne Schulungen werden angeboten. Die Dauer einer unternehmensinternen Beratung beträgt 2 Tage.
Benutzerspezifische Dokumentation	Benutzerspezifische Texte werden in Textbibliotheken verwaltet und bearbeitet.
User-Support	Schulungen, Hotline, Online-Hilfe, Forum, Handbuch
Fixer Ansprechpartner pro Kunde	Berater und Hotline stehen jederzeit zur Verfügung.

Preise

Grundmodul	Einplatzlizenz: 3.900,– € Netzwerklizenz: 4.900,– €
Lizenzierungsmodell	abhängig von der Anzahl der Concurrent User
Wartungskosten	Ein Wartungsvertrag wird für 1,25% der Softwarelizenzen pro Monat angeboten. Unabhängig davon ist die Wartung 6 Monate kostenlos!
Hotline	Im Wartungsvertrag inkludiert.
Releasewechsel	Im Wartungsvertrag inkludiert.
Sonstige Kosten	Keine

Implementierung

Selbst oder Partner	Beides möglich
Implementierungsaufwand	ca. 1 Tag
Implementierungszeitraum	ca. 1 Tag

ProKoRisk® (ifb AG)

Allgemeine Produkteigenschaften

Technologische Plattform	Client-Server-Lösung; Betriebssystem: MS Windows ab NT 4.0/9x, Datenbanken: Interbase (Standard), MS-SQL-Server, Oracle, DB2, Sybase Adaptive Server/SQL Anywhere, Informix
Webfähigkeit	ja
Mehrsprachigkeit	ja (D, E)
Benutzergesteuertes Berechtigungssystem	ja
Datenanbindung (Schnittstellen)	ADO und ODBC Schnittstellen, XML, div. Export-Schnittstellen (MS Word, Excel, PDF)

Risikomanagement-Prozess

Risikoidentifikation

Risikoarten	Eingabe auf Basis von Einzelrisiken
inhaltliche Unterstützung der Risikoidentifikation (durch Risikokatalog etc.)	Self-Assessment, Risikorepository über Check-Liste mit Beispielen und Fragen
Identifikation von Chancen?	Ja

Risikobewertung

Umfang der Risikobewertung	Alle erfassten Einzelrisiken
Vorgangsweise bei quantitativer Bewertung	Klassifizierung der Eintrittswahrscheinlichkeit und Auswirkung auf beliebig viele und frei wählbare Verlustarten (Klasseneinteilung oder direkte Eingabe von Worst-Case/Best-Case – Werten), Auswertung über Monte-Carlo-Simulation auf Basis von Verteilungsfunktionen.
qualitative Bewertung	Beschreibung des Risikos sowie Begründung der Risikobewertung möglich
Berücksichtigung von Abhängigkeiten	Risiken können über gemeinsame Ursachen zusammengeführt werden. Ein und dieselbe Maßnahme kann auf beliebig viele Risiken greifen (Auswahl aus Maßnahmenkatalog, keine doppelte Eingabe der Maßnahmen)
Aggregation von Risiken	Risiken werden über die Organisationshierarchie aggregiert. Simulation über alle qualifizierten Risiken per Monte-Carlo-Simulation. Es besteht die Möglichkeit, z.B. eine GuV at Risk zu berechnen.

Setzung von Frühwarnindikatoren	Zuordnung von beliebig vielen Frühwarnindikatoren mit je 3 Schwellwerten, Ad-hoc-Maßnahmen und zu benachrichtigenden Personen je Einzelrisiko möglich
Risikosteuerung, -reporting, -überwachung	
Abrufbare Berichte	Standardberichte: Quartals-, Inventur-, Frühwarn-, Maßnahmen-, Maßnahmenbudget-, Konzern-Portfolio-, Unternehmens-Portfolio, Bereichs-Portfolio-Bericht, mehrere BASEL-II-Berichte, Simulationsauswertungen; Report-Designer erlaubt individuelle Reports
Vorstandstauglichkeit der Berichte	Die Berichte sind speziell auf die Zielgruppen Vorstand, Aufsichtsrat, zentraler Risikomanager und dezentraler Risikoverantwortlicher zugeschnitten, können jederzeit angepasst oder erweitert werden. Übersichtliche mehrdimensionale MIS-Berichte mit Drill-Down-Funktionen möglich.
Unterstützung von Maßnahmen-Ableitung	Jedes Einzelrisiko ist mit beliebig vielen frei definierbaren Steuerungsmaßnahmen (aus Maßnahmenkatalog) verknüpfbar
Zuordnung von Risikoverantwortlichen	Jede Steuerungsmaßnahme kann aus verschiedenen Teilaufgaben bestehen, wobei jede Teilaufgabe und jede Maßnahme einem Verantwortlichen zugeordnet werden kann.
Unterstützung eines laufenden Monitoring	Jederzeit möglich und grafisch darstellbar
Dokumentation der Risiko-Historie	ja
Anbindung an Mailing-Systeme	ja

Anbieterbezogene Informationen

Gründungsjahr	1989
aktiv in Österreich seit	k.A.
Anzahl der Mitarbeiter in Österreich	
Verkauf	0
Consulting	0
Techn. Support	0
Entwicklung	0
Summe	0
Anzahl der Mitarbeiter in Europa	
Verkauf	
Consulting	

Techn. Support
Entwicklung
Administration
Summe 250

Anzahl der Installationen
in Österreich k.A.
in Europa k.A.

Releasewechsel
Einführung aktueller Releasestand 01.10.2004
Nächster Releasewechsel Ende 2005
Zyklen für Releasewechsel 1x pro Jahr
Referenzen Stadtwerke Bremen (swb AG), SIGNAL-IDUNA-Gruppe, AVA AG u.v.a.

Schulung und Support
Unternehmensinterne Schulungen projektbezogen, üblicherweise 2-tägiger Einführungs-Workshop
Benutzerspezifische Dokumentation auf Wunsch
User-Support Service Releases, Software-Dokumentationen, Telefonische Beratung bei Anwendungsproblemen
Fixer Ansprechpartner pro Kunde während der Projektlaufzeit

Preise
Grundmodul Einzelplatz: 5.000 €, Mehrplatz ab 10.000 €
Lizenzierungsmodell Abhängig vom Einsatz der Module (Web-Interface, Report-Designer, Analyzer, MIS, aktivem Frühwarnsystem) und nach Anzahl der benannten Benutzern
Wartungskosten 15% vom Listenpreis jährlich ab dem 2. Jahr
Hotline In den Wartungskosten inbegriffen
Releasewechsel In den Wartungskosten sind Updates inbegriffen, Releasewechsel sind je nach Umfang kostenpflichtig
Sonstige Kosten nein

Implementierung
Selbst oder Partner je nach Projektumfang beides möglich
Implementierungsaufwand 2 Personentage für Installation/Einweisung (à 1.300 €).
Implementierungszeitraum 2 Personentage

Observar (Observar AG)

Allgemeine Produkteigenschaften

Technologische Plattform	Client-Server-Lösung
	Betriebssystem: Windows (2000/XP/NT)
	MS Office (MS Excel)
Webfähigkeit	nein
Mehrsprachigkeit	ja (D, E, F, I)
Benutzergesteuertes Berechtigungssystem	ja

Datenanbindung (Schnittstellen)

zu MS Office Produkten

Risikomanagement-Prozess

Risikoidentifikation

Risikoarten	Einzelrisiken, Hauptrisiken, Hauptkategorien von Risiken sowie 4 Risikobereiche (Externe Risiken, Strategie-Risiken, Kernprozess-Risiken, Unterstützende Prozesse)
Inhaltliche Unterstützung der Risikoidentifikation (durch Risikokatalog etc.)	Umfassende Risikokataloge aus Projekten in über ein Dutzend Branchen und verschiedenen Ländern vorhanden; Hilfslisten mit Aufzeigen von möglichen Auswirkungen (verbal) sowie vorhandenen Maßnahmen (Controls), KPI Key Performance Indicators, sowie Ursachen
Identifikation von Chancen?	ja, umfassender Katalog mit Chancenbeschreibung vorhanden/integriert

Risikobewertung

Umfang der Risikobewertung	Sowohl Hauptrisiken (und Chancen) wie auch Einzelrisiken (und Chancen) können bewertet werden (und zwar sowohl quantitativ wie auch qualitativ)
Vorgangsweise bei quantitativer Bewertung	Quantitative Bewertung erfolgt in Geld (z.B. EBIT in Euro, Gewinn in $ etc.) oder anderen messbaren Größen
	Aufgezeigt werden sowohl Ausmaß wie auch Eintretenswahrscheinlichkeiten
	Dies sowohl bei Brutto- wie auch Restrisiken und auch bei aktuellen Chancen sowie Chancenpotentialen (Raster bis 6 x 6 Einteilung)
Qualitative Bewertung	Bis 6 × 6 Raster (Ausmaß und Eintretenswahrscheinlichkeit) auch qualitativ für Risiken und Chancen mit definierbaren Kriterien (z.B. für Imageschaden, generelle Aussagen wie katastrophal, hoch etc., Tote oder Verletzte etc.)

	Außerdem erfolgt auch eine qualitative Beurteilung der bereits vorhandenen Maßnahmen zur Risikosteuerung.
Berücksichtigung von Abhängigkeiten	Referenzierung und Cross-Referenzierung der Abhängigkeit zwischen Risiken
Aggregation von Risiken	Sowohl Aggregation von Risiken, Bereichen, Abteilungen, Länder, Divisionen, Konzern etc.
Setzung von Frühwarnindikatoren	Unternehmensspezifische Erarbeitung der Frühwarnindikatoren und unternehmensspezifische Definition der daraus abzuleitenden Aktionen und/oder Reporting
Risikosteuerung, -reporting, -überwachung	
Abrufbare Berichte	Risikodarstellung (Risk Map) der Top Risiken in Bereiche (4-fach Matrix)
	Risiko und Chancendarstellung sowie erwartete Zielerreichung (Übertreffung oder Unterschreitung)
	Quantifizierte Top-Risiken inkl. Zielrestrisiken
	Quantifizierte Top-Chancen
	Aktionspläne mit Verantwortlichkeiten, Ressourcen und Terminen
	Detailblätter zu Top-Risiken/-Chancen
	Darstellung zu Wirksamkeit der vorhandenen Controls (Maßnahmen)
	Top-Risiko-Blätter mit Maßnahmen vorbereitet zur Prüfung für die Interne Revision
Vorstandstauglichkeit der Berichte	Ein gewisses Verständnis und Grundschulung der Adressaten zum Thema Risikomanagement und der Terminologie wird vorausgesetzt zum Verständnis der Reports
	Die Reports werden für Konzernleitungsebenen idealerweise in Power-Point-Präsentationen integriert/dokumentiert/erläutert
Unterstützung von Maßnahmen-Ableitung	Actionplans mit Terminen, Ressourcen und Verantwortlichkeiten sind integriert
Zuordnung von Risikoverantwortlichen	ja
Unterstützung eines laufenden Monitoring	Veränderung der Risikosituation durch die Maßnahmen kann grafisch dargestellt werden. Idealerweise erfolgen quartalsweise Updates inkl. Veränderung sowohl durch Maßnahmen wie auch durch Veränderung der anderen (internen oder externen) Einflussfaktoren.

Dokumentation der Risiko-Historie	ja
Anbindung an Mailing-Systeme	ja
Zusätzliche Funktionalitäten	Bewertung von Maßnahmen/Systemen/Prozessen nach:
	Grundsätzliche Wirksamkeit
	Kommunikation
	Verständnis
	Umsetzung
	Kosten/Nutzen
	Dokumente für die interne Revision, um bestehende Maßnahmen/Systeme/Prozesse auditieren zu können. Ergebnisse werden direkt grafisch umgesetzt.

Anbieterbezogene Informationen

Gründungsjahr	MBO 2004 aus KPMG Schweiz
aktiv in Österreich seit	2004

Anzahl der Mitarbeiter in Österreich

Verkauf	
Consulting	
Techn. Support	
Entwicklung	
Summe	k.A.

Anzahl der Mitarbeiter in Europa

Verkauf	
Consulting	
Techn. Support	
Entwicklung	
Administration	
Summe	k.A.

Anzahl der Installationen

in Österreich	k.A.
in Europa	k.A.

Releasewechsel

Einführung aktueller Releasestand	01.01.2005
Nächster Releasewechsel	Sommer 2005

Zyklen für Releasewechsel	ca. 1–2 × jährlich, je nach Marktanforderungen
Referenzen	Böhler Uddeholm Gruppe weltweit
	BOBST Gruppe weltweit
	CSFS Credit Suisse Financial Services/Winterthur Gruppe
	Helsana Krankenkasse (Top 3 in der Schweiz)
	Kühne & Nagel (weltweite Logistik)
	Saurer Gruppe (Maschinenbau und Getriebe weltweit),
	Wincor Nixdorf (Bankautomaten, Kassensysteme, IT-Services),
	SF DRS (Schweizer Fernsehen),
	HP TEC AG (Präzisionswerkzeuge),
	KPMG Schweiz
Schulung und Support	
Unternehmensinterne Schulungen	2 1/2 – 4 1/2 Tage Training in Tool und Enterprise Risk Management Methodologie
Benutzerspezifische Dokumentation	auf Wunsch
User-Support	Sowohl fachlich (zu Risiken, Chancen, Maßnahmen, KPI etc.) wie auch technisch
	– telefonisch (Hot-Line)
	– vor Ort
Fixer Ansprechpartner pro Kunde	ja
Preise	
Grundmodul	Lizenz immer für Gesamtunternehmen/Konzern (Mehrplatzversion ab 6.000 Euro)
Lizenzierungsmodell	Einmalige Lizenzgebühr – es gibt keine jährlichen Lizenzkosten (Wartungsvertrag mit jährlichem Update auf aktuelle Version ab 2.000 Euro)
Wartungskosten	Abrechnung nach Stundenaufwand
Hotline	Abrechnung nach Stundenaufwand
Releasewechsel	Abrechnung nach Stundenaufwand
Sonstige Kosten	Abrechnung nach Stundenaufwand
Implementierung	
Selbst oder Partner	Selbst und durch Partner
Implementierungsaufwand	ca. 20–30 % der Softwarekosten
Implementierungszeitraum	Nach erfolgter Schulung rund 1–2 Tage

MIS Risk Management (MIS und RMCE)

Allgemeine Produkteigenschaften

Technologische Plattform	Client-Server-Lösung; Empfehlung Client: Hardware: Prozessor: 500 MHz, RAM: 256 MB, Festplatte 200 MB; Software: Windows 2000 oder XP, MS Office 2000 oder XP, SQL Server; Empfehlung Server: Hardware: Dual Prozessor: 1 – 3 GHz, RAM: 512 MB, Festplatte 300 MB
	Software: Windows 2000 Server, SQL Server; Die benötigte Hardware hängt von der individuellen Größe des Datenmodells und den eingesetzten
	Funktionalitäten (z.B. Simulation) ab.
Webfähigkeit	Ja, um ein zentrales System unter Berücksichtigung gegebener Sicherheitsstandards und geringer Bandbreiten bereitzustellen, haben wir uns für die SBC (server based computing) Technologie entschieden. Die Nutzung des Systems ist damit zu 100% gleich im lokalen, Client/Server-, Intranet- oder Internet-Umfeld.
Mehrsprachigkeit	Es liegen zurzeit Übersetzungen in Deutsch, Englisch und Spanisch vor. Die gesamte Anwendung ist mehrsprachig ausgelegt, sodass bei Bedarf jede weitere Sprache integriert werden kann.
Benutzergesteuertes Berechtigungssystem	Es ist ein mehrstufiges Rechtekonzept implementiert, in dem User, Gruppen und Rollen angelegt werden können. Diese Vorgehensweise unterstützt das integrierte Workflow- bzw. Autorisierungskonzept. Die Rechte sind individuell an die Bedürfnisse des Kunden anpassbar und bieten neben reinen Datenbankrechten auch ein Berechtigungsschema für die Applikationsoberfläche (Einschränkungen der Funktionalität je User).
Datenanbindung (Schnittstellen)	Neben den herkömmlichen Datenbankschnittstellen kann ein manueller, automatisierter oder auch vollautomatischer Import durchgeführt werden. Verfügbar sind allgemeine Schnittstellen via: ASCII, ODBC, OLEDB, spezielle SAP-Integration (via RFC). Zu MS Excel besteht durch die Nutzung von MIS Alea (die zu-

grunde liegende OLAP Datenbank) eine besonders einfache und flexible Schnittstelle mittels der MIS Excel Integration. Über diese können Daten oder auch andere Reporting systeme nahtlos eingebunden werden.

Risikomanagement-Prozess
Risikoidentifikation

Risikoarten	Die Identifikation neuer Risiken im laufenden und strukturierten Prozess erfolgt in der Applikation innerhalb eines Autorisierungskonzeptes. Die Risiken werden bestimmten Bereichen des Unternehmensmodells zugewiesen (Variable aus Katalog, Risikofeld aus Katalog, Strategische Geschäftseinheit, Gesellschaft) und durch diese Zuordnung kann das jeweilige Risiko klar kategorisiert werden. Im Rahmen der Risikoinventarisierung werden qualitative und quantitative Informationen durch die verantwortlichen Personen erfasst und strukturiert. In der Bewertung erfolgt die Quantifizierung des Risiko-Sachverhaltes bis hin zu entsprechenden verteilungsrelevanten statistischen Parametern als Grundlage für die Simulation.
Inhaltliche Unterstützung der Risikoidentifikation (durch Risikokatalog etc.)	Die Risiken werden in (optional) SGE-spezifische (mehrstufige) Risikokataloge eingeordnet und einer Variablen aus dem Unternehmensmodell (z.B. GuV- oder Bilanz-Position) zugewiesen.
Identifikation von Chancen?	Ja, dies kann eingeschränkt direkt über das Modul Riskmanagement durchgeführt werden und wird vollständig über das integrierte Modul der Balanced Scorecard abgebildet.

Risikobewertung

Umfang der Risikobewertung

Das ist optional definierbar, wobei es verschiedene Stufen der Bewertung gibt:
- rein qualitativ,
- anhand eines Scorings,
- anhand von Annahmen und unterschiedlichen Verteilungsparametern
- bis hin zur aggregierten Risikogesamtsituation (mit Hilfe der Simulation)

Welches Risiko in welcher Form bewertet werden soll, kann mit Hilfe des Autorisierungskon-

	zeptes im jeweiligen Projekt individuell entschieden werden.
Vorgangsweise bei quantitativer Bewertung	Es wird zwischen ereignisorientierten- und verteilungsorientierten Risiken unterschieden. Diese werden im Rahmen der Inventarisierung in das Unternehmensmodell eingeordnet und mit den relevanten Verteilungen bzw. Annahmen und Parametern versehen. Hierfür stehen unterschiedliche Verteilungen zur Verfügung (Normal-, LogNormal-, Dreiecks-, Szenario, Gleichverteilung etc.). Durch die Simulation wird das gesamte Unternehmensmodell durchgerechnet. Das führt zu einer risikoadjustierten Sichtweise und stellt die aggregierte Risikogesamtsituation dar.
Qualitative Bewertung	Es gibt unterschiedlichste Möglichkeiten der Kommentierung, Beschreibung und Zuweisung von Maßnahmen.
Berücksichtigung von Abhängigkeiten	Ja, zum einen über die Zuweisung zu einer Variablen aus dem Unternehmensmodell und der entsprechenden definitorischen Anbindung. Zum anderen über kausale Ursache/Wirkungsbeziehungen.
Aggregation von Risiken	Die Aggregation erfolgt mit Hilfe der Monte-Carlo-Simulation. Zusätzlich können unterschiedliche Planszenarien angelegt und somit unterschiedliche Situationen in die Simulation einbezogen werden. Dies führt zu einer erweiterten Szenariotechnik, die einzelne Werte um Erwartungswerte und Streuung erweitert.
Setzung von Frühwarnindikatoren	Das gesamte System basiert neben der relationalen Datenbank für die reine Risikoinformation auf einem multidimensionalen Unternehmensmodell. Dieses Modell ist im Kontext Gesellschaftsstruktur und Segmentstruktur individuell modellierbar. Es kann zu Planungszwecken genutzt werden (eigene Erfassung) oder auch die Verbindung zwischen Controlling und RM herstellen (autom. Datenübernahme aus Drittsystemen). Mit den hier angelegten Variablen (Konten, KPIs etc.) werden die Risiken verknüpft. Im Rahmen der Inventarisierung können die relevanten Variablen aus dem Unternehmensmodell für ein bestimmtes Risiko als Indikator definiert und mit entsprechenden

Vorläufen belegt werden. Innerhalb der Auswertungen sind die Frühwarnindikatoren in Zusammenhang mit den relevanten Risiken integriert.

Risikosteuerung, -reporting, -überwachung

Abrufbare Berichte	Neben dem Inventar und der Historie gibt es eine Reihe von Standardberichten: • Unterschiedliche Portfoliografiken, • Darstellung der Indikatorverläufe und • der Risikobericht, der die aktuelle Risikosituation je Risiko als Ergebnis der Erfassung darstellt. Alle Berichte sind druckbar und kundenindividuell anpassbar. Zusätzlich kann innerhalb und außerhalb des Systems auf die gespeicherten Daten zugegriffen und neue Berichte erstellt werden.
Vorstandstauglichkeit der Berichte	Die bestehenden Standardberichte geben einen ausführlichen Überblick der bestehenden Risikosituation und werden gerade im Rahmen von Risikomanagement-Audits verwendet. MIS DecisionWare enthält gerade für die Integration der unterschiedlichen Sichten (Einzelgesellschaft vs. Unternehmensgruppe oder operatives RM vs. Vorstand und Aufsichtsrat) die richtigen Werkzeuge. Da dieselbe Plattform genutzt wird, können hier die Standardberichte des RM ideal mit den kundenindividuellen Anforderungen zu einer Lösung kombiniert werden.
Unterstützung von Maßnahmen-Ableitung	Maßnahmen sind in die Inventarisierung der Risiken integriert. Hier können den einzelnen Risiken unterschiedliche Maßnahmen zugewiesen, beschrieben und überwacht werden.
Zuordnung von Risikoverantwortlichen	Das Maßnahmencontrolling ist Bestandteil des Autorisierungskonzeptes und ist in das Systemmonitoring integriert.
Unterstützung eines laufenden Monitoring	Maßnahmen werden wie Risiken behandelt (Überwachung, ToDo Listen etc.).
Dokumentation der Risiko-Historie	Es wird eine lückenlose Historie der Risiken gewährleistet. Diese kann Schritt für Schritt zurückverfolgt werden.

Anbindung an Mailing-Systeme	Die Anbindung an Mailsysteme ist Bestandteil der Applikation. Mit diesem System können: • Ad-hoc-Mitteilungen bei akuten Änderungen der Risikosituation versendet werden; • automatisiert Mahnungen, die auf bevorstehende oder überschrittenen Überwachungsrhythmen hinweisen. • Mahnungen, die auf eine Verschlechterung der Situation hinweisen

Anbieterbezogene Informationen

Gründungsjahr	1988
aktiv in Österreich seit	Die MIS Austria GmbH wurde 1999 in Wien gegründet und ist Rechtsnachfolger der EFS Informationstechnologie, die seit 1992 auf dem österreichischen Markt aktiv gewesen ist.

Anzahl der Mitarbeiter in Österreich

Verkauf	7
Consulting	20
Techn. Support	4
Entwicklung	3
Summe	34

Anzahl der Mitarbeiter in Europa

Verkauf	80
Consulting	260
Techn. Support	15
Entwicklung	65
Administration	
Summe	420

Anzahl der Installationen

in Österreich	1
in Europa	5

Releasewechsel

Einführung aktueller Releasestand	01.04.2005
Nächster Releasewechsel	Ende 2005
Zyklen für Releasewechsel	1- bis 2-mal jährlich

Referenzen	auf Anfrage
Schulung und Support	
Unternehmensinterne Schulungen	Fachlich und technisch über unser Trainingscenter MIS Academy. Auch kundenindividuelle Trainings sind nach Rücksprache möglich.
Benutzerspezifische Dokumentation	Im Rahmen der Projektrealisierung.
User-Support	1st: Annahme, Definition und Kategorisierung/Koordination Kundenkontakt
	2nd: inhaltliche Problemstellung, Reproduktion, Koordination mit 3rd Level
	3rd: technische Spezialisten, die sich um Detail-Problemstellungen kümmern (enge Zusammenarbeit mit der Entwicklung)
Fixer Ansprechpartner pro Kunde	Ja (Projektleiter)
Preise	
Grundmodul	Auf Anfrage, da der Range sehr groß ist (< 2000 €)
Lizenzierungsmodell	Es besteht sowohl eine Abhängigkeit bzgl. freigeschalteter Funktionalität als auch den concurrent Userzahlen
Wartungskosten	Standardmäßig werden 18% vom Listenpreis pro Jahr für Wartung und Betreuung veranschlagt. Damit sind auch sämtliche Versions- und Releasewechsel softwareseitig abgedeckt. Eine telefonische Hotline innerhalb der Bürozeiten ist bereitgestellt.
Hotline	s.o.
Releasewechsel	s.o.
Sonstige Kosten	Eventuell Vor-Ort-Support.
Implementierung	
Selbst oder Partner	MIS bietet die gesamte Implementierung an. Ggf. werden auch abhängig von der Kundensituation Partner bei gezogen (RMCE, PWC, BDO, …).
Implementierungsaufwand	Hängt von der Individualität der Kundenanforderungen ab.
Implementierungszeitraum	Aufgrund der Unterschiedlichkeit der Projekte ist eine pauschale Aussage schwierig. Jedoch ist die reine Implementierung innerhalb von 3 Monaten realisierbar. Eine Standard-Installation kann jedoch bereits in wenigen Tagen realisiert werden.

SAP.sem (SAP)

Allgemeine Produkteigenschaften

Technologische Plattform	SAP SEM Risk Management ist Bestandteil der Komponente SAP SEM-CPM (Strategic Enterprise Management – Corporate Performance Monitor). SAP SEM wird als Add-On zu einem BW (Business Information Warehouse)-System, dem Datawarehouse von SAP, installiert. Betriebssystem: Windows (NT, 2000, 2003), Unix
Webfähigkeit	ja
Mehrsprachigkeit	ja
Benutzergesteuertes Berechtigungssystem	ja
Datenanbindung (Schnittstellen)	umfassende Integrationsmöglichkeiten insbesondere zum SAP Planungs- und Reportingsystem, SAP BW; MS Excel

Risikomanagement-Prozess
Risikoidentifikation

Risikoarten	Einzelrisiken, Risiko-Gruppen, Risiko-Kategorien
Inhaltliche Unterstützung der Risikoidentifikation (durch Risikokatalog etc.)	Risk Builder (Risikokatalog), unterstützt auch Verknüpfungen (Hyperlinks) zu einem existierenden Risiko-Katalog bzw. Risikohandbuch
Identifikation von Chancen?	ja

Risikobewertung

Umfang der Risikobewertung	Alle Unternehmensrisiken (Einzelrisiken)
Vorgangsweise bei quantitativer Bewertung	Erwartungswert der betrachteten Kennzahl je Risiko wird bewertet; der Erwartungswert kann z.B. mittels Embedded Value, Deckungsbeitragsrechnung und Value at risk, Asset-Liability-Management-Verfahren und Dynamischen Finanzanalysen (DFA) zur Simulation von Bilanzen unter Berücksichtigung unterschiedlichster stochastisch simulierter Kapitalmarkt- und Schadenszenarien ermittelt werden; neben der Abbildung von Erwartungswerten sind auch „Worst Case"-Szenarien oder „What-if" Simulationen möglich
Qualitative Bewertung	ja, schriftliche Beurteilungen und Kommentare sind möglich

Berücksichtigung von Abhängigkeiten	Abhängigkeiten werden durch einen manuell gesetzten Korrekturwert berücksichtigt
Aggregation von Risiken	Die Risiken werden durch eine hierarchische Struktur der Zielsysteme (z.B. Balanced Scorecards für verschiedene Org.einheiten) hochaggregiert
Setzung von Frühwarnindikatoren	Schwellenwertkonzept, das unternehmensindividuell das Toleranzniveau der Entscheidungsträger/des Unternehmens beschreibt

Risikosteuerung, -reporting, -überwachung

Abrufbare Berichte	Ausgelieferte BW-Berichte sind beispielsweise: Aggregierte Auswirkung von Risiken auf eine Kennzahl, Auswirkung eines Risikos auf eine Kennzahl in Zielsystemen
Vorstandstauglichkeit der Berichte	Schulungsaufwand für Anwendergruppen wie z.B. Vorstand aufgrund der einfachen Handhabbarkeit sehr gering, drill-down möglich
Unterstützung von Maßnahmen-Ableitung	Risikosteuernde Maßnahmen können in SAP SEM inklusive ihrer Verantwortlichkeiten verwaltet werden
Zuordnung von Risikoverantwortlichen	ja
Unterstützung eines laufenden Monitoring	Risikosituation vor/nach Ergreifen risikominimierender Maßnahmen – im Sinne einer Bewertung der Steuerungseffektivität – kann transparent gemacht werden
Dokumentation der Risiko-Historie	ja
Anbindung an Mailing-Systeme	ja

Anbieterbezogene Informationen

Gründungsjahr	1972
aktiv in Österreich seit	1986

Anzahl der Mitarbeiter in Österreich

Verkauf	
Consulting	
Techn. Support	
Entwicklung	
Summe	400

Anzahl der Mitarbeiter in Europa

Verkauf	
Consulting	

Techn. Support	
Entwicklung	
Administration	
Summe	D: 6500; weltweit: 29.000
Anzahl der Installationen	
in Österreich	k.A.
in Europa	k.A.
Releasewechsel	
Einführung aktueller Releasestand	SAP SEM 4.0: März 2005
Nächster Releasewechsel	3. Q. 2005
Zyklen für Releasewechsel	je nach Marktanforderungen
Referenzen	k.A.
Schulung und Support	
Unternehmensinterne Schulungen	ja, 1 Tag
Benutzerspezifische Dokumentation	ja
User-Support	Hotline, Handbücher, E-Learning, Online-Hilfe
Fixer Ansprechpartner pro Kunde	ja
Preise	
Grundmodul	k.A.; man kann die komplette mySAP Business Suite kaufen oder aber nur eine oder einzelne Komponenten
Lizenzierungsmodell	SAP SEM Risk Management ist als Komponente von SEM (Strategic Enterprise Management) nicht separat lizenzierbar
Wartungskosten	k.A.
Hotline	k.A.
Releasewechsel	k.A.
Sonstige Kosten	k.A.
Implementierung	
Selbst oder Partner	selbst oder durch Partner
Implementierungsaufwand	ca. 10% der Softwarekosten
Implementierungszeitraum	techn. Implementierung ca. 1 Monat

Risk Dimensions (SAS)

Allgemeine Produkteigenschaften

Technologische Plattform	Client-Server-Lösung (Server: Windows NT/2000; Compaq Tru64; Solaris, HP, AIX)
Webfähigkeit	ja
Mehrsprachigkeit	Englisch, andere Sprachen (D) geplant
Benutzergesteuertes Berechtigungssystem	ja

Datenanbindung (Schnittstellen)

MS Office, Vielzahl an Schnittstellen an Datenbanken und ERP Systeme (ORACLE, DBII, SAPR3, SAPBW)

Risikomanagement-Prozess

Risikoidentifikation

Risikoarten	Einzelrisiken, hierarchische Strukturierung der Risiken über zwei Hierarchiestufen
Inhaltliche Unterstützung der Risikoidentifikation (durch Risikokatalog etc.)	Basel-II-Risikotypen, branchenabhängiger Risikokatalog, zusätzliche Risiken können definiert werden
Identifikation von Chancen?	teilweise (im Bereich Market-Risk und Credit-Risk)

Risikobewertung

Umfang der Risikobewertung	Risiken werden auf Basis einzelner Verlustereignisse (Einzelrisiken) in Riskmatrix gemappt
Vorgangsweise bei quantitativer Bewertung	Auf die Riskmatrix aufbauend können Verteilungsfunktionen nach Anzahl und Höhe der Verlustereignisse für jede Zelle der Riskmatrix erstellt werden. Im nächsten Schritt können „Loss Distributions" auf jährlicher (monatlicher ...) Basis berechnet werden. Diese Verteilungen, die der Value-at-Risk-Methode folgen, zum Beispiel mit Monte-Carlo-Simulationen errechnet werden können, liefern Schätzungen für den „expected loss" und den „unexpected loss".
Qualitative Bewertung	Laufendes self assessment oder control assessment je org. Einheiten bzw. Risikokategorien
Berücksichtigung von Abhängigkeiten	ja, dzt. nicht automatisiert; durch Definition von Cross-Classification Variables

Aggregation von Risiken	Risiken können auf verschiedensten Aggregationsebenen betrachtet werden. Simulationen können ebenfalls auf diesen Ebenen durchgeführt werden. Kleinste Einheit für Simulationen sind dabei die einzelnen Zellen der Riskmatrix
Setzung von Frühwarnindikatoren	Durch die Eingabe von Schwellwerten definiert der User, bei welcher Ausprägung eines Risikoindikators eine Aktion erfolgen muss. Diese Aktion kann zum Beispiel das automatische Auslösen eines E-Mails oder SMS sein.
Risikosteuerung, -reporting, -überwachung	
Abrufbare Berichte	Verlustereignisberichte, Scorecarddarstellungen, Indikatorenanalysen, Risikoidentifizierungsberichte, Follow-up-action-reports und Risikobewertungsreports. Ein flexibles Reportingsystem ist darüber hinaus Teil der Lösung
Vorstandstauglichkeit der Berichte	Eine Fülle graphischer Darstellungsmöglichkeiten ist standardmäßig Teil der Reporting-Komponente unserer Lösung. Die Verwaltung von Kommentaren kann auf unterschiedliche Arten erfolgen, z.B. auf Daten- oder Berichtsebene.
Unterstützung von Maßnahmen-Ableitung	Zu jedem Risiko können Maßnahmen eingegeben werden.
Zuordnung von Risikoverantwortlichen	In dem System gibt es die Möglichkeit, Rollen mit unterschiedlichen Berechtigungen zu definieren. Einzelnen Personen werden diese Rollen zugewiesen. Jeder Rolle können auch Maßnahmen und Aktionen zugeteilt werden.
Unterstützung eines laufenden Monitoring	Für jede Maßnahme kann der aktuelle Status angezeigt werden. Im Rahmen von Self-Assessment- und Control-Assessment-Routinen werden die Prozesse einem wiederholten Monitoring unterzogen.
Dokumentation der Risiko-Historie	ja
Anbindung an Mailing-Systeme	ja

Anbieterbezogene Informationen

Gründungsjahr	1976
aktiv in Österreich seit	1979

Anzahl der Mitarbeiter in Österreich

Verkauf	11
Consulting	15
Techn. Support	
Entwicklung	0
Sonstige	14
Summe	40

Anzahl der Mitarbeiter in Europa

Verkauf	
Consulting	
Techn. Support	
Entwicklung	
Administration	
Summe	2949

Anzahl der Installationen

in Österreich	k.A.
in Europa	k.A.

Releasewechsel

Einführung aktueller Releasestand	2004
Nächster Releasewechsel	2006
Zyklen für Releasewechsel	Major Releases 2-3 Jahre, Minor Releases 18 Monate

Referenzen	Generali Asset Management, I; Dresdner Bank, D;
	OKO Bank, SF;
	BBL/ING, B (Credit Risk);
	Banca Nazionale del Lavoro, I – Credit Risk;
	Cheltenham & Gloucester/LloydsTBC;
	Royal Bank of Canada,
	Bank of America, Entergy, US,
	Dominion, US

Schulung und Support

Unternehmensinterne Schulungen	umfangreiches Schulungsprogramm auch in deutscher Sprache; kann auf die individuellen Bedürfnisse des Kunden/Partner abgestimmt werden
Benutzerspezifische Dokumentation	bei Bedarf spezifische Dokumentation

User-Support	Hotline; EMITS (Electronic Mail Interface Technical Support) & Knowledge Base (SAS Wissensdatenbank)
	– beide 24/7; Vor-Ort-Support für komplexe Fragestellungen; Support/Consulting nach individuellem Bedarf der Kunden; laufender Support im Rahmen des Client Account Management
Fixer Ansprechpartner pro Kunde	ja
Preise	
Grundmodul	k.A. (SAS Lösungen sind modular aufgebaut, damit sind neben technischen Kriterien [Anzahl & Grösse der Server] business-relevante [Anzahl Niederlassungen, Funktionalität, etc.] für den Lizenzumfang ausschlaggebend)
Lizenzierungsmodell	mietbasiertes System. Der Kunde erwirbt ein zeitlich auf ein Jahr begrenztes, nicht ausschließliches Nutzungsrecht an der SAS Software. Es wird zwischen Erstjahreslizenzgebühr und Folgejahreslizenzgebühr unterschieden. In den Lizenzgebühren sind bereits alle Wartungsleistungen wie z.B. Hotline Support oder Zurverfügungstellung neuer Releases enthalten.
Wartungskosten	In den Folgejahreslizenzgebühren integriert
Hotline	In den Folgejahreslizenzgebühren integriert
Releasewechsel	In den Folgejahreslizenzgebühren integriert
Sonstige Kosten	keine
Implementierung	
Selbst oder Partner	Beide Varianten sind möglich.
Implementierungsaufwand	keine allgemeingültigen Aussagen möglich.
Implementierungszeitraum	s. o. Untergrenze liegt bei 4 Monaten Durchlaufzeit.

R2C (Schleupen AG)

Allgemeine Produkteigenschaften

Technologische Plattform	Client-Server-Lösung; Server: Betriebssystem: Windows XP oder 2000, Datenbank: MS SQL-Server 7.0/2000 oder Oracle
Webfähigkeit	ja
Mehrsprachigkeit	ja (D, E)
Benutzergesteuertes Berechtigungssystem	ja
Datenanbindung (Schnittstellen)	XML, MS-Produkte sowie Schnittstelle zu E-Mail-Systemen, Export in MS Word, Excel

Risikomanagement-Prozess

Risikoidentifikation

Risikoarten	Einzelrisiken werden Risikokategorien und Subkategorien zugeordnet
Inhaltliche Unterstützung der Risikoidentifikation (durch Risikokatalog etc.)	Umfangreicher Risikokatalog (Risikoatlas); Ergänzung mit Risk-Assessment möglich
Identifikation von Chancen?	ja, ab Release 3.4

Risikobewertung

Umfang der Risikobewertung	Einzelrisiken und aggregierte Risiken (allgemeine Business-Risiken, Bereichs-Risiken, Draft-Risiken, Aggegierte Risiken)
Vorgangsweise bei quantitativer Bewertung	Im Rahmen von Szenarien können Verteilungsfunktionen hinterlegt werden. Alternativ kann aber auch nur qualitativ oder quantitativ (ohne Szenarien) bewertet werden.
Qualitative Bewertung	ja
Berücksichtigung von Abhängigkeiten	Abhängigkeiten können durch eine Verlinkung der Risiken dargestellt werden. Korrelationen können bisher verbal beschrieben werden und z.B. bei einer Simulation mit @Risk berücksichtigt werden
Aggregation von Risiken	Dzt. können Risiken manuell aggregiert werden. Eine automatische Aggregation ist im Rahmen der Weiterentwicklung geplant. Ferner ist eine Risikoaggregation mittels Crystal Ball oder @Risk möglich. Hierzu stehen entsprechende Schnittstellen zur Verfügung.
Setzung von Frühwarnindikatoren	Frühwarnindikatoren können entweder gesondert verfolgt werden oder mit den Risiken

	verlinkt werden. Zur Übernahme aus vorgelagerten Systemen steht ein Daten-Import-Server zur Verfügung. Eine manuelle Eingabe ist ebenfalls möglich.

Risikosteuerung, -reporting, -überwachung

Abrufbare Berichte	U.a. Risk Map (mit Risikoübersicht, Maßnahmenreport, Risikoveränderung), Übersicht Einzelrisiken (mit Risikoentwicklung), Risikobeschreibung, Task-Liste, Risikostruktur, Ursachenanalyse etc. Zusätzlich steht ein Tabellen-Report-Generator zur Verfügung.
Vorstandstauglichkeit der Berichte	Insbesondere bei der RiskMap sind die Informationen übersichtlich dargestellt. Zudem können die Reports im Rahmen der Implementierung kundenspezifisch angepasst werden.
Unterstützung von Maßnahmen-Ableitung	Risiko-Maßnahmen stehen im Risikoatlas zur Auswahl
Zuordnung von Risikoverantwortlichen	ja
Unterstützung eines laufenden Monitoring	Mittels Reports und Online-Sichten
Dokumentation der Risiko-Historie	ja
Anbindung an Mailing-Systeme	ja

Anbieterbezogene Informationen

Gründungsjahr	1970
aktiv in Österreich seit	nur im Rahmen einzelner Projekte
Anzahl der Mitarbeiter in Österreich	
Verkauf	0
Consulting	0
Techn. Support	0
Entwicklung	0
Summe	0
Anzahl der Mitarbeiter in Europa	
Verkauf	40
Consulting	50
Techn. Support	65
Entwicklung	145
Administration	40
Summe	340

Anzahl der Installationen
in Österreich
in Europa   100
Releasewechsel
Einführung aktueller Releasestand   01.12.2004
Nächster Releasewechsel   01.07.2005
Zyklen für Releasewechsel   Halbjährlich
Referenzen   Swisscom AG, Schweiz (2001),
                                        Diehl Avionik Systeme GmbH, Deutschland (2001)
                                        OBI GmbH & Co. KG, Deutschland (2002),
                                        Grammer AG, Deutschland (2003)
                                        Biotest AG, Deutschland (2003)
                                        Deutsche Steinkohle AG, Deutschland (2004)

Schulung und Support
Unternehmensinterne Schulungen   Software-Schulung (2–5 Manntage), idR keine Prozessberatung

Benutzerspezifische Dokumentation   auf Wunsch
User-Support   fachliche Hotline, technische Hotline, ggf. Support vor Ort

Fixer Ansprechpartner pro Kunde   wenn gewünscht
Preise
Grundmodul   Einplatz: 3.900 €, Mehrplatz: 9.400 €
Lizenzierungsmodell   Aufpreis in Abhängigkeit der concurrent clients sowie einmalige Lizenzgebühr für Web-Client und LDAP-Anbindung (Mitarbeiter-Datenbank)

Wartungskosten   18% der Lizenzgebühr
Hotline   mit Wartungskosten abgedeckt
Releasewechsel   mit Wartungskosten abgedeckt
Sonstige Kosten   idR keine
Implementierung
Selbst oder Partner   selbst
Implementierungsaufwand   ca. 20–30% der Softwarekosten
Implementierungszeitraum   ca. 1–3 Monate

Literaturverzeichnis

Aktiengesetz 1965: Bundesgesetz über Aktiengesellschaften

Albrecht, P. (1998): Auf dem Weg zu einem holistischen Risikomanagement, Mannheimer Manuskripte zu Risikotheorie, Portfolio Management und Versicherungswirtschaft, Mannheim 1998

Bartram, S. (2000): Finanzwirtschaftliches Risikomanagement von Nichtbanken. In: Die Unternehmung, 54. Jg., 2/2000, S. 107–121

Basel Committee on Banking Supervision. Online im Internet: http://www.bis.org, Abruf am 18. 3. 2004

Baum, H.-G.; Coenenberg, A. G.; Günther, Th. (2004): Strategisches Controlling, 3. Aufl., Stuttgart 2004

Becker, G. (1998): Value at Risk-Modelle für das Finanzrisiko-Management. In: Das Wirtschaftsstudium, 27. Jg., 4/1998, S. 392–396

Börsegesetz 1989: Bundesgesetz vom 8. November 1989 über die Wertpapier- und allgemeinen Warenbörsen und über die Abänderung des Börsesensale-Gesetzes 1949 und der Börsegesetz-Novelle 1903 (Börsegesetz 1989 – BörseG)

Bötzel, St.; Luhrs, J.; Rechtsteiner, R. et al. (2002): Turning risks into opportunities, 2002

Brühwiler, B. (2003a): Risk Management als Führungsaufgabe, Bern, Stuttgart, Wien 2003

Brühwiler, B. (2003b): Die Integration des Risk Management ins Management-System. In: Romeike, F./Finke, R.: Erfolgsfaktor Risiko-Management, S. 315–327

Burger, A.; Buchhart, A. (2002): Risiko-Controlling, München, Wien 2002

Clarke, J.; Varma, S. (1999): Strategic Risk Management: The New Competitive Edge. In: Long Range Planning, Vol. 32, Nr. 4, S. 414–424

Coombe, J. (2001): Allo-traction: From Resource Allocation to Resource Attraction. In: Read, C.; Ross,. J.; Dunleavy, J. et al.: eCFO. Sustaining Value in the New Economy, Chichester 2001, S. 136 ff.

COSO (Hrsg.), (2003): Enterprise Risk Management Framework, Exposure Draft, o.O. 2003

Denk, R. (2000): „Dissonanz-Potenziale" in der strategischen Flexibilisierung von Unternehmen. In: R. Denk; R. Eschenbach (Hrsg.): Leben im Wandel. Festschrift zum 60. Geburtstag von o. Univ. Prof. Dr. Johann Risak, Wien 2000 (CD-ROM-Festschrift)

Denk, R. (2002): 13% Company. Value Management im OMV Konzern, Wien 2002

Denk, R. (2004a): Beyond Bureaucratics in Budgeting. In: zfo Zeitschrift Führung+Organisation 2/2004, S. 74–81

Denk, R. (2004b): Grundüberlegungen zu einem strategie- und wertorientierten Risikomanagement, in: ControllerNews 1/2004, S. 5–8

Deutsches Bundesgesetz für Transparenz und Kontrolle, BGBl Nr. 24/1998

Diederichs, M. (2003): Risikomanagement und Risikocontrolling, Dortmund 2003

Diederichs, M.; Reichmann, T. (2003): Risikomanagement und Risikocontrolling in der Praxis – Ergebnisse einer empirischen Untersuchung. In: Controlling 5/2003, S. 229–234

Dörner, D.; Horváth, P; Kagermann, H. (Hrsg.), (2000): Praxis des Risikomanagements, Stuttgart 2000

Eccles, R. G.; Lanes, K. L.; Wilson, Th. C. (2000): Akquisitionen. Häufig viel zu teuer bezahlt. In: Hardvard Business manager, 2/2000, S. 80–90

Erben, R.; Romeike, F. (2003): Komplexität als Ursache steigender Risiken in Industrie und Handel. In: Romeike, F.; Finke, R.: Erfolgsfaktor Risiko-Management, Wiesbaden 2003

Erben, R.; Romeike, F. (2003): Komplexität als Ursache steigender Risiken in Industrie und Handel. In: Romeike, F.; Finke, R. (2003.): Erfolgsfaktor Risiko-Management: Chance für Industrie und Handel, Wiesbaden 2003, S. 43–61

Gälweiler, A. (1990): Strategische Unternehmensführung, bearb. und erg. von Schwaninger M., Frankfurt/Main, 1990

Gleißner, W.; Grundmann, T. (2003), Stochastische Planung. In: Controlling 9/2003, S. 459–466

Gleißner, W.; Meier, G. (Hrsg.), (2001): Wertorientiertes Risiko-Management für Industrie und Handel, Wiesbaden 2001

Gleißner, W.; Romeike, F. (2005): Anforderungen an die Softwareunterstützung für das Risikomanagement. In: Zeitschrift für Controlling & Managment 2/2005, S. 154–164

GmbH-Gesetz: Gesetz über Gesellschaften mit beschränkter Haftung

Götschhofer, H. (2004): Risikomanagement bei der voestalpine AG. In: ControllerNews 1/2004, S. 20–22

Grant, R. M. (2005): Contemporary strategy analysis, 5. Aufl., Malden-Oxford-Calton 2005

Grof, E.; Pichler, M. (2002): Risikomanagement in Österreichs Großunternehmen – Eine empirische Studie. In: Steuer- und Wirtschaftskartei, Sept. 2002, W75–W80

Grube, R.; Töpfer, A. (2002): Post Merger Integration, Stuttgart 2002

Günther, Th. (1997): Unternehmenswertorientiertes Controlling, München 1997

Guserl, R. (1998): Finanzmanagement im industriellen Anlagengeschäft: Aktive zielbewusste Steuerung von Risiken. In: Hinterhuber, H.; Sauerwein, E.; Fohler-Norek, Ch. (1998): Betriebliches Risiko-Management, Wien, 1998, S. 165–191

Hamel, G.; Prahalad, C. K. (1995): Wettlauf um die Zukunft, Wien 1995

Hamel, G.; Välikangas, L. (2003): The Quest for Resilience. In: Harvard Business Review, Sept. 2003, S. 52–63

Hinterhuber, A. (1997): Strategische Erfolgsfaktoren bei der Unternehmensbewertung, Wien 1997

Hinterhuber, H.; Sauerwein, E.; Fohler-Norek, Ch. (Hrsg.) (1998): Betriebliches Risikomanagement, Wien, Berlin 1998

Hoitsch, H.-J.; Winter, P. (2004): Die Cash Flow at Risk-Methode als Instrument eines integriert-holistischen Risikomanagements. In: Zeitschrift für Controlling & Management 4/2004, S. 235–246

Hoitsch, H.-J.; Winter, P.; Bächle, R. (2005): Risikokultur und risikopolitische Grundsätze: Strukturierungsvorschläge und empirische Ergebnisse. In: Zeitschrift für Controlling & Management 2/2005, S. 125–133

Holst, J.; Holtkamp, W. (2000): Risikoquantifizierung und Frühwarnsystem auf Basis der Value at Risk-Konzeption. In: Betriebs-Berater, 55. Jg., 16/2000, S. 815–820

Homburg, C.; Stephan, J. (2004): Kennzahlenbasiertes Risikocontrolling in Industrie- und Handelsunternehmen. In: Zeitschrift für Controlling & Management 5/2004, S. 313–325

Hommel, U.; Scholich, M.; Baecker, Ph. (Hrsg.) (2003): Reale Optionen. Konzepte, Praxis und Perspektiven strategischer Unternehmensfinanzierung, Berlin – Heidelberg – New York 2003

Jansen, St. A. (2000): Mergers & Acquisitions, 3. Aufl., Wiesbaden 2000

Kajüter, P. (2004): Die Regulierung des Risikomanagements im internationalen Vergleich. In: Controlling & Management, Sonderheft 3, 2004, S. 12–25

Kajüter, P.; Winkler, C. (2003): Die Risikoberichterstattung der DAX100-Unternehmen im Zeitvergleich. In: Kapitalmarktorientierte Rechnungslegung 5/2003, S. 217–226

Kaplan, R. S.; Norton, D. P. (1996): Balanced Scorecard, Boston 1996

Kegel, K. (1991): Risikoanalyse von Investitionen, Darmstadt 1991

Keller, H. (2004): „Auf sein Auventura und Risiko handeln", Risknews 1/2004, S. 61–65

Kirchner, M. (2002): Risikomanagement, München 2002

Kromschröder, B.; Lück, W. (1998): Grundsätze risikoorientierter Unternehmensüberwachung. In: Der Betrieb, 51. Jg., 32/1998, S. 1573–1576

Leithner, St.; Liebler, H. (2003): Die Bedeutung von Realoptionen im M&A-Geschäft. In: Hommel, U.; Scholich, M.; Baecker, Ph. (Hrsg.) (2003): Reale Optionen. Konzepte, Praxis und Perspektiven strategischer Unternehmensfinanzierung, Berlin – Heidelberg – New York 2003

Lister, M. (1997): Risikoadjustierte Ergebnismessung und Risikokapitalallokation, Frankfurt am Main 1997

Macharzina, K. (2003): Unternehmensführung, 4. Auflage, Wiesbaden 2003

Mießler-Behr, M. (1993): Methoden der Szenarioanalyse, Wiesbaden 1993

Nottmeyer, J. (2002): Morphologische Betrachtungen zum Thema Risiko, Zuverlässigkeit und Sicherheit. In: Pastors, P.: Risiken des Unternehmens, München 2002

Österreichischer Arbeitskreis für Corporate Governance (2002): Austrian Code of Corporate Governance, Wien 2002

Pastors, P. (Hrsg.), (2002): Risiken des Unternehmens – vorbeugen und meistern, München 2002

Poppensieker, T. (1997): Strategisches Risikomanagement in deutschen Großbanken, Wiesbaden 1997

Porter, M. E. (1984): Wettbewerbsstrategie, 2. Auflage, Frankfurt 1984

Pritsch, G.; Weber, J. (2003): Die Bedeutung des Realoptionsansatzes aus Controlling-Sicht. In: Hommel, U.; Scholich, M.; Baecker, Ph. (Hrsg.) (2003): Reale Optionen. Konzepte, Praxis und Perspektiven strategischer Unternehmensfinanzierung, Berlin – Heidelberg – New York 2003

Regierungskommission Deutscher Corporate Governance Kodex (2003), Deutscher Corporate Governance Kodex in der Fassung von 21. Mai 2003

Romeike, F. (2003): Der Prozess des strategischen und operativen Risikomanagements. In: Romeike, F.; Finke, R. (2003): Erfolgsfaktor Risiko-Management, Wiesbaden 2003

Romeike, F.; Finke, R. (Hrsg.) (2003): Erfolgsfaktor Risiko-Management, Wiesbaden 2003

Sachs, L. (2002): Angewandte Statistik, Berlin 2002

Sauerbier, T. (2003): Statistik für Wirtschaftswissenschaftler, München 2003

Schierenbeck, H. (Hrsg.), (2000): Risk-Controlling in der Praxis: rechtliche Rahmenbedingungen und geschäftspolitische Konzeptionen in Banken, Versicherungen und Industrie, Stuttgart 2000

Schmidbauer, R. (2000): Risikomanagement im Kontext wertorientierter Unternehmensführung. In: Der Betrieb, 53. Jg., 4/2000, S. 153–162

Simons, R. (1995): Levers of Control: How managers use innovative control systems to drive strategic renewal, Boston 1995

Simons, R. (1999): How Risky is your Company. In: Harvard Business Review, May-June/1999, S. 85–94

Slywotzky, A. J.; Drzik, J. (2005): Countering the Biggest Risk of All. In: Harvard Business Review, April 2005, S. 78–88

Smithson, C. W. (1998): Managing Financial Risk, New York et al. 1998

Stewart, G. B. (1990): The Quest for Value, USA 1990

Stulz, R. (2003): Risk Management & Derivatives, Mason 2003

Thompson, A. A.; Strickland III, A. J. (1998): Crafting and implementing strategy, 10. Auflage, Boston 1998

Welge, M. K.; Al-Laham, A. (2003): Strategisches Management, 4. Auflage, Wiesbaden 2003

Wildemann, H. (2003): Unternehmensentwicklung – Methoden für eine nachhaltige Unternehmensführung, in: TCW Standpunkt I/2003, S. 2ff

Wildemann, H. (2004): Unternehmensentwicklung: Strategien für eine nachhaltige profitable Unternehmensführung, in: ControllerNews 1/2004, S. 2–4

Wolf, K. (2003a): Risikoaggregation anhand der Monte-Carlo-Simulation. In: Controlling, 15. Jg., 10/2003, S. 565–572

Wolf, K. (2003b): Risikomanagement im Kontext der wertorientierten Unternehmensführung, Wiesbaden 2003

Wolf, K.; Runzheimer, B. (2003) Risikomanagement und KonTraG, 4. Auflage, Wiesbaden 2003

Ziegenbein, K. (2002): Controlling, Ludwigshafen 2002

Stichwortverzeichnis

ABC-Analyse 103
Ad-hoc-Berichterstattung 130
Aktiengesetz 45f, 53
Aufgabenteilung 222ff
Ausbaustufen 227ff
Ausfalleffektanalyse 83

Balanced Scorecard (BSC) 198ff
Basel II 48f, 51f, 54
Berichtsadressaten
– externe 126
– interne 125f
Berichtsinhalte 129
Brainstorming 81f
Bruttorisikowert 92

Cashflow at Risk 115
Controlling 206
– chancen- und risikoorientiertes 208ff
Corporate Governance 21
Corporate Governance Kodex 21, 54
– deutscher 49f
– österreichischer 50f
COSO Framework 53

Desasterfälle 89, 116f

Economic Value Added (EVA) 186, 193ff
EDV-Unterstützung 24, 27, 139ff
Eintrittshäufigkeit 92
Eintrittswahrscheinlichkeit 92
Entscheidungsbaum-Methode 104
Erfahrungskurve 179f

Fehlerbaumanalyse 83
Fehlermanagement 235f
Flexibilität, strategische 151ff
Forward 32f
Frühwarnindikator 124
Führung, wertorientierte 185ff
Frühwarnsystem 82f, 124
Führungssystem 65, 70
Future 32f

Gap-Analyse 177ff
GmbH-Gesetz 45f, 53
Grundsätze, risikopolitische 236ff

Industriekostenkurve 179ff
Insolvenzrechtsänderungsgesetz 46f, 54

Jahresabschlussprüfung 45, 61

KonTraG 43ff, 54
Korrelationsanalyse 105f

Monte-Carlo-Simulation 99f, 113ff

Nachhaltigkeit 64, 67
Nettorisikowert 92

Option 32f

Performance-Messung, risikoadjustierte 190 ff

Realoptionen 170ff
Rechnungslegungsänderungsgesetz 2004 47f
Regressionsanalyse 105f
Risiko 28
Risiken
– bereichsübergreifende 89
– finanzwirtschaftliche 29
– informationstechnische 29
– leistungswirtschaftliche 29
– Personal- 29
– strategische 88f, 148ff
Risikoaggregation 108ff
– strategische 183ff
Risikoakzeptanz 120f
Risikobericht 133, 136
Risikoberichtswesen 24, 27, 125ff
– externes 136ff
– internes 126ff
Risikobewertung 23, 26, 91ff
– qualitative 94f
– quantitative 92f
– strategische 183ff
Risikocheckliste 84ff
Risikodiversifikation 120
Risikofokussierung 235
Risikoidentifikation 23, 26, 73ff
Risikoidentifikationsmethoden 81
Risikoinventar 109f
Risikoklassifikation 78
Risikokultur 233ff
Risikolimitierung 121f

Risikomanagement 30
- unternehmensweites 34
- strategisches 143ff
Risikomanagement-Organisation 23, 25, 203, 214ff
- dezentrale 219ff
- zentrale 216ff
Risikomanagement-Prozess 73
Risikomanagement-Software 140ff, 243ff
Risikomanagement-Ziele 23, 25, 65, 145ff, 188f
Risikomanager 222ff
Risikopolitik 236ff
Risikoportfolio 112f
Risikosteuerung 23, 27, 117ff
Risikostrategie 117f
Risikotragfähigkeit 122f
Risikotransfer 120
Risikoüberwachung 124f
Risikoursachen 28f
Risikoverbund 157
Risikovermeidung 119
Risikoverminderung 120
Risikovorsorge 120
Risikowirkungen 28
Risikoworkshop 82
Risikozuschläge 103
Risk Assessment Sheet 86ff
Risk Map 109ff

Sarbanes-Oxley-Act 52f, 54
Schadenserwartungswert 92
Schadenshöhe 92
Scoring-Modelle 102
Sensitivitätsanalyse 95, 181ff
Sensitivitätslimite 122
Simulation, historische 98f, 100
Solvency II 49, 54
Strategiefindung 159ff
Strategieumsetzung 164ff
Strategieveralterung 150f
Swap 32f
SWOT-Analyse 176f
Szenarioanalyse 107f, 115f

Umfeldrisiko 29
Unternehmensführung 63
Unternehmenskultur 223
Unternehmensreorganisationsgesetz 46f, 54
Unternehmensziele 66, 155

Value at Risk 96f, 100f
- absoluter 96
- relativer 96

Value Based Management 185ff
Varianz-Kovarianz-Ansatz 97f, 100
VaR-Limite 122
Wahrscheinlichkeitsverteilung 93f

Ziele, risikopolitische 59
Zielbildung, strategische 155f, 158